孔子学院汉语教育与海外语言教育研究书系

国家出版基金项目
NATIONAL PUBLICATION FOUNDATION

孔子学院汉语教育
与海外语言教育研究书系

美国大学汉语教育研究

TEACHING CHINESE IN AMERICAN COLLEGES

梁 霞 著

北京语言大学出版社
BEIJING LANGUAGE AND CULTURE
UNIVERSITY PRESS

图书在版编目（CIP）数据

美国大学汉语教育研究 / 梁霞著. -- 北京 ：北京语言大学出版社，2020.04

（孔子学院汉语教育与海外语言教育研究书系）

ISBN 978-7-5619-5576-5

Ⅰ.①美… Ⅱ.①梁… Ⅲ.①高等学校－汉语－对外汉语教学－教学研究－美国 Ⅳ.①H195.3

中国版本图书馆 CIP 数据核字 (2019) 第 267485 号

美国大学汉语教育研究

MEIGUO DAXUE HANYU JIAOYU YANJIU

排版制作：北京创艺涵文化发展有限公司

责任印制：周 燚

出版发行：北京语言大学出版社

社　　址：北京市海淀区学院路 15 号，100083

网　　址：www.blcup.com

电子信箱：service@blcup.com

电　　话：编 辑 部　8610-82303647/3592/3724

国内发行　8610-82303650/3591/3648

海外发行　8610-82303365/3080/3668

北语书店　8610-82303653

网购咨询　8610-82303908

印　　刷：北京中科印刷有限公司

版　　次：2020 年 04 月第 1 版　　印　　次：2020 年 04 月第 1 次印刷

开　　本：710 毫米 × 1000 毫米　1/16　　印　　张：19

字　　数：335 千字

定　　价：88.00 元

PRINTED IN CHINA

序

很高兴看到美国华盛顿大学（圣路易斯）东亚语言与文化系梁霞教授的新著《美国大学汉语教育研究》，这是一部非常有新意的理论与实践相结合的著作。全书从八个大的方面，即美国大学汉语教育概貌、美国汉语教学发展简史、汉语师资的培养、汉语教材的发展历程对教材编写的启示、汉语教学中的语言要素教学、美国大学课堂汉语教学、大学华裔汉语教学、美国大学暑期中文项目与海外项目，较为全面地介绍了美国汉语教学的情况，内容丰富，材料翔实，论证严谨，结论令人信服。最后还从成功学习者群体的角度谈论了汉语学习的过程和规律。

本书的特点之一是目光不只聚焦于汉语教学，而且力求从美国外语教学的宏观特点出发，在对比中考察汉语教学的发展状况，例如第一章通过对葛良彦教授的访谈，介绍了美国近 20 年来外语教学发展的宏观趋势。特点之二是具有历史眼光，力求从近 150 年的历史演变过程中，梳理出汉语教学发展的总体特点和脉络，例如第二章对美国汉语教学历史的追溯，以及第四章对汉语教材发展过程的归纳和总结。特点之三是在材料上，力求将与本专题有关的有代表性的中英文材料尽可能多地收入其中，特别是翻译、归纳了一些英文材料，为国内外的研究生、教师以及研究者提供了学习、教学和研究上的方便。例如第三章对美国所有汉语教学项目中硕士点和博士点开设的课程进行了介绍，并通过对各大学招聘广告的归纳，分析出美国大学汉语项目对教师的基本要求；第七章对传承语的教学、研究情况进行了较为全面的介绍；等等。特点之四是注意借鉴美国外语教学领域（包括西班牙语、法语以及英语作为二语教学领域）近年的最新研究成果，并力求密切结合汉语教学的实际。讨论的着眼点多从教学实际出发，强调理论与实践的结合，较少谈及纯粹的理论问题，比如第五章语言要素教学与第六章课堂教学中的有关论述。特点之五是加入了多篇专家访谈，以求拓宽研究与叙述的视野。除上面提及的葛良彦教授的访谈之外，还有几篇访谈：第三章中顾利程教授谈到了中小学与大学汉语教师在培养过程和取得教师资格方面的异同关系，同章李恺教授回忆了近40年来汉语教师角色与责任的变化，第八章冯胜利教授谈到了哈佛北京书院项目的创建过程；等等。

我是20世纪90年代中期与梁老师在学术会议上相识的。过去20多年间，我曾有机会聆听过她在美国外语教学委员会（ACTFL）年会、美国中文教师学会（CLTA）年会、加州中文教师学会（CLTAC）年会以及普林斯顿大学中文教学研讨会上的报告发言。这些发言都体现了她的深厚学养——对汉语教学、中国语言文化以及中国文学的深入了解，对这一领域取得的进步和面临的挑战的深入思考；凝聚了她丰富的教学经验——她的研究结论多经过实践检验，往往切实可行；还体现了她作为汉语教师对自己所从事的汉语国际教育工作始终如一的热爱和执着。

非常感谢梁老师为我们汉语教学的从业者、研究者和学习者提供的美国汉语教学的全景图，并祝贺梁老师经过多年的努力耕耘，取得了丰硕的成果。

斯坦福大学、北京语言大学　孙朝奋

2018年12月

自序

1987年夏天，我从北京师范大学（以下简称“北师大”）中文系研究生毕业后留校，在留学生部（国际汉语教育学院的前身）任教，教授的第一批学生是美国达慕斯大学暑期班的学生。他们活泼、努力，对汉语学习充满热情，给我留下了美好的回忆。与此同时，几乎每天我都要面对一些困惑：学生为什么总是分不清“不”和“没”？他们怎么会说出“我还没吃饭了”这么奇怪的句子？他们为什么总是把“美国”说成“Měiguō”？为什么大部分美国学生都发不对“我觉得”的音？“我跟你同意”这样的错句怎么一直改不过来？他们为什么不懂什么是补语？他们关于语法的概念为什么这么淡薄？当时北师大留学生部的主任杨庆蕙教授建议我认真研读朱德熙先生的《语法讲义》、刘月华教授等编写的《实用现代汉语语法》，遇到问题多查查吕叔湘先生的《现代汉语八百词》，多向有经验的老师请教。那个暑假，刚结束在达慕斯大学两年任期的李恺教授跟同事们分享了他在美国大学教授汉语的经验。这是我第一次听说明德大学暑期中文学校的教学模式，内心无比向往，希望有朝一日也能到美国亲身体验一下海外的汉语教学模式。

1989年1月，我第一次参加了汉语教学领域的大型学术研讨会——在广州华侨学生补习学校召开的中国对外汉语教学学会第三届年会，参会期间有幸聆听了盛炎、胡炳忠、孙钧政、常玉钟、施光亨等知名教授的发言，对这一学术领域都在关注哪些问题，有了初步的了解和认识，并有幸得到常玉钟教授的邀请，参与编写他主编的《口语习用语功能词典》（1993，北京语言学院出版社）。在词典的编写过程中，我更深切地体会到了深入钻研语言本体知识对从事汉语教学的重要性。

1989年秋季到1990年春季，伦敦大学亚非学院的佟秉正教授到北师大做访问研究，这是我第一次有机会与在欧美任教的汉语老师们进行直接深入的交流。印象最深的是，佟教授强调指出，如果不能编写出集系统性、科学性和实用性于一身的完美教材，至少应该做到教材在实用的基础上比较有趣，缺少趣味性的教材不能吸引学生。我也第一次意识到，由于欧美的教育资源不像中国当时那样稀缺，学生有更多选择学习其他语言的机会，所以汉语教学面临着与其他语言的激烈竞争，这与英语教学在中国所处的独尊地位完全不同。因此，在教学中除了考虑实用性，还必须把趣味性放在十分重要的地位。

20 世纪 90 年代初，我有幸参加了杨庆蕙教授主编的《现代汉语正误词典》（1993，北京师范大学出版社）的编写工作。在杨教授的指导下，我对留学生常见的语法错误的类型、产生的原因、纠正的方式等有了一定的了解，对语言本体知识的掌握程度也有所加深。同一时期，我还参加了董明教授主编的《古文趣读》（1992，北京师范大学出版社）的编写工作，对留学生文言教材的编写过程、选材标准、注释要求等有了比较明确的认识。当时北师大的同事吕效东老师经常与我们几位新手教师分享吕必松先生的学术著作，并建议我和其他老师一起为北京语言大学正在建设的留学生汉语语料库收集作文等材料，这是我第一次接触到汉语语料库的概念。与此同时，我还与北师大的同事王学松老师一起编写了列入国家汉办首批教材编写规划的《高级汉语课本》（1995，北京师范大学出版社）。这是我第一次尝试把课文的趣味性、时效性与语言知识的系统性、练习的多样性等结合在一起，把入职以后获得的教学实践经验以及对专业的认识、受到的学术训练融为一体，做一次全面的展示。

1993 年暑假，周质平教授在北师大创立普林斯顿大学北京暑期中文培训班，我有幸作为第一批教师参加了其中的工作。虽然此前已有过 6 年的教学经验，但这次的工作依然颠覆了我对汉语教学的很多基本认识，是人生中一次重要的历练。此前，我从未教过外国学生文言文，不知道如何用简单的现代汉语教授古代汉语，如何把讲解与操练、讨论紧密结合起来。从每天早上课前的听写，听大班老师上课（每天有负责老师检查我的上课情况，把我上的每堂课录制下来），到每天下午给学生做一对一辅导，参加集体备课会，与教同一年级的老师一起准备语法点、词语等的解释内容以及例句、操练和讨论的话题等，再到晚上值班，回答学生的种种问题等，都是我以前没有经历过的。记得下午老师们经常集体观看课堂教学录像（我和其他老师把这种形式称为"开批斗会"），周老师评价我的课说："优点就不说了，我直接从'但是'以后开始。关于'中国旅游景点票价双轨制'这一段讨论，你的辩解太多了，你不是不能谈自己的观点，不是不能展开这个部分，但是要时刻牢记，老师想说的所有话首先要以问题的方式提出，通过引导讨论，尽量由学生把话说出来，你顶多只能以提示的方式再做一点点补充。操练课老师讲得越少越好。"这是我有生以来第一次因为教学存在问题而受到批评，不免有些不适应。周老师继续说："大家不要因为受到批评而难过，教学讲评都是对事不对人的。大家认真思考一下，在你以前的教学中，有没有人像我们这样关心过你的点滴进步？批评不是因为教得不好，而是认为你有进步的潜力，我们所有人都有进步的空间。"周老师的这番话，我始终铭记，后来就变成了我在每次教师培训会上的开场白。

在国内从事教学和教材、词典编写等方面工作的经验，为我在美国从事汉语教学工作打下了良好的基础。1994 年我赴美国威廉玛丽学院任教，在简小滨教授的指导下，学习编写教学大纲，了解美国各种外语教学理论和课堂教学方法，学习如何处理教学中出现的各种问题等。1995—1997 年的三个暑假，我都在明德大学暑期中文学校任教，分别教授文言文和二年级现代汉语课，并接受了 OPI 的培训，有机会与来自美国众多高校的老师一起工作并交流教学经验。我进一步认识到，自己每参加一个新的教学项目就获得了一次新的学习机会。新工作要求我不满足于已有的经验，要不断探求新的教学模式，虽然有些理论和方法是我后来认为并不适合某些特定的学生群体的。

1996 年至今，我在华盛顿大学（圣路易斯）任教。除了教授所有年级的现代汉语、文言文、商业汉语和为研究生开设的汉语教学法课以外，我还有机会选修了我们东亚系和比较文学系的博士班课程。六七年的学习过程让我逐渐学会以新的角度观察中国文学与文化，了解美国学界的治学方法与研究视角，建立起细读文本的意识，学会以批判的眼光看问题，大胆质疑，小心求证，同时能够尊重各种不同意见，避免得出武断的结论。特别值得一提的是，本人有幸向何谷理（Robert Hegel）教授学习和请教，作为中国文学研究领域的美国顶尖学者，其一丝不苟的严谨风格，孜孜以求、从不自满的治学态度，对学生倾其所有、全力以赴的敬业精神，以身作则以及兼纳百川的博大心怀都为我树立了一个优秀教师和学者的好榜样。

除日常工作之外，我还于 1998—1999 年暑期在 CET 北京项目从事管理工作，2000—2010 年在普林斯顿北京班担任四、五年级的教学工作，2011—2018 年在杜克大学暑期在华项目（北京）担任教学和项目管理工作，与中美双方来自不同大学的老师、研究生一起探讨教学，使我有机会站在不同的角度审视新手教师的成长过程，教师培训的具体内容、有效方法，以及项目管理模式等。

2011 年暑假起，我有机会参与了北京语言大学举办的教学与教材编写方面的多种研讨会以及出国教师培训活动，这让我进一步认真思考，如何切实有效地与刚入行或者即将出国赴任的汉语教师交流自己的经验教训才能使他们不走弯路。2013 年，北京语言大学陈丽霞教授希望我参加“孔子学院汉语教育与海外语言教育研究书系”的编写工作，系统介绍美国大学汉语教学的行业情况，具体回答诸如美国到底需要什么样的汉语教师，出国师资培训应从哪些方面入手等问题。这对我来说是个新的挑战，但同时也为我提供了一个认真总结自己过去所学以及归纳教学经验的好机会。我希望把撰写专著当作个人专业成长的一个重要环节。在广泛查阅中美两国已发表的汉语教学方面的学术专著、专论的同时，我还注意吸收与汉语教学相关的诸如文学、历史等其他人文学科的研究成果。因为美国的汉语教学在相当长一段时间内都是中国学的组成部分，完全脱离中国学的研究谈汉语教学，很难深入。我把实用性较强、涵盖内容比较丰富、汇集前人诸多研究成果作为写作此书的目标之一。

周质平教授指出，鉴往而知来，一个学科如果没有对其自身历史的回顾与反省，那么这个学科就不是一个独立完整的学科。这一观点指出了汉语国际教育专业研究目前需要弥补的不足。我认为不但汉语教学在美国发展的宏观历史需要书写，汉语教材、课堂教学方法、教师培训、华裔班教学、海外项目等诸多方面的发展过程都需要认真的梳理。因此，本书的第一个特点就是多数章节都从相关话题的历史发展过程入手，以期对该专题做一个宏观概括的把握。这使得本书的写作过程更加复杂，因为年代久远，有些历史材料查找不易，翻译、整理需要花费大量时间，从而很难在短时间内完工。虽然本书对历史演变过程的梳理还是非常初步和很不全面的，但是这个过程是非常有意义的。

汉语教学是一门实践性非常强的学科，如何处理理论研究与教学实践的关系是本书面临的一个重要问题。笔者力求把本书写成一部理论与实践紧密结合的专著，在理论与实践存在矛盾时，本着实践优先的原则进行处理。这是本书的第二个特点。西东大学陈东东教授关于汉语教师教学法的调查报告（陈东东，2008）以及美国部分成功汉语学习者的学习经验（本书第九章）使我深切地认识到，教学理论与教学法固然是十分重要的，但是在汉语教学中起最重要作用的是教师的学养和工作态度。学生对教学理论和教学法的敏感度远比教师要低。教师在课堂教学中遵循的基本原则和采用的具体授课方法的重要性远高于教学理论和教学法。

如何看待汉语教学与其他外语教学的关系？如何看待汉语教学的特殊性？笔者主张在尊重外语教学的普遍性特点的同时，对汉语教学的特殊性予以充分的重视。本书在写作中除了注意考察汉语教学的历史经验以外，也注意借鉴其他语种（比如英语、法语、西班牙语等）作为外语教学的经验和研究成果。这是本书的第三个特点。

凭借一人之力撰写这样一部内容纷繁复杂的专著，让我有捉襟见肘之感。为了更全面、深入地反映美国这一领域的情况，本书中插入了一些对其他教授的专访。对葛良彦教授的专访（已整合为本书第一章第一节内容）从宏观角度概括了美国外语教学的发展概况、与汉语教学的关系，以及汉语教学领域面临的主要挑战等。顾利程教授的访谈（附录 3-1）重点介绍了美国汉语教师资格证的获得方式，以及教学单位对中小学教师与大学教师在资历方面的不同要求等。李恺教授的访谈（附录 3-2）则以 20 世纪 80 年代以来汉语教师的个人经历折射出汉语教师的责任与教学理念的变化，提供了作为改革开放后最早一批公派赴美汉语教师的个人观感等。冯胜利教授的专访（附录 8-1）则从个人经历的角度展示了哈佛北京书院的建立过程、目标和重要特点等。多篇专访为本书的论题提供了丰富多样的视角和口述历史，这是本书的第四个特点。

本书强调材料与观点的并重。考虑到有些译自英语的早期材料，国内读者查找和收集不便，因此在论述中有意识地进行了保留，以为其他研究者提供方便。另外，材料除包括正式发表、出版的文献之外，还包括笔者参加学术会议聆听的报告，与本专业同行当面的交流，以及在电子邮件、微信上的讨论等非正式形式收集的材料。

本书在写作过程中得到了众多朋友、同行和同事的支持与帮助，特别是（以下按姓氏拼音顺序排列，以书稿撰写过程中的工作单位和职务为准）：陈丽霞教授（北京语言大学）、储诚志教授（加州大学戴维斯分校）、冯胜利教授（香港中文大学）、葛良彦教授（圣母大学）、顾利程教授（西北大学）、何谷理教授［华盛顿大学（圣路易斯）］、洪书欣女士［华盛顿大学（圣路易斯）博士生］、李恺教授（欧柏林大学）、李坤珊教授（杜克大学）、李欣然女士（陕西师范大学研究生）、李智强教授（旧金山大学）、刘乐宁教授（哥伦比亚大学）、聂可老师［华盛顿大学（圣路易斯）］、秦子寒老师［华盛顿大学（圣路易斯）］、孙朝奋教授（斯坦福大学、北京语言大学）、田鑫教授（北京语言大学）、王蔚老师［华盛顿大学（圣路易斯）］、张晓东先生［华盛顿大学（圣路易斯）图书馆］、张正生教授（圣地亚哥州立大学）、周质平教授(普林斯顿大学)、朱永平教授（圣母大学）等等。在此特向他们表示热忱的感谢！书中所有不当之处不言而喻皆由作者本人负责。

华盛顿大学（圣路易斯） 梁霞
2018 年 4 月

目录

第一章 美国大学汉语教育概貌

第一节 美国外语教学大环境中的汉语教学

进入 21 世纪之后，美国汉语教学的大环境发生了巨大的变化。这些变化为何会产生，又具有哪些基本特点？笔者采访了圣母大学（The University of Notre Dame）中国文学研究知名学者葛良彦教授，葛教授同时也是近一二十年来美国使用最广泛的汉语教材《中文听说读写》（*Integrated Chinese*）的作者之一。本节根据采访内容编辑、整理而成。

葛良彦教授指出，21 世纪以来，美国外语教学的形势发生了非常深刻的变化。2001 年 9 月 11 日发生在纽约等地的国际恐怖主义袭击，彻底颠覆了很多美国人心目中根深蒂固的"英语就是世界语"的观念。2004 年，一向大力支持外语教学的美国现代语言协会（Modern Language Association，MLA）理事会倡导成立一个外语特别委员会，负责考察伴随着"9・11"事件出现的"外语危机"以及这场危机对美国外语教学的影响。2006 年，外语特别委员会向现代语言协会理事会呈交了一份报告，同时外语特别委员会成员也在现代语言协会年会及各种政府机构和学术机构的集会上发表了一系列演说。这份报告和这些演说的基本观点是：美国在恐怖袭击之后经历的前所未有的社会环境变化，终于使人们深刻地认识到这个国家所处的"语言逆差"（language deficit）的困境。外语特别委员会的登高一呼，在一定程度上促进了美国教育界对外语教学的重视。当时的联邦政府教育部长邓肯（Arne Duncan）在 2010 年就对美国人与欧洲人在语言能力上的巨大差距表示了极大的忧虑："只有 18% 的美国人能说英文之外的另一种语言，而高达 53% 的欧洲人能说一种以上的外语。"[①]

在这股强大的"外语热"的推动下，美国高校和中小学中选修外语的学生总

① 《纽约时报》（*New York Times*，2010 年 9 月 8 日）。

人数达到了1968年以来的最高峰。2007—2008学年，全美的公立中小学中选修外语课程的学生达到前所未有的890万，约占学生总人数的18.5%。2009年，美国高校中选修外语课程的学生总人数比1995年增加了47.8%。① 然而具有讽刺意味的是，长期在美国外语教学中占据主流地位的外语语种大多并非这场“外语热”的得益者。事实上，一些学校因财政拮据而捉襟见肘，不得不举起裁减学科专业的砍刀，而这时首当其冲的往往就是外语学科。譬如，全美开设外语课程的公立和私立小学的比例从1997年的31%降到2008年的25%，同期全美开设外语课程的初中的比例从75%降到58%，开设外语课程的高中的比例勉强维持在91%左右。1994—1995学年，全美高校中，67.5%的本科学士学位有外语课程要求，而到了2009—2010学年，这一比例却降至50.7%。② 2010年，纽约州立大学（奥波尼分校）一举裁减了包括法语、俄语、意大利语在内的几门外语学科，同时通知全校学生不得再选择这些语种作为自己的专业。消息传出，舆论为之哗然，震波甚至远及大西洋彼岸的法国。法国的重要报纸《世界报》愤怒地指责纽约州立大学（奥波尼分校）裁减外语学科是“威权式”的决定。法国著名哲学家让·吕克·南希（Jean-Luc Nancy）甚至在报上发表公开信，语带讥诮地建议美国大学裁减所有人文学科的课程。③

上述数据和信息似乎与“9·11”以后外语的重要性被重新认识而出现的“外语热”极为矛盾，反而更像是出现了一个外语教学的“冰河期”。其实这些貌似自相矛盾的情况正说明美国的外语教学正在经历一场前所未有的重心转移。一方面，法语、德语、意大利语等一些“主流”外语语种荣景不再。1970—1971学年，高达76%的美国四年制高校开设起码一种罗曼司语言（Romance Languages）专业；而在2005—2006学年，这一比例降至59%，同期开设德语专业的四年制高校的比例从44%降至27%。（David Glenn，2011）而另一方面，以阿拉伯语和汉语为代表的“新兴”外语语种却经历了蓬勃强劲的发展。从1998年到“9·11”事件后的2002年的短短四年中，美国高校中阿拉伯语课程的注册学生总人数从5505人骤增到10584人。（Elizabeth，2004）2002年之后，阿拉伯语继续保持稳定上升的态势，全美高校注册学生总数增加到2006年的23956人和2009年的35083人。与此相比，汉语的发展势头有过之而无不及，全美高校汉语课注册

① 《福布斯》(*Forbes*，2012年8月27日)。
② 《福布斯》(2012年8月27日)。
③ 《纽约时报》(2010年12月3日)。

学生总人数从2002年的34153人增加到2006年的51286人，再进一步增加到2009年的60311人。① 中小学汉语课程的发展形势甚至更为可喜。以芝加哥地区为例，曾任芝加哥公立中小学系统总监的邓肯不无自豪地宣布，新世纪的头10年中芝加哥地区开设汉语课的公立中小学已经增加到43所，选学汉语课的学生已达12000名。②

举目四望，作为身在美国的汉语教师，我们也许会产生“风景这边独好”的优越感。但是，我们只要记住以下几个数字，就不难保持清醒的头脑：尽管2008年全美开设汉语课程的初中和高中的学校数量是1997年的4倍，但是也只占全美开设一门以上外语课程的27500所初中和高中的4%而已。（Brendan Hoffman, 2010）与此形成鲜明对比的是，全美高达88%的小学和93%的初中、高中都开设了西班牙语课程。美国高校中的情况与此类似。2009年，全美高校中选修西班牙语的学生总人数将近863000人，超过选修汉语学生总数的14倍！③

汉语最新一轮的崛起几乎与阿拉伯语完全同步，但是这两个“新兴”语种的崛起所倚仗的推动力却不尽相同。“二战”以来，美国外语教学的兴衰往往与联邦政府在国家安全上的考虑息息相关。20世纪40年代突击强化式的日语教学便是一例。冷战期间，苏联的第一颗人造地球卫星在1957年上天以后，美国国会很快通过了《国防教育法案》（National Defense Education Act），授权联邦行政当局对科学技术教学及外语教学提供全力支持。由此引发的美国外语教学的新一轮高潮显然是对苏联在宇航科技上抢占先机的回应。毫无疑问，21世纪初以来美国的阿拉伯语教学异军突起，蓬勃发展，最根本的诱因就是“9·11”恐怖袭击事件。一言以蔽之，阿拉伯语的教学地位在美国急速提升，是直接由国际国内反恐斗争的需要决定的。

相比之下，汉语教学在美国振兴的原因则要复杂得多，深刻得多。毋庸讳言，美国官方在国家安全方面的考虑是其中的一个原因。对美国政府来说，中国虽非敌但亦非友，许多美国政治人物对中国在经济、军事和国际政治上的发展充满疑惑和担忧，美国政坛中“中国威胁论”的鼓噪时不时会甚嚣尘上。汉语被美国政府列为“关键语言”（critical language），在一定程度上就反映了美国政府对

① 统计数据来自“现代语言协会语言课程注册数据库 1958—2009”（Modern Language Association Language Enrollment Data 1958—2009, http://www.mla.org/cgi-shl/docstudio/docs.pl?flsurvey_results）。

② 参看网址：www.ed.gov/news/speeches。

③ 统计数据来自“现代语言协会语言课程注册数据库 1958—2009”。

中国发展的这种态度。但与此同时，汉语地位的上升也是国际政治经济权力重新分配的必然结果。随着中国在2001年加入国际贸易组织（WTO），在2008年成功举办北京奥运会并在2010年超越日本成为世界第二大经济体，汉语作为国际政治经济生活中重要语言的地位已不可撼动。在这种情况下，学习汉语已成为越来越多的美国学生从个人未来的事业和利益出发的自觉选择，而不一定与美国官方在国家安全层次上的战略考虑有多大关联了。

中国国力的显著增强也通过另一种方式促进了美国汉语教学的发展。20世纪50年代以后的很长一段时间内，中国政府囊中羞涩，在资助海外汉语教学事业上心有余而力不足。但随着80年代以来中国经济的飞速发展，中国政府显然大力增强了这方面的投入。2003年美国大学理事会（College Board）宣布在高中设立的大学先修课程中增加中文课程，即AP（Advanced Placement）中文。如姚道中、张光天（2010：773-704）所说，“AP中文是美国汉语教学史上一个极为重要的里程碑，它不但提高了美国中学的汉语教学的难度和水平，还直接或间接地促使许多中小学开始教授汉语”，而这一重大举措就是在中国国家汉办的资助下完成的。中国政府推广汉语教学的另一重要途径是建立海外孔子学院和孔子课堂。到2009年7月，全美已有55所孔子学院和8个孔子课堂。（姚道中、张光天，2010）这些孔子学院和孔子课堂把汉语教学从学校引向社会，提高了汉语和中国文化在美国普通民众当中的认知度。除此之外，中国国家汉办还不断通过资助教师培训及派遣、教材编写、中学生夏令营等各种活动推动美国的汉语教学。例如，位于俄亥俄州马塞隆市（Massillon）的杰克逊高中（Jackson High School）于2007年开设汉语课，学汉语的学生从一开始的20人增加到2010年的80人。该校外语部主任称，决定开设汉语课的关键原因就是该校的汉语教师的部分薪金是由中国国家汉办支付的。（Brendan，2010）截至2018年，美国已建立了100余所孔子学院和500余个孔子课堂。

虽然汉语教学在美国发展迅速，但美国高校的汉语教学乃至总体的外语教学在课程设置上还面临着诸多问题。美国高校包括西班牙语、法语、意大利语在内的“主流”外文系（科）中典型的课程设置是：在低年级两到三年的语言课训练的基础上，高年级开设以经典名著选读为主的文学课和其他文化课。这样的课程设置基本上是泾渭分明的“双轨制”：低年级的语言课完全由专职语言教师担任，而高年级的文学文化课则一般由拥有教授系列头衔的教师负责。这种“双轨制”在一定程度上形成了一个教师队伍内部语言教师和非语言教师的隔阂，使语言课与文学文化课脱节。更有甚者，大部分语言教师因为没有获得终身教职（tenure）的机会而被排斥在外语系（科）内部决策机构之外。由此派生出的怪异现象是，外语系（科）中关于语言教学的种种规章制度往往都是由非语言教师制定的，处于语言教学第一线的专职语言教师反而对这些规章制度没有多少发言权。可喜的是，这种“双轨制”的弊端已经引起了美国教育界人士的重视。现代语言协会的外语特别委员会于2006年提出的最重要的建议，就是改造高校外语系（科）中的课程设置和行政管理两方面的“双轨制”，从而使语言课程与文学文化课程有机地融为一体，使语言教师与文学文化课教师更便利地开展跨学科的合作。① 然而，“冰冻三尺，非一日之寒”，要真正打破“双轨制”的壁垒尚需时日。

由于汉语自身的特点，美国高校中文系（科）中这种“双轨制”的缺陷比起其他“主流”外语系来就显得更为突出了。对母语是英语的美国大学生来说，学习西班牙语、法语、意大利语等欧洲语言的难度较低。更重要的是，这些外语的教学在美国中小学中已有很长的历史，进入高校后才开始起步学习西班牙语或法语的学生为数极少。所以，大多数学生在高校继续接受两三年的语言课程的训练后，一般都能阅读该语种的文学原著。这就意味着这些“主流”外语语种的文学文化课在一定程度上是低年级语言课训练的延伸。 反观汉语，情况迥异。尽管近年来美国中小学的汉语教学已有长足发展，但是仍有相当数目的学生在进入大学后才从拼音、汉字偏旁起步学习汉语。即使那些在中学选修过汉语的学生，在进入大学后的汉语分班考试中也只有少数能进入二年级以上的汉语班。这样，即便是在大学学习三到四年汉语的学生，一般还是不能达到阅读中国文学原著的水平。所以，美国高校中文系（科）的本科文学课大多只能用英译本作为教材。如此一来，文学课与语言课之间没有类似西班牙语、法语或意大利语的那种衔接，“双轨制”造成的课程设置上与行政管理上的隔阂也就比那些欧洲语言学科更为明显了。可以说，如何解决语言课程与文学文化课程之间的脱节问题，是摆在美国高校中文系（科）面前的一大难题。

① 《外语和高等教育：新时代新结构》（*Foreign Languages and Higher Education: New Structures for a Changed World*, http://www.mla.org/flreport）。

第二节 美国大学汉语教学发展概貌

据美国现代语言协会2015年2月发布的调查报告①：2009—2013年的4年间，美国大学选修外语课的学生总数下降了6.7%；学生人数不降反增的只有少数几个语种，如韩语的学生人数增加了44.7%，葡萄牙语的学生人数增加了10.1%：汉语增加了2%（达到了6万多人）。由于2013年美国开设汉语课程的大学较2009年增加了84所，所以这2%的增长很可能主要是新开设汉语课程的大学贡献的。西班牙语和法语依然是除英语之外选修人数最多的语种。之前注册人数排名第三的德语退至第四。尽管西班牙语的注册学生人数在有统计数据之后首次出现了各年级人数都有所减少的情况，但其注册总人数（790756）仍然超过美国大学各语种学生的注册总人数（771423）。

李煜、温晓虹和谢天蔚2014年2月发表的《中文教师学会2012年北美地区高校中文语言项目的调查报告》（Li，Wen，& Xie，2014）是目前为止该学会所做的关于美国大学汉语教学方面内容最全面也是最新的调查报告。据其中的资料，在全日制大学中，各学校对外语学习的要求是多样化的，综合性大学所要求的外语课的教学时数明显比文理学院要长。对中文项目来说，那些提供多年汉语课程的、要求学生取得外语学分的时间多于一年的学校的学生升入二年级的比例较高。开设中国学或者中国语言专业的大学，多数都要求学生学习3～4年汉语课程；设立中国学或中国语言第二专业的大学，多数都要求学生学习2～3年汉语课程。从教学时数上看，多数大学一年级和二年级的教学时数是每周3～5课时，三年级是3～4课时，四、五年级是每周3课时。

下面笔者将根据上述调查报告的内容提供更多具体数字和情况，包括教师构成及课程开设情况的调查数据等，从而勾画出美国大学汉语教学的全景图。

由于美国大学未设立外语课的统一学分要求，因此各学校之间的情况差别很大。有的大学将外语课列为必修课；有的大学则将外语课列为选修课，对学生取得大学文凭没有影响。具体情况见表1-1：

① 请参看：https://apps.mla.org/pdf/2013_enrollment_survey_hig.pdf。

表 1-1　不同类型学校的必修外语课程的时间长度[①]

学校类型		必修外语课程的时间长度（学期）							
		其他长度	6 学期	4 学期	3 学期	2 学期	1 学期	0 学期	学校总数
其他类型的学校	数量 占比	5 41.7%	1 8.3%	1 8.3%	1 8.3%	2 16.7%	0 0.0%	2 16.7%	12 100.0%
公立研究型大学	数量 占比	15 20.3%	1 1.4%	24 32.4%	8 10.8%	15 20.3%	3 4.1%	8 10.8%	74 100.0%
私立研究型大学	数量 占比	3 14.3%	1 4.8%	3 14.3%	3 14.3%	7 33.3%	0 0.0%	4 19.0%	21 100.0%
公立文理学院	数量 占比	3 16.7%	0 0.0%	3 16.7%	3 16.7%	4 22.2%	0 0.0%	5 27.8%	18 100.0%
私立文理学院	数量 占比	4 9.8%	1 2.4%	6 14.6%	7 17.1%	12 29.3%	2 4.9%	9 22.0%	41 100.0%
社区大学	数量 占比	7 23.3%	0 0.0%	4 13.3%	2 6.7%	5 16.7%	2 6.7%	10 33.3%	30 100.0%
总数 占比		37 18.9%	4 2.0%	41 20.9%	24 12.2%	45 23.0%	7 3.6%	38 19.4%	196 100.0%

表 1-1 是按照学校类型统计出的必修外语课程的时间要求（Li，Wen，& Xie，2014：9）。简单地说，综合性大学比文理学院要求的外语教学时间更长，要求学生必修 1 ～ 2 年外语课程的院校占全部高等院校总数的 60% 左右，不要求学生必修外语课程的院校中，社区大学（相当于中国的大专或成人教育学院）所占的比例最高。

在“贵校的汉语项目提供哪些本科学位或者证书？分别要求几年的汉语时长？”这个问题上，受访者的回答如表 1-2 所示。

表 1-2　各学校提供的相关专业或证书及要求的汉语学习时长

回答选项	不提供	1 年	2 年	3 年	4 年	5 年	回答计数
中国研究专业	116	1	8	14	23	2	164
中国语言专业	115	1	6	7	31	3	163
中国研究副专业	101	10	22	19	6	1	159
中国语言副专业	88	5	25	39	10	1	168

① 笔者对 Li，Wen，& Xie（2014）的表格进行了格式上的微调，以更利于读者的理解。

（续表）

回答选项	不提供	1 年	2 年	3 年	4 年	5 年	回答计数
中国研究方向	117	2	10	6	6	1	142
中国语言方向	112	0	13	8	5	2	140
中国研究证书	128	2	3	0	0	1	134
中国语言证书	124	2	8	3	0	1	138
回答这一问题的受访者数							212
跳过这一问题的受访者数							4

表 1-2 显示，从总体上看，中国语言专业和副专业对汉语学习时长的要求最高，其次是中国研究专业和副专业。研究方向和证书项目的要求比较一致，要求修满两年汉语的占了大多数。（Li，Wen，& Xie，2014：13）

在“非华裔班或者混合班每周有多少汉语课时？”这个问题上，受访者的回答如表 1-3 所示。

表 1-3　非华裔班或者混合班每周的汉语课时数

回答选项	不开设该课程	2 小时	3 小时	4 小时	5 小时	6 小时	7 小时	8 小时	回答计数
一年级	9	1	48	71	61	7	4	6	207
二年级	20	1	59	60	44	7	2	4	197
三年级	48	1	74	30	13	1	0	2	169
四年级	65	1	65	9	5	1	0	2	148
五年级	83	1	15	2	1	0	0	1	103
六年级	86	0	1	1	0	0	0	1	89
回答这一问题的受访者数									207
跳过这一问题的受访者数									9

表 1-3 显示，美国大学一、二年级的汉语课程绝大多数为每星期 3 ～ 5 课时，多数大学三、四年级以上每周的汉语课时数为 3 课时。从总体上看，年级越低，周课时数越多；年级越高，周课时数越少。（Li，Wen，& Xie，2014：15）

很多院校在标准课程之外，还提供了多种多样的非（常规）语言课程，如表 1-4 所示。

表 1-4　非（常规）语言课程与教授这些课程所使用的语言

课程名称	开课院校的百分比	用英语教授该课程的百分比	用汉语教授该课程的百分比
中国文化	69%	81%	19%
中国文学	59%	66%	34%
中国历史	54%	90%	10%
中国社会	53%	80%	20%
中国电影与传媒	51%	79%	21%
中国宗教	44%	93%	7%
中国视觉艺术	34%	91%	9%
商业中文	33%	15%	85%
古代汉语	33%	40%	60%
汉语语言学	24%	61%	39%
报刊中文	18%	3%	97%
中国音乐	17%	78%	22%
法律中文	4%	33.3%	66.7%

表 1-4 表明，除标准语言课程外，各院校还提供中国文化、中国文学、中国历史、中国社会、中国电影与传媒、中国宗教、中国视觉艺术、商业中文、古代汉语、汉语语言学、报刊中文、中国音乐以及法律中文等课程。其中商业中文、报刊中文、法律中文和古代汉语在多数学校是被当作语言课程开设的，多用汉语授课，与标准综合课的主要差别只是学习内容的不同，而不是教学理念和课堂教学方法的差别。其他课程则主要采用英语授课，被视为所谓的内容课（content courses）。（Li，Wen，& Xie，2014：16）

关于授课模式，研究者们也做了分析，比如调查了语言课程是否分成“讲解课”（语法、语言知识等）与“操练课”两个部分（注意，这里说的不是大小班），并且由不同的教师授课。在 192 个答复当中，10% 的受访者回答“是”，19% 回答“部分课程如此”，71% 回答“不是”，如图 1-1 所示。也就是说，绝大多数项目在美国大学正常学期的教学中，没有采取语言知识（主要是语法）的讲解（通常由英语母语者担任）与操练（通常由汉语母语者担任）由不同教师授课的方式；而是采取讲练结合的方式，由同一位教师来讲解语言知识并操练所学知识，只是有些项目在正常的综合课外又增添了练习课。（Li，Wen，& Xie，2014：

19)"讲练分开"这种在"二战"中为迅速培养战争急需的外语人才(特别是汉语和日语人才)而创立的教学模式,在21世纪的汉语教学中已经基本上退出历史舞台了。

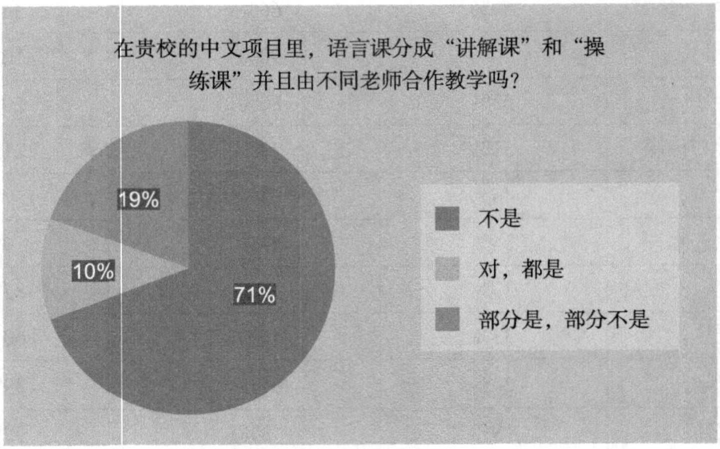

图 1-1　课堂教学形式比例图

有些学校提供了多轨汉语课程,其数量与比例如表1-5所示。

表 1-5　开设多轨汉语课程的院校数量与百分比(共调查162所院校)

教学分轨情况	一年级	二年级	三年级	四年级	五、六年级
混合班	159 98.15%	141 87.04%	103 63.58%	75 46.29%	22 13.58%
非华裔与华裔双轨班	34 20.99%	30 18.52%	21 12.96%	9 5.56%	3 1.85%
密集强化班	21 12.96%	14 8.64%	4 2.47%	2 1.23%	2 1.23%

表1-5显示,开设汉语课的绝大多数高等院校都开设了华人和一般美国人混合编班的一二年级课程,开设普通高年级(四年级以上)课程的学校只有一半左右。由于中国大陆赴美留学生与新移民的人数不断增加,自20世纪90年代起,开设华裔班或双轨班汉语课程的院校大幅增加。非华裔与华裔分开的双轨班主要集中在低中年级,四年级以上开设双轨班的学校很少。密集强化班主要在低中年级开设,高年级开设密集强化班的院校则屈指可数。(Li, Wen, & Xie, 2014:

19）

研究者还调查了各院校中不同年级的学生注册人数及占比情况，如表 1-6 所示。

表 1-6　162 所院校各年级学生注册人数与百分比

教学分轨情况	一年级	二年级	三年级	四年级	五、六年级	总数
混合班	8681 50.17%	4506 26.04%	2328 13.45%	1356 7.84%	432 2.50%	17303 100%
非华裔与华裔双轨班	1121 38.10%	771 26.21%	583 19.83%	149 5.07%	318 10.81%	2942 100%
密集强化班	551 64.22%	213 24.83%	41 4.78%	23 2.68%	30 3.50%	858 100%
来自原始数据的平均数	10353 49.06%	5490 26.02%	2952 14.0%	1528 7.24%	780 3.7%	21103 100%

从表 1-6 中可粗略地看出，一年级学生人数占全部学生总数的近 50%；年级越高，学生人数越少，能够学到高年级（四年级及以上）的大约只占全部学生人数的 10% 左右。（Li，Wen，& Xie，2014：21）

研究者还调查了各种教学分轨情况的汉语课程中各年级学生人数的减少情况，具体比例如表 1-7 所示。

表 1-7　各年级注册学生人数减少的百分比

教学分轨情况	一年级到二年级人数减少的百分比	二年级到三年级人数减少的百分比	三年级到四年级人数减少的百分比
混合班	48.09%	48.34%	41.75%
华裔班	31.22%	24.38%	74.44%
密集强化班	61.34%	80.75%	43.90%
来自原始数据的平均数	46.97%	46.23%	48.24%

表 1-7 显示，一般混合班的学生减少幅度各年级相差不大，从一年级到二年级，大约都在 50% 左右。华裔班的一、二、三年级之间减员较少，约在 25% ～ 30% 左右；但三、四年级之间学生数量明显减少，降幅达到了 75% 左右。密集强化班减员最为明显，是三组中最高的。但是把三组学生放在一起平均

来看，每个年级的减员人数比例非常接近，都在 50% 左右。（Li，Wen，& Xie，2014：22）

表 1-8 为研究者估算出的 154 所高等院校中具有不同族裔背景的汉语学习者的人数与百分比。

表 1-8　154 所高等院校中汉语学习者的族裔背景情况

学生族裔背景		百分比	学生人数
白人		50.68%	7557
华裔	讲普通话的人	14.12%	2106
	讲广东话的人	6.85%	1022
非华人亚裔		11.47%	1710
拉丁美洲裔		10.05%	1499
非裔		5.61%	837
其他		1.21%	181

从表 1-8 中可粗略地看出，白人学生大致上占了 50% 左右，华裔学生（讲普通话与讲广东话的人）共计 20% 左右，非华人亚裔学生占了 10% 左右，与拉丁美洲裔接近，非裔学生占了 5.61%。（Li，Wen，& Xie，2014：23-24）

综上所述，近二三十年来，美国的汉语教学有了长足的发展，高等院校选修汉语课的人数一度增加到了 6 万余人（次）。全美约有 400 多所大学开设了汉语课程，这当中既包括四年制综合性大学、文理学院，也包括社区大学。教学方式有面对面授课的形式，也有远程教学和网络授课的形式。开设的课程涵盖了从零起点的初级班课程到五、六年级的以学习原文和专题讨论为主的高级班课程，还有服务于不同专业学生学习目的的商业中文、媒体中文、医学中文、法律中文、古代汉语等课程。相当多的大学采用了华裔学生与非华裔学生分开的双轨制教学体系。海外项目更加多样化，有常年班、学期班、暑期班、寒假班、实习班等等。教材从总体上质量更高，更加多样化，一批适合不同院校、不同年级学生使用的教材陆续出版。总体而言，对外语课有学分要求的学校，学生平均选修汉语课的时间更长。但是，毋庸讳言，汉语教学也遇到了严重的挑战，例如近年来高等院校汉语课学生注册人数的增长出现了明显放缓的趋势，与此一致，海外留学项目的学生人数也相应减少，各年级学生在升入更高一个年级时的自然减员比例依然在 50% 左右。注册学生人数、海外留学人数以及升入更高年级时人数减少的原因多种多样：有些学生是因为已经获得了足够的学分，不想继续学习了；有些学生认为汉语难学，于是浅尝辄止了；有些学生因为专业课压力大，没有时间上汉语选修课了；有些学校因为生源或者教师不足，没有开设高年级课程；有些美国学生认为随着中国赴美留学人数的增加，在美中资公司以及在华美国公司和机构越来越倾向于雇佣中国留学生，这与中国改革开放初期严重缺乏熟练掌握英语和汉语并具有美国学历的人才的情况大不相同，学习汉语似乎不那么重要了；等等。为了保持并增加注册学生人数，有些学校开设了“慢班”（如常规班每周 5 ～ 6 课时，慢班则每周 3 课时），以吸引不能投入更多时间学习汉语的学生；有些学校则更注意汉语语言课程与用英语教授的知识型课程（如“中国现代文学”）的配合，以往这些知识型课程只要求学生用英语阅读文本；现在有些大学为能够阅读汉语文本的学生开设了对应的汉语阅读讨论课程；也有学校降低了对学生发音和汉字的要求，希望留住学生；等等。这些方法从长远看是否有效，尚需进一步的观察。

在以下各章中，笔者将对美国大学汉语教育发展的具体情况做一个全面、细致的梳理，以便为汉语国际教育领域的教师、赴国外任教的志愿者和外派教师，以及将来打算从事这一领域工作的研究生提供教学与工作上的方便和借鉴。

第二章 汉语教学在美国大学的兴起

从历史渊源上看，美国的汉语教学一直是美国中国学——跨越了诸多人文学科的综合学科的重要组成部分，最初主要为中国学研究提供基础和工具，“二战”后逐步发展成为多用途的相对独立的教学体系。由于历史渊源的关系，研究汉语教学的发展过程应从美国中国学发展的总体框架下开始考察，以便得到更全面和宏观的认识。离开了对整个中国学发展历程的认识，对汉语教学发展历程的考察难免会显得支离破碎或者缺乏全面的依据。

第一节 美国早期汉语教学的发展（中美开始贸易交往—第二次世界大战爆发）

美国汉语教育作为一种需要最早可追溯到美国与中国开始贸易交往的时候。1784 年，美国的第一艘商船到达中国，开启了中美交流的新时代。那时正是中国的乾隆盛世（1736—1796）。商船的大副山茂召（Samuel Shaw）写下了他对中国的第一印象，这是美国人第一次记录下对中国的所见所感。（Kenneth，1918）自那时起，汉语学习就成为一种交流的需要。遗憾的是，之后 40 年内虽有大量的美国商船往来于中美之间，中国排在英国之后成为美国的第二大贸易伙伴，但是商人们来去匆匆，并没有留下学习汉语的记录，“没有一位美国公民能有把握地读、写和听、说汉语”（Dennett，1922）。由此可见，国家之间的经济贸易往来不一定能立刻、自然地影响外语学习。汉语书写的困难可能是一个原因；另外，那时商人之间使用一种葡萄牙语夹杂着广东话的商业行话——洋泾浜外语进行交流，即可以满足商业沟通上的需要，因此他们认为没有必要学习中国语言与中国文化。（顾钧，2009）

1824年，商人威廉姆·亨德（William C. Hunter）受一家美国公司（Thomas A. Smith and Sons Co.）的派遣来到中国，上述情况才有了改变。他此行的目的是学习汉语以便日后服务于其公司在广州的办事处。亨德到达中国后，却惊奇地发现他很难找到一位汉语老师，于是他离开广州前往新加坡，希望在新加坡开始汉语学习。后因学习条件不理想，只好又转往马六甲，进入传教士马礼逊（Robert Morrison，1782—1834，1807年来华）等人于1818年创建的英华书院（Anglo-Chinese College）学习汉语，师从一位名叫柯利（David Collie）的英国老师以及另外一位广东老师（Choo Seen-Sang，也是柯利的助手）。这位广东人不但熟悉中国传统的文化经典，而且能讲一口流利准确的官话。（Hunter，1885）学习持续到1826年12月底，由于公司破产，亨德回到美国。1829年，他乘坐新雇主奥立芬（D. W. C. Olyphant）的商船再次来到中国，在船上结识了美国最早的来华传教士裨治文（Elijan Coleman Bridgeman，1801—1861）等人，并成为其最早的汉语教师。亨德是第一位有据可查的主动认真学习汉语的美国人，也是第一位来自美国的非专业的教授过汉语的人。（顾钧，2009）后来裨治文于1832年创办了英文期刊《中国丛报》（*Chinese Repository*），刊登了大量介绍中国和讨论中国问题的文章；同时还出版了《广东方言读本》（*A Chinese Chrestomathy in the Canton Dialect*），专门供外国人学习之用；还翻译了许多中国私塾所使用的汉语课本。《广东方言读本》既是语言课本，也是关于中国各项知识的百科全书。

19世纪美国的汉学研究和汉语教育有两股较大的推动力量。第一是传教士的来华传教，因为传教士与商人最大的不同在于他们的目标是在中国人中传播宗教，因此他们必须首先了解中国语言和中国人的心理，了解中国的历史文化，才能在中国人中做宣教活动，离开了对中国语言文化的了解和掌握，宣教活动几乎无法展开。之后传教士就成了进行对话交涉和商业交涉的语言专家。第二是美国的高等教育深受欧洲学界的影响，许多大学开设的课程都是仿照欧洲体制设立的，每年有大批学生到欧洲留学。因此欧洲汉学的体系和传统在早期为美国所效仿，所以在美国大学里最早担任教授席位的专家以及从事汉学研究的学者有不少来自欧洲。这些专家和学者成为当时美国汉学研究和汉语教育的另一推动力量。（顾钧，2009）

1833年，传教士卫三畏（Samuel Wells Williams）受教会派遣到达广州，当时真正懂汉语的美国人大概只有亨德和裨治文。（顾钧，2009）卫三畏首先向传教士裨治文学习汉语，但是裨治文的汉语水平也非常有限。当时中国人教授外国人汉语被视为非法活动，所以卫三畏很难找到理想的汉语教师。这种状况一直延续到 1844 年中美《望厦条约》签订。卫三畏等人坚持在条约中规定：“准合众国官民延请中国各方士民人等教习各方语音，并帮办文墨事件，不论所延请者系何等样人，中国地方官民等均不得稍有阻挠、陷害等情；并准其采买中国各项书籍。”（梁为楫、郑则民，1993：36）从那时起，外国人在中国学习汉语、采买书籍成为合法之事。卫三畏在回顾中外交往的历程时指出：“无论是商人、旅行者、语言学者，还是传教士，都应该学习汉语，如果他们的工作使他们必须来中国的话。说这句话是一点不冒昧的；如果所有人都掌握了汉语，就可以避免外国人和中国人之间的恶感，也同样可以避免在广州造成人员财产损失的那些不愉快的事件；中国人对于外国人的轻视，以及过去一个世纪以来双方交流的备受限制，主要原因是由于外国人对汉语的无知。”（Williams，1848：500）卫三畏在中国生活工作了 40 年左右，撰写并参与编写了大量介绍中国社会、历史、语言、文化的报刊文章和著作，晚年回到美国。在中国第一位留美学生——耶鲁大学毕业生容闳等人的推动下，1877 年，卫三畏任职于耶鲁大学，成为美国高等院校的首位汉学教授。十分可惜的是他没有学生，只举办过一些讲座。

在耶鲁大学之后，其他大学也相继设立了与此类似的教职。1879 年，哈佛大学聘请出生于安徽徽州的举人——知府候选人戈鲲化（1838—1882）为该校首任汉学教授，戈鲲化成为第一位来自中国、正式任教于美国大学并在美国高校成功开设汉语语言课程的专职教师。（崔颂人，1994；张宏生，2000）

戈鲲化，字砚畇，一字彦员，自幼随祖母长大，读书应试，中举之后并未拜官，出于谋生的需要，二十岁出头的时候开始了幕僚生涯。先在湘军总兵黄开榜（湖北施南人）手下做了五六年幕僚，大约在同治二年（1863 年），戈鲲化任职美国上海领事馆，负责译文的抄写工作并担任翻译教员。两年期满之后移居宁波，在英国领事馆任职，同时教授英国人和法国人汉语。担任宁波海关税务司的杜德维（Edward B. Drew，哈佛大学的校友）也是他的学生。作为一个传统的文人，戈鲲化受过良好的传统文化的教育和熏陶，有非常扎实的文史功底。同时他在上海、宁波这些沿海开放城市长期生活过，较早地接触到了西方思想文化和西方人。为西方驻华机构工作并担任汉语教师的经历，则使他具有比较开放的视野、不排斥或者是乐于接受西方文化的态度。这种特殊经历和思想认识使他有别

于当时社会上与具有类似教育背景的一般中国传统的文人学者。（张宏生，2000）

哈佛大学汉学教职的设立是波士顿在华商人从中美交流的实际需要出发而提出的，而非哈佛大学自身的主张，足见商界的远见及其对美国大学和对汉语教育的深刻影响。戈鲲化赴美的费用由提出建议的美国商业界人士筹集，教师与大学及其代理人是严格的契约关系，并有完善的合同。戈鲲化是用人单位的代表——哈佛大学校友杜德维推荐，美方遴选，中国政府官方批准的。这种选择教师的标准与派出教师的途径在今天中美大学的交流当中还以某种方式存在着。美方遴选的标准主要是有成功的工作经验，遴选者不介意被选者不会讲赴任国的语言，反而认为这可能更有利于该教师完全用目的语与学生交流。他们对戈鲲化渊博的知识及对西方文化饶有兴趣的态度表示了极大的赞赏，认为这将有利于他顺利地适应美国的生活并在将来向中国人传播美国文化。哈佛大学汉语课的教学内容、方法、课时数、教材、班级规模均由校方决定，戈鲲化只是遵循学校的各种安排。项目设立者认为语言学习是在中国从事一切工作的基础，美国人在赴华以前先向母语者学习一段时间汉语有利无害。哈佛大学对社会公开招生，希望学习者不仅限于哈佛大学本校学生，也不以直接营利为目的，对才智特优而经济困难的学生给予减免学费的优惠。学生中有一位是来自中国的留学生——中国第一位在哈佛读书的本科生丁崇吉，作为在美国的侨民，其学习的目的是将来回到中国后可以在语言上毫无障碍地工作、生活。丁崇吉可被视为最早的华裔学生。戈鲲化在口语教学方面使用英国语言学家兼外交官威妥玛的教材《语言自迩集》；同时使用自编教材做阅读以及文言教学之用，其自己编写的教材更重视文史方面的内容，收录了他个人编写或改编的诗词等等。这种由教师在从教学实际出发改编教材的做法在之后美国多年的汉语教学历史中一直延续着。（张宏生，2000）

在哈佛大学之后，加州大学（伯克利分校）于 1890 年设立了阿加西斯（Agassiz）教授席位，因为没有合适的人选，这个职位空缺数年，直到 1896 年才由英国人傅兰雅（John Fryer）担任。1901 年哥伦比亚大学创设丁龙（Dean Lung）中文讲座，并聘用德国汉学家夏德（Friedrich Hirth）为首任教授。夏威夷大学于 1921 年、芝加哥大学于 1936 年、斯坦福大学于 1937 年也陆续设立汉语教职。（Sung See, 1967）但就总体而言，美国大学汉语教育在起步阶段发展迟缓。20 世纪早期只有卫三畏的儿子卫斐烈（Frederick Well Williams）和后来的赖德烈（Kenneth Scott Latourette）两位教授，学生只有几名。哈佛大学从戈鲲化去世之后完全停止了汉语教学，直到1922年以后才由赵元任、梅光迪等中国留美学者重新开课。赵元任1921年做哲学助教，1922—1924年教授汉语，共有3名学生。他先教口语，然后教书面语，最终目的是教授文言文，多少也遵循传统的教法，用英文解释课文，然后翻译课文，还花了不少时间让学生朗读课文。赵元任离开以后，由梅光迪任教。据赵元任估计，20年代早期在全美大学学习汉语的学生人数不会超过100人。（罗斯玛丽·列文森，2010）

19世纪末到20世纪20年代这一阶段，不但大学很难找到合适的中文教授，而且要求学习汉语的学生也是少之又少。学习的内容多数是文言文，采用的是威妥玛式拼音，学生总体上长于阅读，但是不擅长口语交流，教学方法以语法和翻译为主。这或许与以下几点有关：第一，美国大学汉语教学开始之时，中国还没有实行白话文教育；第二，美国人对汉语的学习还是出于了解一种遥远的异国文化和历史的目的；第三，文言依然是大量中国知识分子写作的重要方式。

从总体上看，20世纪30年代前后，美国的汉语教育和汉语教学有了进一步的发展，原因之一是洛克菲勒基金会、卡内基基金会等的支持和捐助。这个时期早已成立的美国东方学会除了出版《东方学会学报》以外，还在每年的年会当中召开许多讨论汉语问题的特别会议，这些会议都是在美国学术团体联合会（American Council of Learned Societies，ACLS）的领导下联合举办的。1928年，该联合会专门成立了远东研究促进会，举办了许多学术会议、研究班、暑期学校和语言讲习所，并于1931年出版《美国的中国研究年报》，年报的主编是耶鲁大学教授赖德烈（今天我们研究美国汉语教育、中国学问题的许多最原始的材料都是出于他的总结和归纳），接着出版了《远东问题简报》，美国远东研究促进会就是今天美国亚洲研究协会（The Association for Asian Studies，AAS）的前身。1928年，哈佛大学利用美国著名铝业大王家族的捐助，成立了燕京学社，不定期地出版《亚洲研究学报》至今，鼓励和资助了一大批中美知名学者从事汉学研究以及与汉语教学有关的学科研究。美国政府在汉学研究和汉语教学的发展方面也有很大的贡献，因为外交和军事上的原因，美国更加重视对中国的研究，如美国国务院、国防部常以经费补助各大学有关中国的专题研究。在语言训练方面，在加州有为陆军设立的中国语言学校，教师多由中国学者担任，如李抱忱先生。但是就总体而论，这一时期美国大学的中国学研究和汉语教学还处于发展的早期阶段，教学方式以读写训练为主，以期将学生培养为汉学家以及从事中国问题研究的专门人才。这一时期的相关资料主要见于赖德烈、傅路德等人的论文。

美国中国学重要的奠基人之一是耶鲁大学的赖德烈教授。他以一位卓越的历史学家的敏感和严格的治学精神，从近一百年前就开始关注并从学术史的角度详细梳理、综合分析美国中国学的发展历程。赖德烈是耶鲁大学教授卫斐烈的学生。他不但是远东研究专家，也是基督教在华传教史专家和中美关系研究史专家。他曾经担任耶鲁大学东亚系系主任、美国远东研究促进会主席、美国历史学会会长等一系列重要职位，是美国历史研究领域和宗教研究领域的一代巨擘。1918 年，他发表了《美国学术与中国历史》一文（Kenneth，1918），这是目前为止能够查找到的最早的关于美国中国学学术发展综述方面的论文之一。在这篇文章中，赖德烈指出，美国之所以对中国有兴趣，是因为世界上几乎找不到另一个国家像中国这样通过文化影响了如此众多的人口，也几乎没有国家在如此漫长的历史发展过程当中统治过如此众多的人口和如此富饶的地方。中国人有很强的历史感，流传后代的大量文献资料很多都是经过细致的、批评性的汇集的。但是美国对中国的研究十分欠缺，与英国、法国、德国等欧洲国家相差甚远。美国领事馆在人员的培训和学术水平上、在海关事务的参与度上都与英国等国差距甚大。美国赴华传教士的人数在当时虽然已经超过其他任何一个欧洲国家，但是美国传教士比较关注组织、宣传等事项，还没有像英国传教团那样产生许多学术史上的杰出人物。美国的高等院校致力于开设几乎所有关于人类知识方面的课程，但是对中国的关注十分欠缺："可能有 30 所学校的教学活动在某种程度上涉及中国主题，但通常只放在总课时为一学期的远东概述课程里。只有 3 所学校有一些安排，可以对中国语言、制度和历史进行细致研究。美国的中国学如此不足，以致三校中的两校[①]不得不去欧洲人才充实学校的里征召中国学教席。"（Kenneth，1918）赖德烈教授细数了美国学者对中国学研究特别是历史研究的种种学术贡献，最后他指出美国国内当时大约有 1500 名中国学生，这些学生在西方理论的熏陶下成长，预期会有一些人从事与本国历史、学术有关的研究，这会推动美国中国学的发展，令中美两国人民获益。从这篇最早期的文章里面，我们至少可以了解到如下信息：1918 年前后美国有大约 30 所大学开设了与中国有关的课

① 笔者注：另外两所大学指的是除耶鲁大学以外的加州大学和哥伦比亚大学。耶鲁大学先是有卫三畏，后来有卫斐烈子从父业，在耶鲁任教 20 多年，他是美国远东研究方面积极的倡导者，但有些年却不得不踽踽独行。

程，有 3 所学校提供了对中国语言、制度和历史进行研究的课程。赖德烈认为中国学的发展有助于美国在中国领事馆的工作、对海关事务的参与、对传教事业的推动以及美国学术的进步。虽然我们还无法判定当时各个学校开设的课程里面有多少语言课的成分，但是我们至少了解到美国一流的历史学者从实用和研究两个层面提出了对发展中国学的现实需要的呼吁，这正是汉语教学得以发展的重要推动力。

1921 年赖德烈发表了《过去七年的中国史研究》，“过去七年”指的是 1914 年第一次世界大战爆发到 1921 年这段时间，文中谈到的“中国学研究”是以美国为主同时包括了西方主要国家的研究状况，以历史学为主同时兼及其他学科领域中国学研究的概况。他详细介绍了这七年间出版的中国学领域所有相关学术论著，并评价了这些研究成果的历史贡献。他特别指出，1914—1921 年间有些关于中国内容的历史著作是中国人用英语写成的。“这些著作在学术上一般是不成熟的，甚至是不准确的，因为它们通常是年轻中国学子的博士论文，他们从孩提时代开始接受西方教育，没有机会仔细或彻底掌握中文资料。他们的英美导师或者不熟悉中国的语言、制度、历史，或者是一知半解，根本不能对其进行指导。”（赖德烈，1921：11）在文章最后，赖德烈教授指出：“希望西方尤其是美国历史学家更多关注中国。它拥有五分之一的世界人口，它的未来与世界其余部分的命运紧密相连，它拥有至少三千年的优秀的历史文献记录，可能比其他种族相同时期的历史记录都更完整。”（赖德烈，1921：17）尽管取得了一些成就，但此期美国的中国史研究还有很多领域未被探索，还需要学者们努力耕耘。赖德烈从中华文明在世界历史发展中的地位与作用的角度讨论了中国学研究的意义。他认为要写出关于中国的有学术价值的论文，学者需要掌握汉语，用汉语查找第一手资料，他们的导师亦需要熟悉汉语才能指导学生。他不赞成学生们在对汉语资料缺少了解的基础上进行中国问题研究，也非常反对教授在对中国缺少了解的情况下指导学生。他认为对汉语和汉语资料缺少了解，是美国中国学研究的一大弊端。中国学的发展需要以汉语语言教学的发展为基础。（赖德烈，1921）

1930 年赖德烈发表了《过去九年的中国史研究》，即 1921—1930 年之间的以中国史为主兼及中国学其他方面情况的调查报告。报告详细介绍了这九年间中国历史研究的详细进展情况，包括发表的所有重要学术著作。这里的“历史”是一个非常广义的概念，几乎涉及了传统人文学科的大部分领域。赖德烈在结语部分总结道："……近八年来，美国有关中国的学术研究兴趣在增长。开设有关中国课程的学院和大学的数目增加了一倍。与中国有关的（或者完全研究中国，或者作为远东研究领域的一部分）的新教席正被创立。由于得到美国提纯铝发明家霍尔遗产的赞助，哈佛—燕京学社得以成立。这个机构拥有巨额资金，计划资助有相当资格的中国人和西方人对存于中国和美国的相关中国风物（Things Chinese）进行高级研究，尽管这一计划尚未完全成熟。国会图书馆中国收藏引人注目，正在稳步增加，可能是中国之外关于中国的收藏最好的一处。麦吉尔大学葛斯特中文图书馆已可让读者进入其书库。美国钱币协会对于各地发现的中国钱币的收藏，可能是世界上此类收藏中最好的。博物馆表现出极大的兴趣来扩大它们中国部分的收藏量，尤其是艺术和考古方面。美国学术团体理事会聚集了大批汉学家，成立了促进中国研究委员会，该委员会开辟了几项重要的事业，其中有远东研究年会和中国研究资料调查。当前的迹象表明，未来十年或二十年，在美国，有关中国风物的严肃兴趣和像样的研究成果将有显著的增长。"（赖德烈，1930：34）

除了赖德烈以外，美国著名汉学家、哥伦比亚大学丁龙讲座教授傅路德（又译作富路特，Goodrich, Luther C. 1894—1986）也对早期中国学研究的历史进行了总结。傅路德出生于北京，童年是在中国度过的。他的父亲富善（Chauncey Goodrich）曾在中国传教多年。傅路德于 1927 年获得哥伦比亚大学硕士学位后留校任教，直至 1961 年退休，是哥伦比亚大学东亚系和东亚图书馆的主要创建者。1946—1947 年被选为美国东方学会会长，1956—1957 年担任美国亚洲研究协会会长，曾与哥伦比亚大学另一位中国学者房兆楹合作编写了《明人传记辞典》（*The Ming Biographical Dictionary*）。傅路德著作等身，最广为人知的是《中华民族简史》（*A Short History of the Chinese People*），曾长期作为美国学生使用的中国历史教科书。

1931 年，傅路德在《中国社会与政治科学评论》杂志上发表了《美国的中国学》一文，因为这是作者于 1930 年 12 月 16 日宣读于天津妇女俱乐部的一篇演讲稿，所以其写作风格是适合大众的，从而有别于赖德烈的极其严谨的学术论文。文中他以略带抒情的笔触回顾了美国中国学发展的整个历程，特别是包括了学术研究以外的内容。傅路德指出，曾有传闻说，当北美十三州的代表讨论设计美国宪法的时候，本杰明·富兰克林（Benjamin Franklin）建议代表们把目光从欧洲转向古老的中国，看看中国为什么持续了如此悠久的历史并比其他国家的政府养活了更多的人口。但是因为美国的奠基者们没人到过中国，所以这项建议被搁置了。富兰克林是费城哲学学会的创立者，对发展对华贸易、引进中国的技术充满热情，而且希望美国将来有一天也能养活如此众多的人口。与富兰克林同在费城哲学学会的斯蒂芬·吉拉德（Stephen Girard）后来成了远航东方的伟大的船长和美国当时最富有的人，他的财富很大一部分是在中国的贸易所得，但去世之后，他并没有把其美国首富的遗产捐赠给任何有关中国研究的机构和个人。另一位从事中美贸易并大获其利的纽约富商塞斯·洛（Seth Low）曾担任过哥伦比亚大学校长并同意在其任内设立汉语教席，但是他们家族也同样没有为中国学的发展提供过任何捐助。随着美国的快帆船逐渐竞争不过蒸汽船，美国的商人逐渐失去对华贸易的兴趣，改为参加淘金，同时美国内战和中国太平天国运动对当时的中美社会带来了巨大的冲击。19 世纪的最后十几年，居住在美国的著名中国学学者的研究成果都拿到欧洲去发表。20 世纪以后，美国逐渐富裕起来，大批中国留学生来到美国学习，美国与中国有关的图书馆、博物馆有了很大的发展。（到作者撰写这篇报告的时候）大约有 100 所院校为学生们提供了一至五门与中国有关的课程，但是在美国能胜任教学工作的教师依然屈指可数。

最后，傅路德指出，“一般而言，在中国文学与科学方面，没有多少有潜质的西方研究者可与生长于中国本土的（外国）人相比。他们有机会从婴儿时期开始接触汉语。对于他们所处的文明世界，他们不会、也不该看似陌生。那么何不集中力量在合适的年龄提供他们学习中文的机会？语言学得越早越易学，何不因势利导，让他们掌握语言这个至关重要的工具？如今在北京通县、上海、广州的美国学校，以及在成都的加拿大人都指出了这一点。有理由相信，在天津的诸位——不分国籍——都会推进这项事业，不仅在前面提及的学校，而且在每所为欧美孩子开设的学校。另一方面，至少在美国，我们应努力不让孩子入学时因为选修中文而不是拉丁语、希腊语或某种现代欧洲语言而被拒绝注册。开始学中文的时间，不应在研究生时代或以后，而应在 12 岁至 18 岁之间。在太平洋此岸，要是你选择了这个方向，那就可以预言将对海外中国学产生有益的影响。我们期待着你的合作。”（傅路德，1931：43-44）在这里，傅路德明确提出，汉语语言学习对于研究者来说至关重要，而且应该从小抓起。他还认为，汉语学习应该从美国学校的录取制度上得到应有的保证，从而使学习者得到鼓励并使汉语得到与其他语种一样的承认。他在报告中还提到，当时美国能胜任教学的教师屈指可数，能在顶尖汉学期刊上发表文章的人几乎没有。他当时调查了一批关于中国的重要著作，发现 145 位作者中只有 23 位美国人，且其中一半人不熟悉汉语，美国几乎无法出版用大量汉字写成的著作。

就总体情况而论，第二次世界大战之前的汉语教学和中国学研究还处在起步和缓慢发展的阶段。

第二节　美国汉语教学的飞速发展时期（第二次世界大战—中美建交）

1939年，第二次世界大战爆发。1941年12月，日军袭击珍珠港，美日交战。美国一夜之间需要培训大量的外交人员和陆军、空军军人赴日本及中国工作。哈佛大学赵元任教授、耶鲁大学金守拙教授（George Kennedy，1901—1960）等都投入了“二战”时期的汉语教学工作。（Li，1964）

金守拙教授于1901年出生在中国浙江莫干山，是一位在华传教士的儿子，会讲吴方言，自认为母语是汉语。1936年起在耶鲁大学任教，1942—1944年负责耶鲁大学美国空军培训项目的工作。战争时期的亚洲语言教学工作主要集中在耶鲁大学，它所培训的学生人数超过其他机构。金守拙教授在耶鲁大学建立了密集型汉语教学模式，利用听说法（audio-lingual method）进行大量的语言操练。为了帮助以英语为母语的学生更好地掌握汉语发音，他研发了耶鲁式标音系统（Yale System），不再采用威妥玛式拼音。他对汉语造诣颇深，除了组织、参与教学以外，“二战”期间还写了不少教材评论。由于一批学者开始在哥伦比亚大学、哈佛大学、耶鲁大学参与对美国军人的培训工作，以服务社会现实、满足面对面交流为基本需要的现代美国大学汉语教学体系正式建立起来了。

赵元任（1892—1982）是美国汉语教学历史上另一个具有里程碑意义的人物。2008年美国普林斯顿大学周质平教授发表了《对外汉语教学史上的赵元任》一文，对赵元任在汉语教学上的贡献和影响做了全面的详述。赵元任是语言学家兼汉语教师，学贯中西，所以他提出的教学方法往往切实可行。对比芝加哥大学等学校到了20世纪60年代汉语课程还着重文言文教学而没有开设现代汉语的情况，赵元任的语言教学实践无疑具有开创性和革命性。1948年哈佛大学出版了赵元任的《国语入门》（*Mandarin Primer*），第一次将口语的语法结构通过语言学的体系有系统地介绍给了西方人，从而开启了美国汉语教学的新方向。1968年，赵元任又出版了三册《中国话的读物》（*Readings in Sayable Chinese*），并且创造了“可说的”（sayable）这个英文单词，有意识地把汉语教学引向了口语的方向。他认为白话文并不等同于口语。《国语入门》的最大特点是采用了赵元任于20年代创造发明的国语罗马字这套拼音系统。赵元任认为要学好汉语，发音是基本功，准确远比流利重要，并提出在语言学习中“会”和“懂”是完全不同的两个概念。周质平（2008）指出，美国政府开始重视汉语教学并不是出于学术的动机，而是出于政治军事的考量。珍珠港事件后，赵元任受聘哈佛大学做语言讲师，负责培训班的教学工作，建立了大小班的教学模式。赵元任还开创了用现代汉语教授古代汉语的方法，通过朗读学习，使用听说法和直接法进行文言文教学。赵元任的开创性教学法对汉语教学的指导意义应该远在其他西方外语教学法之上。周质平教授希望汉语教学能够走上赵元任所开创的道路，教师们应该认真研究汉语自身的语言特点，紧密结合汉语教学的实际，探索发展汉语教学的有效途径，而不要在对汉语的发音规律、语法特点缺乏了解的情况下，过度强调和依赖西方语言学家和教学理论对汉语教学的指导作用。

尽管赵元任并不是“二战”期间汉语教学唯一的领军人物，也不能说是当时影响最大的汉语教育专家，但他对汉语教学贡献巨大，那么他在教学方面的影响是如何实现的呢？

一方面可以说赵元任开辟的汉语语言教学的道路紧密结合了实际，所以至今仍有强大的生命力；另一方面则与赵元任培养的学生牟复礼（Frederick W. Mote）有着十分密切的关系。牟复礼在“二战”时期先被派往中国工作，后来在金陵大学（今南京大学）师从顾颉刚、钱穆等人学习中国历史，1956 年成为普林斯顿大学东亚系的创办人。他于 2010 年出版了私人回忆录《二十世纪的中国与史界》（*China and the Vocation of History in the Twentieth Century*）一书，在最后一章“普林斯顿大学的东亚研究：从头谈起”（East Asian Studies at Princeton：View from the Beginnings）中详细回顾了创办普林斯顿大学东亚系的过程：聘用金陵大学当年的老同学陈大端先生到普林斯顿大学教授汉语课，并建议陈大端采用赵元任教学法。（Mote，2010）20 世纪 60 年代，普林斯顿大学东亚系的日文教授担任了明德大学的院长，考虑建立明德暑期中文学校和日文学校，但是担心没有合适的人选来组织和实施教学。牟复礼建议由普林斯顿大学东亚系的汉语教师担任明德暑期中文学校这方面的工作，陈大端教授、周质平教授都曾担任明德暑期中文学校的负责人多年，这种情况一直延续到 1992 年。60 年代，普林斯顿大学东亚系因为得到了基金会和政府组织的资助，创办了汉语培训项目。美国没有汉语项目的其他大学的学生都可以申请到普林斯顿大学以“留学”的方式学习汉语，男生女生都有资格申请奖学金。这在一定程度上促进了普林斯顿大学从男校向男女合校的转变。因此，普林斯顿大学的汉语项目以及赵元任教学法逐步在美国汉语教学界产生了比较广泛的影响。

嘉德纳（Charles S. Gardener，1900—1966）于1944年4月发表了《美国中国学的未来》一文。嘉德纳是美国哈佛大学中国语言与历史专业教授，1943—1945年曾任宾州大学陆军特别培训计划中国语言和区域研究助理主任，1949年任美国亚洲研究协会会长。在《美国中国学的未来》中，嘉德纳首先回顾了汉学在欧洲的发展简史，之后讨论了美国中国学的发展历程。1844年，美国驻华公使顾盛（Caleb Cushing）代表美国政府与中国政府签署了中美之间的第一个条约《望厦条约》，美国在中国的传教士兼外交官卫三畏担任翻译。这个条约将美国人在中国学习汉语和购买中国书籍资料合法化。顾盛后来向美国国会图书馆捐赠了一批中国古籍，成为美国国会图书馆接受的第一批中国图书捐赠。卫三畏则在回到美国后成为美国第一位汉语教师，他还是《中国总论》和两本汉语辞典的编纂者。外交官柔克义（William W. Rockhill，1854—1914）熟知中国历史，发表了一系列有价值的专业论文，并向美国国会图书馆捐赠了一批图书。19世纪末期，富商卡本迪（Horace Carpentier）将遗产留给了加州大学与哥伦比亚大学，创立了两个中文教授席位，因为他的中国仆人丁龙（Dean Lung）给他留下了深刻的印象。哥伦比亚大学聘请了德国人夏德（Friedrich Hirth，曾在中国海关工作过27年）担任中国学教授，他发表了不少研究成果并建立了实用的中文图书馆。后来接替他的是美国年轻学者贾德（Thomas Francis Carter），其《中国印刷史》是美国出版的中国学方面最杰出的著作之一。1929年，涵盖所有美国人文学科的美国学术委员会召开推动中国学研究的特别会议，指出当务之急是向美国年轻人提供语言和方法两个方面的充分培训。在此转折时期，美国铝业大王查尔斯·马丁·霍尔（Charles M. Hal）将其遗产的一部分捐给哈佛大学，使得哈佛—燕京学社得以建立。1929年，哈佛—燕京学社又得到了洛克菲勒基金会的赞助，获得了部分资金。在此期间，哈佛—燕京学社、哥伦比亚大学、普林斯顿大学、芝加哥大学、加利福尼亚大学、宾夕法尼亚大学的中文藏书都有了快速的发展。在"二战"当中，"美国大多数人相当震惊地认识到，中国人民将和我们一样拥有一个明确的、基本相似的未来。其中的联系或许部分地以自律、中庸、实用常识和对个体尊严的尊重来体现。我们已经认识到了我们民族的无知、我们的狭隘、我们的本土观念，同时我们又渴望光明，渴望研究这种表面上看起来陌生但在深层却和我们自己的文明基本相像的中国文明。很显然，明天将对可以讲中国的通用语言的人，对可以阅读她的现行书面语言的人，对掌握了将她发展了2500年的传统文化遗产进行简明阐释的科学的人产生强烈需求，这种需求将是前所未有的。只有今天的审慎思考和仔细准备才能满足明天的要求。美国大学的中文图书馆将成为学者们必不可少的工具"（嘉德纳，1944：51）。最后一段话尤其表现了嘉德纳的远见卓识，他认为由于中美将拥有共同的未来，因此美国将会需要大量掌握中国语言和文化知识的人，这是中美交流的重要基础。

第二次世界大战为培训美国军人而创立的所谓"战争教学法"一直沿用至今，其根本特点是：强调强化教学对学习语言的作用，每天上课时间长达六个小时，强调听说领先，以培养交际能力为主。这种方法由赵元任等创始，牟复礼等人继承，一脉相传至今。现在美国许多大学的常年班以及暑期班的教学模式还是如此。

另一个值得注意的现象是，那个年代由于战争的紧急需要，美国一大批语言学家积极投入为了战争需要而设立的语言项目的教学活动中。比如著名结构主义语言学家霍凯特（Charles Francis Hockett，1916—2000）[①] 与哥伦比亚大学的房兆楹教授共同编写了供军队培训使用的汉语课本和使用手册，成为当时的官方教材。语言学家与汉语母语者合作授课成为当时一种新兴的教学模式，讲英语的语言学家负责用母语介绍语言和文化知识，而由汉语母语者进行操练和演示。这种合作型的教学模式促进了语言学朝着与教学结合的方向发展，在美国大学某些语种的教学中依旧存在着，比如华盛顿大学（圣路易斯）的日文教学即是如此。大战结束之后，在战争中从事汉语教学相关工作的专业人员已经有了相当好的汉语基础，同时因为他们在中国工作、学习过，对中国的历史文化语言都有相当程度的了解，所以战后这些人多数选择从事汉语教学与中国学的研究工作。战争当中和战后还有大批欧洲的学者来到美国，增强了美国学界的力量。另外，因为战争的关系，也有大批中国学者滞留美国，使得美国汉学研究和汉语教学的力量得到了壮大。

1952年台湾《大陆杂志》（第5卷第3期，16～21页）发表了幼峰根据美国新闻处供给的资料辑译的《美国著名大学的"东方研究"工作》一文。作者指出，美国的东方研究发展迅速，不同于以往的某一个学科内部的研究（比如历史

① 有关材料见 *A Biographical Memoir* by James W. Gair, 2006, National Academy of Sciences, Washington, D.C. (http://www.nasonline.org/publications/biographical-memoirs/memoir-pdfs/hockett-charles.pdf)。

研究、地理研究等），实行的是跨科系的"地区配合研究计划"，即按照地区划分进行综合性的研究，并特别注意其现状的研究。其中又以远东研究课程发展最为完备，不少大学还在其研究区域的对象国设立了实习机构，以达到学以致用的目的。各大学的远东研究多由洛克菲勒基金会出资赞助，其计划和内容大致包括：语言课程的时数增加到每周10课时，语言学专家主持授课计划，经常对所学的内容做详细的科学分析，再由母语者协助做相关的语言练习，还有语音唱片等做辅助。[①] 此外还有各专业的学者的联合讲席、集体研讨、特备的研究资料等。此时期人文科学与社会科学结合得越来越紧密，母语学生与美国学习者的相互交流日益频繁。其时从事远东研究部分的大学[②] 有加州大学（伯克利分校）、哥伦比亚大学、康奈尔大学、哈佛大学、约翰·霍普金斯大学、密歇根大学、华盛顿大学（西雅图）、耶鲁大学。此外芝加哥大学、明尼苏达大学、宾夕法尼亚大学、南加州大学、斯坦福大学等也分别设立了不同层次的研究课程或者计划，重点研究当代远东的情况。这些学校共有研究专家115人，其中100人为教授，有研究生248人，其中205人参加"地区配合研究计划"，攻读博士学位的有50人，各计划中可接受训练的学生约380人。在汉语教学方面，有8所大学开设了高级汉语课，另有5所大学也开设了汉语课程。从事东亚研究的研究生选修远东语言课程的有234人，其中143人选修了汉语课，为东亚各语言之冠,83人选修了日语，另外8人选修了其他语言。之后作者详细介绍了康奈尔大学、斯坦福大学、哈佛大学、加州大学、哥伦比亚大学以及美国亚洲研究学院的东方学研究情况。由此可见，东亚研究比较发达的大学，一般是汉语教学发展水平比较高的大学，也是选修汉语课程的学生人数比较多的大学。（幼峰，1952）

20世纪50年代初，朝鲜战争爆发，使美国政府和民间再次提高了对中国语言和文化的关注程度，中国学研究再度成为热点。1957年，苏联第一颗人造卫星上天，极大地刺激了美国社会。1958年美国国会通过了《国防教育法案》，教育部门指定汉语、日语、俄语、印度语、阿拉伯语五种语言为急需必修外语，联邦政府拨款，大力发展这些语言的教学。之后增设汉语课程的大学一下子增加了一百多所。西东大学、加州州立旧金山学院、华盛顿大学（圣路易斯）等负责牵

① 笔者认为，这些方法是"二战"时期军队教学法的遗存，直接介入语言教学的某些语言学家并没有掌握自己教授的这门语言，在自己不会讲汉语或者汉语水平不高的情况下而去教授这门语言，利弊如何，值得探讨。

② 笔者认为，从事远东研究的大学指建立了区域综合研究院系且有研究生的大学，不是仅指一般性地开设相关课程的学校。

头并辐射周边地区，帮助中小学发展汉语教学。（Tsu，1970）由大学编写的适合中小学教学的课本完成，两百多所中小学开设汉语课程，从小学到大学的各阶段都有了可供使用的教材，这使美国汉语教学开始走入一个革命性发展的新阶段，汉语教育的体制从中小学到大学比较完善地建立起来了（因为《国防教育法案》影响深远，时间跨度较长，下面还会具体讨论）。

费正清（John K. Fairbank，1907—1991）为美国哈佛大学讲座教授，东亚研究中心主任，著名中国学家、东亚问题专家，曾经担任美国亚洲研究协会主席、美国历史学会主席等职，著有《美国和中国》《东亚文明史》《剑桥中国史》等。他于1959年3月24日在华盛顿举行的亚洲研究协会第十一届年会上做了题为“扑朔迷离：美国的亚洲研究”的主席发言，文章于1959年发表于《亚洲研究杂志》。作者指出，40年代的“二战”使美国在东亚研究方面取得的成就远远超过了之前的二十年。“珍珠港事件的一个结果就是美国招募到一批有才华的、年轻的日本学专家，现在他们都即将达到个人的巅峰。因此，迄今为止，美国与中国的敌对状况证实它对中国研究的发展没有发挥同等的刺激作用。”（费正清，1959：79）作者认为，中国学家们的重要不足在于对汉语缺乏了解，不能用汉语流利地阅读和会话，对当时亚洲社会的实际情况也缺乏了解。要想改变现状，最需要做的具体工作就是：“更多的人应该在小学里从十岁起就开始把汉语选作第二语言。要实现这个目标，就必须把汉语和其他亚洲语言纳入美国的教学体系。1958年的《国防教育法案》体现了这个方向。为此目的，美国可以采取的一个现实步骤是，让住在本地社区里的亚洲人担任语言教师，这将复活并逆转历史上的传教士运动。美国每所学校的教育体系里都应该有一个由社区支持的语言‘传教团’。此外，现在不是要派美国传教士去亚洲，而是要欢迎亚洲‘传教士’来美国。毕竟，是我们必须学习，而语言又是我们进入亚洲经验的必需工具。总结一下，我认为过去三十年亚洲研究的迅猛发展还不够快，今天，我们的研究受困于语言和学术训练的不足，并被组织化的纷繁所束缚。我们缺乏从远离美国生活的亚洲各民族的立场所做的观察。我们在国内的努力依然肤浅，缺乏跟亚洲亲密的和随时的联系。即使我们欣赏亚洲过去的传统，我们依然难以聚焦于他们当前的革命。最后，我们的亚洲研究必须有益于在阵痛中形成的那个多元的世界新文化。或许，我们正是唯一能有力引领此智识和文化综合进程的人。另一方面，或许，没有我们，这个进程也会在很大程度上实现。这是个挑战。我们该如何回应？”（费正清，1959：84-85）作为美国东亚研究方面最有影响力的学者，费正清呼吁把汉语教学的普及与快速发展作为培养学者、了解亚洲的突破口和具体措施。这不是一个关乎个别人兴趣的教育问题，而是一个国家教育体制和教学内容的变革问题。

芝加哥大学钱存训教授于1959年在夏威夷大学做了题为“美国早期的亚洲研究”的演讲，文章于1961年发表于《大陆杂志》。钱教授认为，早期美国中小学教科书上对亚洲的介绍普遍存在知识陈旧老化、观察角度不正确的问题。“二战”以来美国教科书内对中国的介绍有了显著的增加，但是仍显不足：材料过时，认识肤浅，事实不具体，缺乏批评的眼光。美国对中国的兴趣以语言为先，然后开始其他方面的研究。之后钱教授简单回顾了传教士在中国学研究方面的开拓过程及美国各大学中国学（包括汉语教学）发展的简单情况，然后介绍了美国的亚洲图书馆和博物馆的收藏情况。

周法高教授在《谈美国数大学有关中国的课程》（1964）一文中详细介绍了美国当时开设汉语课程的六所著名大学的汉语教学情况，详见表2-1。

表2-1　1962—1963年美国六所著名大学的汉语教学情况表

学校	汉语教学部门所属单位	所设中国语言课程	教师	语言课外所设的其他课程
哈佛大学	远东语文系	初级中国话	赵如兰博士	民族音乐概论——中国音乐
		中级中国话	赵如兰、白斯特博士	
		高级文言文	方志彤博士	中国文学批评
		现代中国文选读 现代中国文学选读	商太太	
耶鲁大学	印度及远东语文系	一二年级的中国语文课程		
芝加哥大学	东方语言与文化系	初级中国文言文	顾里稚	研究上古中国之方法及资料 中国哲学导编 中国上古文化史选读 中国上古文化史研究

（续表）

学校	汉语教学部门所属单位	所设中国语言课程	教师	语言课外所设的其他课程
芝加哥大学	东方语言与文化系	中级中国文言文 高级中文	克拉基	宋代的生活和制度 1895—1905 年中国政府之演变 中国中古文化史研究
		初级中国口语 中级中国口语 二十世纪中文阅读	钱同训副教授	中文翻译 中国史学与目录学
哥伦比亚大学	中日文系	初级中国语 高级中国语	讲师韩君	
		中级中国语 加强中国语课程	讲师潘小姐	
		中级中国语	副教授蒋彝	
		加强中级及高级中国语	教员吴君	
		高级（三年级）中国语 近代中国语阅读 近代中国政治及历史读物	讲师罗君	
		中文概要	教师杨君	
		古典汉语阅读	教授毕汉思	
加州大学	远东语言系	初级中国语 近代中文阅读	教授陈士骧	中国文学与文学批评之杰作 中国文学史讲论
		初级文言	教授张琨（？）	现代中国语言学编著选读
		中文阅读 中国白话文学阅读	副教授伯区	中国白话文学概观 中国小说讲论 现代中国文学家
		中古中文阅读	教授薛爱华	中国文明 中国中古文明阅读
华盛顿大学（西雅图）	远东与斯拉夫语文系	加强中国语（10 课时 / 周）	教授李方桂（有助教协助）	中国语言学讲论

（续表）

学校	汉语教学部门所属单位	所设中国语言课程	教师	语言课外所设的其他课程
华盛顿大学（西雅图）	远东与斯拉夫语文系	不加强的中国语 近代中文阅读	助理教授劳延煊	
		中级中国语 高级近代中文	副教授严绮云	
		古典中文阅读	教授罗逸民	中国音韵学

前文谈到，1958 年美国国会通过了《国防教育法案》，极大地促进了汉语教学的发展。陈东东（2013）指出，当时，全美 25 个已经开设汉语课程的学校分别获得政府资助，进一步加强和促进了汉语教学的发展。时任西东大学远东研究中心主任、亚洲学研究系中日文部门主任的祖炳民先生（John B. Tsu，1924—2005）积极利用这批款项推广、完善大学汉语教学。比如，他招募德范克博士（John DeFrancis，1929—2009）[①] 从 1961 年起在西东大学编写汉语教材。这套后来由耶鲁大学出版社陆续出版的十二册“德范克系列”教材（DeFrancis Series），成为七八十年代西方汉语学习者使用非常广泛的汉语课本。在此同时，祖先生以其高瞻远瞩的眼光和卓越非凡的领导才能，提出需将汉语引进到美国中小学课堂的建议，使傅路德几十年前已经提出的倡议最终得以实行。他认为，要提高美国人的汉语水平，培养“增进中美友好的生力军”，“应当把中国话推广到美国中学里边”。（Tsu，1970）为此，祖炳民先生一方面给上千所中学去信建议其开设汉语课程，一方面游说美国政府和基金财团以获得他们的经济支援。另外，他还充分调动、利用美国现有的汉语教学资源。最后在卡内基基金会（Carnegie Foundation）的三次（1962、1963 和 1964）资助下，位于东海岸的西东大学和位于西海岸的旧金山州立学院在 1962 年到 1969 年的夏天开设相关课程，培养了大批汉语师资。到 1970 年，95% 的美国中学汉语教师均毕业于这两所学校。另外，在美国政府教育总署（United States Office of Education）的支援下，祖先生积极组织两校人员编写教材。通过培训师资和编撰教材两路并进的手段，汉语教学在不到十年内得以在美国 230 多个中小学生根、发芽。（Tsu，1970）毫无疑问，祖炳民先生所创建的这种发展模式及其成果为美国的汉语教学开辟了一个广阔的新

① 生平见 Mair, Victor H. 所写 John DeFrancis, August 31, 1911–January 2, 2009. *Journal of Chinese Linguistics*, 2009 (1): 184-186。

天地。没有他开拓性的努力和辛勤劳动，美国的汉语教学不可能达到今天这样的规模和成就。1967 和 1968 年，祖炳民出任中文教师学会（Chinese Language Teachers Association，CLTA）会长，在促进全美汉语教学发展方面贡献卓著。80 年代，西东大学亚洲研究学系及教育学院获得联邦政府提供的大额亚洲双语奖学金（Asian Bilingual Fellowship），以培养英汉和英日双语教师、双语工作人员，这个项目一直延续到 90 年代初。

《国防教育法案》的施行还促进了美国海外汉语培训机构的发展，设在中国台北的“北美大学联合汉语培训班”（The Inter-University Program for Chinese Language Studies）即为其中之一。1959 年康奈尔大学在台北建立了名为“康奈尔中心”的语言学校，其教学质量上乘，学生的语言水平提高得很快。1963 年，福特基金会、卡内基基金会和卢斯基金会提供资助，在“康奈尔中心”的基础上，由 10 所美国高校（加州大学、密歇根大学、哥伦比亚大学、耶鲁大学、哈佛大学、斯坦福大学、普林斯顿大学、康奈尔大学等等）联合在台湾大学设立了“北美大学联合汉语培训班”。（韩铁，2004）培训班设立的目的在于为美国从事中国研究的学生以及研究人员提供汉语口语以及写作的高级培训，因此教学对象是具有两年及两年以上汉语基础的学生以及具有同等汉语水平的人。得益于基金会雄厚资金的资助，1964—1971 年间共有 295 人参加了该汉语培训班的学习。美国大学 20 世纪 60 年代培养的中国学方面的博士生当中有半数参加过该汉语培训班的学习。（吴原元，2008）

理查德 · T. 汤姆逊（Richard T. Thompson）1970 年发表了《现代外语教学中非普遍教授的语言的教学》（Modern Foreign Language Teaching in the Uncommonly Taught Languages）一文，主要讨论了美国现代外语教学当中的小语种教学，其中很大一部分涉及汉语教学的情况，作者把汉语教学与其他小语种以及普遍教授的语言的教学进行了对比，在对比的过程中讨论了汉语教学的情况。

Richard（1970）指出：“没有一个一般性的被接受的代表这章主题的术语。这些语言曾被交替称为被‘忽略的语言、特殊语言、非普遍教授的语言、异国情调、难学的、急需的 / 关键的、非西方的、非同源的’，甚至是‘可笑的’语言。最准确的分类定义是：除了法语、西班牙语、德语、意大利语和在边缘摇摆的俄语以外的所有外语。我在本章采用‘非普遍教授的语言’这一术语。”作者在结论部分指出：“教授非普遍教授的语言在‘二战’当中获得了初步的原动力并且从福特基金会和教育办公室通过《国防教育法案》的形式获得了财政支持。非普遍教授语言的学生人数持续增加，提供这类课程的高等院校也持续增加。语言与区域研究的概念已经被证明是教授非普遍教授的语言和区域研究的成功方式。最近的关于在初等教育和高等教育中取消外语和其他必修课程的决定似乎在小语种教学当中影响甚微。普遍教授的语言的毕业生面临的就业问题在非普遍教授的语言当中并不存在。下个十年，对非普遍教授的语言和区域研究领域来说：①强调外语研究从改进教科书的研究转移到第二语言习得理论的研究；②自学和学习导向代替强调教学；③语言学的档案或者某一语言学习者的个案历史将被收集、电脑化和被分析；④对标准参照测试手段（用来衡量母语者语言水平的手段）会给予新的关注；⑤对适用于非普遍教授语言而发展出来的教授语言与区域研究的方式同样适用于现代西方语言的教学；⑥今后十年最大的非普遍教授的语言的碰撞会发生在中学；⑦语言学对现代外语教学的影响，植根于三四十年代的语言学思想，会很快地改变，特别是在教授书写系统和词汇方面。”

1971 年在林约翰教授（John M. H. Lindbeck，1915—1971）去世之后，他写于 1970 年的重要著作——给福特基金会的报告《理解中国：对美国学术资料的评估》(*Understanding China*：*An Assessment of American Scholarly Resources*）出版。林约翰教授出生于中国河南鸡公山，是一位传教士的儿子，耶鲁大学博士，曾经在哈佛大学、耶鲁大学、普林斯顿大学和哥伦比亚大学以及美国国务院工作，去世前任哥伦比亚大学东亚研究学院主任，曾担任美国学术团体理事会和美国社会科学研究协会的当代中国联席委员会主席、美国国家科学院与中国大陆学术交流委员会主席。林约翰教授也曾是大学服务中心指导委员会（所在地为香港）成员、材料与研究辅助服务中心（所在地为台北）主任，还曾担任美中关系全国委员会主任和研究当代中国的国际联络委员会的主任。

在“语言与本领域的训练”(IV. Language and Area Training）这部分，作者指出，语言知识是了解任何一个社会的必要基础。在美国教授汉语的历史可以追溯到哈佛大学 19 世纪 70 年代开设的汉语课程。在第二次世界大战之前，只有屈指可数的几所大学开设了汉语语言课程，例如哈佛大学、哥伦比亚大学、芝加哥大学、加州大学（伯克利分校）以及宾夕法尼亚大学，它们都致力于文言文的教学，以便培养汉学家。第二个阶段始于战争时期，需要培养大量会讲汉语和日语的美国人。强调口语会话和现代白话文阅读的新的语言速成培训方式发展起来了。耶鲁大学通过一系列与空军签订的合同成为准备新型汉语语言人才的领导中心。哥伦比亚大学和哈佛大学成为中国地区研究的中心。经过 10 年的缓慢增长之后，第三个阶段始于前面所说的 1958 年《国防教育法案》的通过。这项法案帮助加强了美国专家短缺的区域研究方面（汉语是六个方向中的一个）的语言和区域中心的工作，语言教学得到了加强，新的奖学金和特别基金为研究生学习、语言学研究以及新课程的设立提供了帮助。自那以后，有人提出，由于汉语语言学习面临的特殊挑战，汉语教学不能因为使用新的技巧和技术而吸引大家的注意。被提到的多种原因包括：语言训练由有古典背景和东方背景的部门负责，在教学中承担主要职责的语言教师缺少语言学的训练，东亚语言部门与现代语言系分离，而且古典文献和文学汉语与现代口语和写作语言严重脱节，这对教学双方都是双倍的语言负担。目前，一些有成效的汉语教学方法正在发展当中。1968 年，美国 2400 所高等院校中，只有 8% 的院校提供汉语课程，选课总人数为 5061 人，还占不到学生总数的一千三百分之一，当时选修俄语的学生有 30000 余人。但如果考虑到 1960 年全美大学中只有 1844 人选修汉语课时，那么 1968 年的选课人数就是一个令人瞩目的变化了。另外，150 ～ 200 所美国高中提供了某种形式的汉语课程，也吸引了 2000 ～ 3000 名学生选课。多数的顶尖大学都得到了《国防教育法案》的资助，1968 年大约三分之一的学汉语的学生和大量的研究生都受惠于该法案。林约翰教授还详细介绍了美国大学授予中文博士学位的人数、奖学金的发放情况、海外项目的运行情况等等。可以说，《理解中国：对美国学术资料的评估》是迄今为止我们读到的关于美国中国学（包括汉语教学发展情况）最详细和最全面的专著，特别是它在与其他语种的比较中呈现了汉语教学的各个方面的情况。

第三节 美国汉语教学的成熟发展时期（中美建交至今）[①]

齐德立（Chi，T. R.，1989）认为，从历史发展过程来看，美国汉语教学的大规模发展始于第二次世界大战。在美国政府的推动下，为培训外交与军事人才，语言学家和汉语母语者共同设计了汉语培训课程。尼克松访华和中美建交再次激发了美国民众学习汉语的兴趣，更多大学与中小学开设了汉语课程，1962 年美国中文教师学会成立。汉语教学当时是以教材为导向的语言教学——教科书决定教学大纲和教学的总体设计。教师对学生汉语水平的测试是以掌握了多少汉字来衡量的，但却对掌握了这些汉字能够完成哪些交际任务，在实际生活中能够与中国人进行何种程度的交流缺乏考虑。教学方法受到教材的左右，教学内容存在着过分强调阅读等弊端。齐德立认为不应该由教科书决定课程设计，相反，应该让教学设计决定教科书的内容和编写方式，应该按照教学法的原则和美国外语教师学会的能力测试标准设计大纲，编写教材，从而提出以强调交际功能的“语言应用能力”教学作为今后教学出发点的想法。

在历史上，美国中文教师学会对汉语教学的情况一共进行过四次调查，发表过四次调查报告（Li，Wen，& Xie，2014：23-24），详见表 2-2。

表 2-2 美国中文教师学会对汉语教学的四次调查

年份	调查人	发出的问卷数	回收的问卷数	问题数量	侧重点	调查对象
1968	Willbern, G.	160	40	20	雇员情况	高中、大学
1985	Dien, A.	122	88	12	教学	大学
		88	50		减员	
1989	Wang, G.	80	45	10	教学	大学
2001	Ke, Wen, & Kotenbeutel	700	122	10	衔接情况	小学到大学

（1）Willbern（1968）这篇报告与其他报告相比颇具特色，它是以美国中文教师学会的名义进行的研究，侧重点不在教学本身，而是在教师和人事方面，比如教师的教育背景、教学工作量、工资收入、关于终身教授的前景等等。有建议说要把这个报告送给学校的人事部门以改善汉语教师的专业状况。但是将像教师

① 因为美国西北大学顾利程教授《美国汉语教学动态研究》一书（北京语言大学出版社，2019）对这段时间汉语教学的发展历史多有论述，本书后面各章也有涉及，故本节只做简要介绍。

工资、当终身教授的前景等问题作为调查的题目还是比较敏感的，所以，在今后的类似调查中这个部分遗憾地缺失了。与后续调查的不同之处还在于这项调查包括了对中学的调查。这个调查共有 20 个问题，是后来类似调查当中问题最多的一项。

（2）Dien（1985）的调查是由斯坦福大学组织的，作者原来是中文教师学会的一位负责人。报告分成两步，第二步是对第一步的追踪（第一步收回 88 份问卷，第二步收回 50 份问卷）。暑期班和海外项目也被列入其中。

（3）Wang（1989）这项调查一共有 10 个问题。乔治·华盛顿大学对美国 45 所大学进行了调查，主要关注教学方面的内容，比如教科书的类型、授课时数、考试频繁度、关于听说读写四种语言技能的关系以及什么时候开始教汉字、写作以及报刊阅读的情况。

（4）Ke，Wen，& Kotenbeutel（2001）这项调查回收问卷数量 122 份，调查的目标是中小学与大学汉语教学的接轨问题。调查者审视了接轨过程中的强项和弱点，说明了课程大纲的发展、标准化的测试、教师培训与交流及教学的革新这四个方面在接轨过程中的重要作用。

上述调查为我们了解美国汉语教学的不同侧面提供了有益的资料。1972 年尼克松访问中国，1979 年中美建交，70 年代末 80 年代初中国大陆开始改革开放，这些都对汉语教学的发展起到了至关重要的推动作用。从此，中美教育交流日益频繁，教师互访增多，留学人数大增，中国大陆教材逐渐进入美国高校，美国大学纷纷来中国大陆建立留学机构。

2001 年的“9·11”事件带来了 2003 年《国家安全语言法案》的提议和 2006 年“国家安全语言计划”的启动。（从丛、李联明，2008）除了资助主流学校开设外语教学课程以外，美国政府及军事机构本身也教授汉语，比如国防语言学院、海军军官学校等等。

1993 年，美国大学理事会决定设立 SAT II 中文考试，2007 年开始实施大学先修课程的 AP 中文考试。如本书第一章第二节所述，汉语教学在 2012 年前后已经拥有了 6 万多注册学生，排在西班牙语、法语、德语、意大利语和日语之后，在某些顶尖大学甚至一度成为注册学生人数第二、第三多的外语项目。设有汉语教学硕士博士项目的大学也从早年的夏威夷大学、俄亥俄州立大学等零星数所发展到了今天的二三十所。汉语教师从业人数快速增加，教材的数量和质量大幅提高。与汉语和汉语教学有关的各种学术会议、工作坊几乎每月都在不同的大学举行。设有海外项目的大学快速增加，中国成了不少美国学生海外留学的首选之地。汉语课程的设置也从为汉学研究服务，转为也同时为国际贸易、海外任教、与海内外华人沟通交流等多用途目的服务。不但低中年级的学生人数有所增加，华裔班和高年级学生的人数也大量增加了。与此相一致，有些大学不但开设了标准的一至四年级课程，90 年代以来还增设了华裔班课程、五至六年级课程等等。

汉语在美国最早被称为一种“异国情调的、稀奇古怪的语言”(exotic language)，后来被称为“非普遍教授的语言 / 小语种”(less commonly taught language)，第二次世界大战时期被称为“关键语言 / 国家急需语言”(critical language)，20 世纪 90 年代特别是 21 世纪以后可以算作一种“比较普遍教授的语言”(commonly taught language) 了。

由此可见，美国的汉语教学经历了一个从弱小到逐渐加强、壮大的发展过程，这个过程是以传教士到中国传教、外交官了解和研究中国以及接受欧洲的传统为先导的。目前在整个西方世界当中，无论是在设立中文项目的数量上，还是在大学选学汉语课程的学生规模上、从事汉语教学以及专业研究的人员的数量上，美国都是名列前茅的。美国的汉语教学是美国中国学整体的重要组成部分，而美国中国学的研究模式是“区域研究”，即一般很少有汉学系或者中文系，大部分都设在东亚语言与文化系之内，也有的在外国语言文学系或者现代语言文学系之内。除此之外，其他院系，比如历史系、考古系、艺术系、政治系或者经济系，也有中国学研究的同人和伙伴。美国对中国研究的重点在于所谓当代中国的范围，因为不少专家认为纯粹的学术研究是不切实际的，而实际的研究更可能对美国和世界做出更大的贡献。在研究当代中国时，研究当代之前的情况也非常重要，所以美国从事民国和明清研究的专家也相对多一些。自“二战”开始以后，美国的汉语教学和中国学研究与政治、国家政策关系密切。了解中国语言，是研究者们从事汉学研究和了解中国、与中国人直接交往的基础。为了培养对中国有深入了解的人才，为美国的政治经济服务，美国政府曾经委托十几所大学专门培养汉语人才。1962 年美国成立了中文教师学会，隶属于美国外语教师学会。可以说，美国的国家政策和政治、军事需要对汉语教学的发展起到了至关重要的作用。因此，我们不能简单地说，只有在中美两国关系友好、经济往来频繁的情况下，汉语教学才会受到重视，并得到大力发展。冷战时期汉语教学、俄语教学的发展以及“9・11”以后阿拉伯语的蓬勃发展都证明，与某国存在敌对关系照样有可能促进该国语言教学在美国的发展。美国的学界从一开始就大量聘用欧洲的学者参与中国学研究，后来还聘用了大量中国学者参与美国的汉语教学和中国学研究。从20世纪90年代起，与汉语教学有关的学术会议的讨论发言可以选择用汉语或者用英文，《中文教师学会会刊》也改成了中英文双语刊物。这些都是美国汉语教学以及中国学研究迅速发展的明证。

美国的汉语教育目前仍面临着很多挑战。

第一，汉语教学与美国其他外语教学的关系值得深入思考。各类外语教学应该不应该接受统一标准？应该强调汉语教学作为外语教学的个性还是强调汉语教学应该融入整个美国外语教学的大潮之中？从大学来看，目前尚且缺乏大家公认的统一测试、评估标准。在接受中文教师学会（2009—2013）调查的大学当中，使用OPI口语测试的项目不到8%，相当多的大学在考虑教学目标和标准的时候基本上没有考虑过5C标准的问题。

第二，在大学注册学习汉语的学生人数可能不会一直稳定上升。最近五六年来，虽然开设汉语课程的美国大学越来越多，新增学校也贡献了不少选课人数，但是有些历史悠久的中文项目的学生人数已经出现从顶峰回落的趋势。有人认为其中的原因在于，高中开设汉语课程的学校增多，学生完成了AP考试即可得到大学学分，所以在大学就不选汉语课了。最近两三年来，美国大学生选修外语的人数出现了整体下降的情况，汉语也未能幸免。与此形成对比的是选修日语和韩语的学生人数有所增加，而且选课学生不少是来自中国大陆的留学生。如何继续保持原有生源并增加生源是美国汉语教学目前面临的最大挑战。

第三，在教学法方面尚且存在争议。到底有没有行之有效的具有普遍意义的、适合各个语种的教学方法？其他语种发明使用的适合其语言特点的教学法和教学理论对汉语教学是否适用？如何有效地借鉴这些教学方法？

第四，各校高年级教材使用情况比较复杂。一二年级的教材有相对比较集中的选择目标，三年级以后的教材更多的是呈现出一种百花齐放的情况。使用相对统一的教材利弊如何？众多语言项目纷纷编写自己的教材是否真的有必要？与20世纪80年代相比，中国大陆的教材在美国的使用率并未提高，这与近年国内市场新教材大量涌现的现实形成了鲜明的对比。

本章结论：第一，不少论文在讨论美国汉语教育发展的原因时指出，“中国经济的发展和中美关系的改善极大地促进了美国汉语教育的发展”，这无疑是一个非常重要的原因。但历史发展过程证明美国汉语教育发展的原因是多方面的，包括战争、敌对、国防需要、移民政策、商业与民间机构的赞助等等，应避免简单化的概括。第二，对美国大学汉语教育发展过程的研究离不开对美国中国学发展状况的研究，从完全隶属于中国学、为中国学研究提供工具到相对独立并同时为研究和实际交流与应用提供多用途的支持，正是汉语教育发展过程的体现。因此应该避免孤立地讨论汉语教学的发展历程，而应把汉语教学的发展置于中美关系、国际政治、全球化过程、中国学的发展的大框架下做综合研究和考量。第三，汉语教育的发展是众多专家、学者、教师、学生共同努力的结果，研究汉语教学的发展历程需要顾及多个层面、多个历史时期的不同学校、教授以及风格流派，不能只把目光集中在一两位知名教授身上，否则容易产生以偏概全的认识。

第三章　美国大学汉语师资的培养

总体上来说，美国共有五类部门为全社会提供外语教育，即政府部门、私立教育机构、某语言母国的官方或民间机构（如中国政府通过侨办、孔子学院总部/国家汉办等为美国各类教育机构、社区组织提供汉语教师、教材、资金，组织文化活动等）、正规教育体制（小学、中学、高中、大学、研究生院）以及周末的社区传承语学校。（Wang，1999a）本章主要讨论高等院校对汉语师资的专业培养，兼及与之相关的中小学师资情况。

第一节　美国高等院校汉语师资概况

一、美国高等院校汉语师资的历史与现状

1877 年，耶鲁大学设立了美国高等院校中第一个汉语教职，曾在中国工作过 40 年的传教士兼外交官卫三畏得到聘用，在汉语教学史上意义深远。（顾钧，2009）传教士虽不是专业汉语教师，却是美国最早的汉语学习者和传播者。由传教士担任最早的汉语教职，是当时的历史情况使然。

作为中国第一位远涉重洋赴美任教的汉语教师，来自安徽的举人戈鲲化于 1879—1882 年在哈佛大学成功开设了汉语课程。他前后教授了 5 名正式学生，其中包括哈佛大学著名的拉丁语教授刘恩（George Martin Lane）和中国最早的哈佛大学留学生丁崇吉。作为传统士大夫中的一员，戈鲲化的教育背景是中国文史，与西式教育并无瓜葛。因他愿意了解、学习西方文化，对辅导的美国在华海关人员耐心有加，又愿意出国生活工作，因而被推荐赴哈佛大学任教。（张宏生，2000）

在哈佛大学之后，加州大学（伯克利分校）于 1890 年设立了阿加西斯（Agassiz）教授席位，1896 年由英国人傅兰雅（John Fryer）担任。1901 年，哥伦比亚大学创设丁龙（Dean Lung）中文讲座，并聘用德国汉学家夏德（Friedrich

Hirth）为首任教授。进入 20 世纪后，夏威夷大学于 1921 年、芝加哥大学于 1936 年、斯坦福大学于 1937 年也先后设立汉语教职。（Sung See，1967）上述教席多由欧洲人担任，说明美国 19 世纪末 20 世纪初此领域人才奇缺，发展迟缓。

20 世纪早期，只有卫三畏的儿子卫斐烈和后来的赖德烈两位美国学者在耶鲁大学从事相关工作，学生只有几名。哈佛大学从戈鲲化去世之后完全停止了汉语教学，直到 1922 年以后才由赵元任、梅光迪等中国留美学者重新开启。

由于在 1941 年日本袭击珍珠港以前，东亚研究在美国教育界是被边缘化的，所以当战争使得美国突然需要大批汉语教师的时候，就遇到了合格教师短缺的情况。当时在华盛顿政府各相关部门的主导下，有关部门确定了各项目的基本特点，每所大学需要积极地组织教师去教授本校军队学员所需的内容，完成集训的教学时数。为了完成这些项目，本地的专家、半专家甚至是非专家都被调用到当时的特殊课题项目中来了。外系的某些教职员一夜之间也被转化成了东亚方面的专家。如一位美国历史专家有可能出现在东亚研究领域，只是因为他具有历史研究方面的知识和选择组织材料的技巧，于是就投入到东亚历史研究与教学工作中去了。这些项目在教授东亚语言时采用了强化教学法，“二战”前，这种教学法在耶鲁大学已有一定的基础，“二战”期间，在亚洲语言方面，耶鲁大学比其他大学提供了更多集中强化的课程。经过暑期项目的实践检验以后，美国学术团体协会在 1941 年开设了语言强化班，以改善美国大学学习重要语言而非常规语言的情况。1942 年，这个语言强化班的项目与为了战争而建立的培训项目合并，陆军特殊培训项目（Army Specialized Training Program）和公务员事务司美国宪兵司令部的外语项目（The Foreign Area and Language Curriculum of the Civil Affairs Division of the Provost-Marshal’s Office）通常都是由有经验的语言教师指导的，许多不熟悉语言教学技巧的人也被带到项目里面担任助理。（Cameron，Meribeth E.，1948）

伴随着“二战”的白热化，美国空军决定训练大批飞行员，并把这项工作交给耶鲁大学。耶鲁大学东亚系教授和美国空军培训项目负责人金守拙先生对中国语言文化造诣颇深。他和另外几位中美学者认为，如果想在短期内训练出一批懂汉语的士兵，必须由口语入手。他在耶鲁大学建立了密集型汉语教学模式，利用听说法（audio-lingual method）进行大量的语言操练，创造了一套拼音系统——罗马字（又叫耶鲁拼音法）来给汉字注音。有了新的教学方法和拼音规则，就产生了对新教材的需要。教授们先后编写了一整套成系统的汉语教材。“二战”期间，很多汉语教材出版后都是金守拙教授撰写的书评。到1958年美国《国防教育法案》（National Defense Education Act）公布为止，耶鲁大学是这一时期美国汉语教学的中心。（Tsu，1970）金守拙教授既有传教士的家庭背景，兼具坚实的汉语基础和对中国文化深刻而直接的了解，又在美国接受了正规的学术训练。作为中文方向的终身教授和行政负责人，金守拙教授掌管耶鲁大学东亚系和空军培训项目，他创立的听说训练模式、耶鲁拼音系统及组织编写的大量教材和撰写的教材评论，都为汉语教学做出了巨大的贡献，值得后人深思和研究。

珍珠港事件后，赵元任受聘哈佛大学做语言讲师，负责美国陆军中文培训班的教学工作。他建立了大小班的教学模式，开创了用现代汉语教授古代汉语的方法，通过朗读学习，使用听说法和直接法进行文言文教学。他编写了大量的、多样化的、成系统的汉语教材，其中包括口语教材、阅读教材等，也撰写了多部语法专著和工具书。作为结构派语言大家，赵先生的教学理论强调让学生尽可能多地接触目的语，强调语言学习是技能的培养，而不主要是知识的获得，强调口语教学的重要性，强调发音教学在汉语教学中的重要意义。赵元任的经历兼具学术巨匠与语言教学实践大师的特点：他既能广博地学习中西方文化的精髓，又能融会贯通，用西方最新的理论阐释汉语语法的特点，其理论和实践为汉语教学在美国的发展奠定了坚实的基础。作为一代学者和优秀教师，赵元任对美国汉语教学领域的发展起到了巨大的推动作用。（盛炎，1987；周质平，2008）

由于战争的紧急需要，美国一大批语言专家积极投入到为了战争需要而设立的语言项目的教学活动中。比如著名结构主义语言学家霍凯特（Charles Francis Hockett，1916—2000）与哥伦比亚大学的中国历史教授房兆楹共同编写了供军队培训使用的汉语课本和使用手册，成为当时的官方教材。

1958年，美国国会通过了《国防教育法案》，该法案的通过使发展外语教学成为国家行为，教师培训成为有组织、有计划地发展汉语教学的一部分，并由政府部门拨款和安排。

60年代中后期，作为外语教师的汉语教师很少会受到教学技巧和教学方法方面的培训。在规模较小的大学，语言教师往往兼任中国文化、中国学研究方面的教师；在规模较大的大学，尽管专业是历史学、政治学、艺术史，中国学学者往往还是会被要求做语言教师。这在其他领域里面是非常罕见的，但是在汉语教学的领域里却是非常常见的。美国大学的汉语教学领域既需要美国本土老师，也需要来自中国的老师，其教学体制的特点是有大量的助教。60年代，汉语老师大部分是母语者，不少教师缺少必要的英语训练和与同事沟通的能力，这与欧洲语言的情况有所不同。中美教师在培训方面有相同的需求也有不同之处。如都需要现代语法、教学材料、教学经验的训练，仅有教师手册和教科书不能算是准备充分了，最重要的是教师实际的教学能力。中国人在学习母语的过程中强调写作训练，很多人也把这一点带到了对美国人的汉语教学中，这是不切实际的。当时的有识之士认为，教师今后的职业发展应该包括如下方面：①要训练不同层次的教师，从高中教师到博士后教师；②强调教师自我研发教材，课上使用；③发展一些小规模的教师培训中心；④有选择地限制学生人数，从而提高教学质量，培养出一些汉语教师和研究专家来。（Wrenn，1968：1-34）

本书第二章中曾提及的 Willbern（1968）这份汉语教学史上罕见的调查报告（重点在教师和人事方面），为我们提供了 60 年代后期美国汉语教师的总体情况，比如教师的教育背景、教学工作量、工资收入、关于终身教授的前景等等。其中问卷上的某些问题（像教师工资、当终身教授的前景等等）在当今的电脑时代若作为调查的题目是不可想象的。1967 年 11 月，来自现代语言学会的 160 位教师接受该调查，其中包括 2 位正教授、4 位副教授、16 位助理教授、12 位授课教师（instructors）、5 位讲师（lecturers）及 1 位练习课老师（drillmaster），调查收回有效问卷 40 份。

16 位助理教授中，12 位有硕士学位，3 位是中文专业的；4 位有博士学位，都是中文或者远东专业的。在最近的学期或者学季里面，助理教授们在当时的学期或者学季里每人教授 1 ～ 4 门不等的语言课程。为了完成工作量，很多助理教授同时教授语言学、英语作为第二语言的课程、历史等等。从年级上来说，其中 10 位助理教授教一年级课程，6 位教二年级，8 位教三年级，1 位教四年级，4 位教研究生的课程。半数助理教授（8 位）在教授语言课的时候有助教协助，协助时间每周 1 ～ 10 个小时不等，平均 5 个小时。除了 1 人以外，其他人都说除了教学工作以外还有其他工作：有的要负责语言实验室工作，有的要负责学生学术讨论会的相关工作，有的要负责员工会议的相关工作。也就是说在 60 年代后期，助理教授级别的中文教师有些是没有博士学位的。除了语言课以外，他们还教授其他课程，在正常的教学工作以外，他们还承担了其他行政管理和领导工作。

12 位授课教师都有学士学位，其中 1 人的专业是中文，1 人的专业是中国文学；6 个人拥有硕士学位，但全部与中文无关；1 人拥有哲学博士学位。在完成问卷调查的这个学期，其中，5 位教师教 1 门中文课，1 人同时教 2 门中文课，有 3 人则同时教 3 门中文课，另外 3 人则同时教 4 门中文课。从年级上看，5 人教一年级课程，4 人分别教二、三、四年级。3 人有助教，9 人没有助教。他们除了教学以外还需承担其他责任：有的要负责语言实验室工作，有的人有学生会议或面谈的工作，有的要负责教职员工会议的工作，还有人有其他杂事要处理。由此可见，当时的授课教师有些没有取得硕士学位。除了课堂教学工作以外，他们还要承担一些教辅工作。

5 位讲师中有 4 人有讲师职称。其工资悬殊，都是年度合同制。其中 1 位教授了暑期课程，1 位练习课老师兼任 1 门课的助教，每周还要负责语言实验室的工作。

70 年代末 80 年代初，四分之三的汉语教师是母语者，大部分语言教师没有终身教授职位。调查显示，在美国任教的汉语老师有的几十年没有回过中国。调查者对汉语教师提出了如下建议：①汉语教师也应该有可能获得终身教职。②汉语教师应该更新自己的语言知识，不应该教授过时的、少有人用的语言。③学校也需要不以汉语为母语的汉语老师，他们更了解学习汉语的历程和学生们的困难，当然，他们应该经过很好的训练。（Eddy，Wrenn，& Behrens，1980）

1983 年秋，北京语言学院（今北京语言大学）邀请美国俄亥俄州立大学东亚语言文学系系主任黎天睦教授（Timothy Light）做了 12 个专题的系列报告讲座，当时北京语言学院的多位教师根据系列报告的记录稿整理出了《现代外语教学法——理论与实践》一书（1987）。这是中美语言教师之间时间较早、规模较大的一次有系统的学术交流活动。之后，多位国内教师到俄亥俄州立大学访问进修，很多当时参加培训和进修的国内教师日后都成了本专业的知名学者。

黎天睦（Timothy Light，1993）谈到教师培训时指出，美国汉语教师的培训机制是多种多样的，虽然大多数汉语教师几乎没有接受过什么培训。当时唯一把汉语作为外语教学的硕士学位课程是夏威夷大学设立的。但是有几所大学已经开始把汉语教师培训作为外语系或者文学系研究生项目的一部分，汉语也从这种趋势中获益。有的项目在研究生做助教之前提供工作坊式的培训，在学年中进行教学指导；有的大学开设了汉语教学法课程；有的项目提供了教师工作坊和有关教学法的研讨会，比如明德大学暑期项目以前提供了针对高中老师的培训，现在提供了针对高等院校的教师培训。美国外语教师学会提供了“实用测试模式”（proficiency testing model）培训，美国教育部通过外语教师学会举办了不同的工作坊。与之前不同，现在一些研究生项目注意提高研究生们在外语教学方面的技巧，对中国语言、文学和语言学方面的研究生都有教学方面的培训，使其取得做助教的经验，为将来从事教学工作做好准备。

Norman（1997）谈到美国中国学研究方面的研究生的培养过程（这也是中国文史教授兼汉语教师的培养过程）时指出，以往美国培养的研究生要先学三年左右现代汉语，再转入古典文学的学习，然后花费数年时间研究中国文献并掌握研究方法，之后转入古代文本或者人物的论文写作。这种东方学的研究生培养方法植根于欧洲19世纪的培养方式，在20世纪90年代受到了质疑。一个人的汉语好，多是因为他很努力。尽管他的现代汉语水平挺高了，但是依然可能缺乏所谓的专业训练。在美国至少需要几个项目去严格地训练研究生去接受现代汉语的专业知识。许多中国语言文学领域的研究生都认识到，大多数学校需要能同时教授汉语语言课程及中国文化或文学翻译课程的教师，对此，有些教师颇感困难。研究生至少需要在中国进行一两年或者更长时间的研究。每一位研究生都需要教授过一年的语言课程，如果可能的话还要教授一门文化课程及文学翻译课程。教学法课程是必修课程。可见，因为当时不少文学教授兼教语言课程，所以其研究生训练课程也有意识地包括了这个部分。

进入21世纪，俄亥俄州立大学国家语言中心曾对某些东亚语言（汉语、日语、韩语）的教学发展情况进行了一次调查，重点调查对象是美国高等院校，也包含了少数其他国家的中小学教学机构。在为期78天的专门网站调查中，共发出1500份电邮邀请信，302人（来自世界173所院校，其中90%来自美国，10%来自其他国家和地区）回复了问卷。调查显示，过去20年中，美国外语教师学会致力于标准化考试和国家标准的制定，但是东亚教师们认为这是对改进东亚语言教学影响最小的部分。东亚语言教师把教师培训、教材发展和科技手段的运用和发展看作非常重要的方面，还特别强调应增加海外学习机会、加大经费投入及发展更好的教学法。另外，东亚语言教师认为不重要但是美国外语教师学会认为重要的是研究第二语言习得理论，提高语言学习要求，增加初级语言训练的学生人数。职业团体似乎更关注外语学习的结果，而东亚语言教师更注重学生在外语学习过程中的投入。（Walker & Li，2001-2002）这或许反映出，其他语言与东亚语言在语言本质和教学法上存在着差别，一些在其他语言的教学中具有普遍意义的培训模式、教学法，在汉语教学中不一定适用。

Li，Wen，& Xie（2014：16-18）的调查显示，美国高等院校里的汉语教师的类别多种多样：兼职的、全职的、研究生和教授，详见表3-1。

表 3-1　美国高校中从事语言教学的汉语教师的类别

汉语教师的类别	此类别的总人数	拥有此类教师的学校数	平均每所学校拥有的此类教师数
兼职讲师	209	169	1.24
全职讲师	144	168	0.86
研究生助教	122	152	0.80
助理教授	70	163	0.43
正教授	60	169	0.36
副教授	53	163	0.33
本科生辅导人员	160	148	1.08

表 3-1 显示，美国高等院校的汉语课主要是由兼职讲师、全职讲师以及研究生助教担任的。在 152 所学校中，平均每所学校有 0.8 个研究生助教教授汉语课程，这样的学校一般是比较大的综合性大学，其下属的人文或者社会科学学院设有东亚研究或相关领域的研究生项目。在 148 所大学中，平均每所大学有 1.08 个本科生辅导人员。助理教授（平均每所学校有 0.43 个）的职位往往是为满足语言课注册人数增加的需要而创立的。

表 3-2 显示出过去 5 年与今后 5 年新聘用的教师人数。在过去 5 年中，回复问卷的 196 所大学共新聘用教师 281 位，平均每所学校新增 1.4 位，在新聘用的教师当中，有 165 位直接参与语言教学（2012 年采集数据时）。这 196 所学校计划在未来 5 年聘用新教师 191 名（当然这些是预估数量），平均每所学校 0.97 位，其中 123 位很有可能参与语言教学。表 3-2 中所谓的“知识课”（content courses），是与语言课（技能型、工具型）相对应的，在东亚研究相关领域一般指的是中国文学、文化、历史、宗教等课程。

表 3-2　过去 5 年与今后 5 年新增教师人数[①]

	新增教师人数	学校数	平均每所学校新增教师数
过去 5 年知识课与语言课	281	196	1.40
过去 5 年语言课	165	196	0.84
今后 5 年知识课与语言课	191	196	0.97
今后 5 年语言课	123	196	0.62

表 3-3 显示了不同职称的教师的工作量。具体来说，教授职称的教师平均每周的教学时间在 6 小时以上，而讲师的平均工作量比教授每周多 2 个多小时。

① 这里的“过去”和“今后”是以本调查的数据采集时间 2012 年为基准划分的。

表 3-3　不同职称的汉语教师每周的教学时数

汉语教师的职称	每周总时数	学校数	每周每所学校该职称教师的平均教学时数
正教授	930	139	6.69
副教授	925	143	6.47
助理教授	1030	148	6.96
全职讲师	1485	159	9.34

综上所述，在过去 140 年间，美国汉语教师的队伍在人数上由寥寥无几发展到颇具规模。美国出生的本土教师逐渐减少，华人移民教师占了绝大多数。由非专业人员（传教士、退休官员）兼任到专业人员一身数任（同时教授语言、文学、历史、文化等），到现在语言教师基本以教授汉语课为主（在某些规模较小的学校还有语言教师身兼数职的情况），实现了汉语教师逐步专业化的过程。这是教师专业分工不断细化的结果，但也有学者担心这会带来汉语教师学术背景的窄化。这种"术业有专攻"的变化对汉语教师在语言本体知识、教学法方面提出了更高的要求，但是同时也使得不少汉语教师对中国文学、历史、文化等的学养不如前辈教师。在信息爆炸、专业分工越来越明确的当代社会，要求汉语教师对诸多学科都有造诣似不现实，但如果只注重汉语教师在语法、语音、教学法等方面的提高，而相对忽视其文史修养，则可能不利于更好地涵养学生的人文精神，提高其综合素质。那么今天，美国高等院校对汉语教师的基本要求都有哪些呢？

二、从招聘广告看近年美国高等院校对汉语教师的基本要求

美国中文教师学会网站（http://clta-us.org/job-announcements/）于 2018 年 3 月 8 日刊登的 2017—2018 学年高等院校汉语教师招聘广告共有 17 条（以培训为主的不计在内，另外有些大学选择在其他网站刊登招聘信息），其中加州大学（伯克利分校）招聘的是备选教师（Chinese lecturer pool），先收集申请人的相关信息，名额不限，一旦有教学需要即从中筛选，具体教职、聘用时间都不确定，此情况暂不统计。其余 16 条广告中招聘助理教授（包括长聘和临时教职）的有 4 所院校，招聘合作教师（teaching fellow，一般不是正式的长期教职）的有 6 所院校，招聘讲师（包括高级讲师）的有 1 所院校，招聘海外项目负责人和负责教师的有 2 所院校，招聘助教（操练课）的有 1 所院校，招聘实习教师的有 1 所院校，另有 1 所院校招聘暑期项目教师，人数不确定。具体见表 3-4：

表 3-4　2017—2018 学年美国中文教师学会网站刊登的大学汉语教师招聘广告

招聘单位名称	招聘职位	工作时间	职位主要要求与工作内容	申请材料与申请方式
1. 阿肯色州立大学世界语言系	汉语助理教授（长聘）	2018 年秋季起	汉语、语言学或相关领域博士学位（应聘时已获得），中英文均达到或接近母语水平，熟悉汉语拼音系统，教学表现优异，能积极推动研究中的课题，具有良好的人际交往能力，能协助管理语言项目并教授本科生所有年级的汉语语言课程。	申请信、个人简历、教学原则及研究计划说明材料、3 封与最近工作有关的推荐信以及研究生成绩单。先 Skype 面试，进入最后名单者参加校园面试。网上提交申请材料。
2. 明德大学蒙特雷校区（加州）暑校国际事务研究中心	暑期多语种教师，包括汉语教师	2018 年 6 月 11 日—2018 年 8 月 8 日	具备优秀的教学能力、创新精神及良好的人际交往能力，熟悉交际与内容为导向的教学法，熟悉 ACTFL 的基本框架：语言标准、应用语言能力标准以及综合水平测试。具备语言学、语言教学或相关领域的硕士或博士学位，两年以上的目的语教学经验。	申请信、个人简历、两页以内的教案及教学理念说明材料。被选中参加面试者需提交教学录像。网上提交申请材料。
3. 科尔比学院（缅因州）东亚系	汉语教师	2018年9月起，为期 1 年	能胜任本科生所有年级的汉语教学，每学年教授 4 门课。通过研究、教学和担任行政工作而对校园多元化做出贡献的申请人优先考虑。至少拥有硕士学历，拥有博士学位和教学经验者优先考虑。	说明个人兴趣和资质的申请信、个人简历、教学理念及研究兴趣说明材料、有代表性的奖学金项目例证。网上提交申请材料。
4. 杜克大学（苏州昆山校区）语言与文化中心	汉语作为二语教学教师（职称开放）	2018 年暑假起	拥有相关领域（如外语教学方面）的硕士或博士学位，有教授汉语或者其他外语的经验，具有很高的汉语口语水平、书写能力以及较高的英文水平。优先考虑在语言学习（如学习动机与学习策略）、中国文化（如中国文学、历史等，特别是江南文化相关领域）以及跨文化研究方面有成果的申请人。	申请信、个人简历、教学或者研究陈述及 3 封推荐信。网上提交申请材料。

（续表）

招聘单位名称	招聘职位	工作时限	职位主要要求与工作内容	申请材料与申请方式
5. 富兰克林与马易尔学院（宾州）中文语言项目	全职汉语教学人员	2018—2019 学年（根据需要和表现，经行政部门批准后有可能按照学年续约）	必须拥有在美国大学的汉语教学经验，具有母语者或者接近母语者的现代汉语水平，优先考虑有 3 年以上汉语教学经验以及在汉语教学法、第二语言习得方面具有专长的申请人。拥有汉语语言学、教学法、外语教育或者相关领域的硕士学位。负责教授所有年级的汉语语言课程并参与课程开发和项目的各项活动。	申请信、个人简历、研究生成绩单、教学理念说明、学生评价例证、3 封推荐信。网上提交申请材料。
	汉语助教（练习课老师）	2018—2019 学年	拥有在美国大学从事汉语教学的经验，具有母语者或者接近母语者的汉语语言水平。拥有大学中文系或相关专业本科学历，有相关工作经验者优先。将负责初级班的操练课和不同年级的一对一辅导。	申请信、个人简历、研究生成绩单、教学理念说明、学生评价例证、2 封推荐信。网上提交申请材料。
6. 罗彻斯特理工学院（纽约州）现代语言与文化系	助理教授（访问型，非长聘）	2018—2019 学年（2019—2020 学年此职位将改为终身教职并公开招聘，访问助理教授也可申请）	教授所有年级的汉语语言课，用英文讲授中国文化课程，负责中国语言、文化以及相关领域的奖学金发放，参与系里的课程研发以及学生指导工作。拥有博士学位或已通过博士资格考试，专业方向是中国语言和文化，中英文都达到或接近母语的流利度并具有较强的交际能力，具有学术研究能力，具备在美国大学教授汉语的经验，会使用交际教学法，能够教授高年级汉语及科技汉语。	申请信、个人简历、研究情况报告、教学成果证明材料、教学理念说明材料、3 封推荐信及其他能证明自己能力及水平的材料。网上提交申请材料。
7. 波莫纳学院（加州）亚洲语言与文学系	汉语教职（访问型）	2018—2020 学年（全职工作）	具有母语者或接近母语者的中英文水平，对教学有良好的领悟力。专业不限（倾向于应用语言学、二语教学法或当代中国文学与文化等），具有满足多样化学生群体要求的能力。两个学期的工作量分别是 3 门课和 2 门课。本地招聘，不提供面试者的往返交通费用。	谈及教学和研究兴趣的申请信、个人简历、教学理念说明、教学档案（包括教学大纲及学生评价）、3 封推荐信。网上提交申请材料。

（续表）

招聘单位名称	招聘职位	工作时限	职位主要要求与工作内容	申请材料与申请方式
8. 汉密尔顿学院（纽约州）东亚语言与文学系	访问助理教授	2018年7月起，为期1年	根据应聘人的专业背景开设与大中华地区有关的文化课程，如电影、媒体、中国文学等，还有高年级汉语课程。一年共教授5门课。申请人需已经取得或即将取得博士学位，中英文俱佳，有教授本科生的跨学科课程的经验。	申请信、个人简历、成绩单、论文样章、3封推荐信。网上提交申请材料。
9. 加州大学（伯克利分校）东亚语言与文化系	备选汉语讲师（80% ～ 100%工作量的职位都有可能）	根据系里的工作需要	合作教授或者独自承担春季或秋季、夏季强化班的初、中、高级课程，批改作业，指导研究生，准备教学内容，维护课程网页，通过邮件、教学软件与学生互动。教职可根据需要、资金及教师个人表现延长。要求申请者具有汉语二语教学、语言学、二语习得等方向的硕士学历或同等学力。汉语接近母语者水平，有汉语教学经验，能够合法地在美国工作，具有英文表达能力。倾向于录用已有美国大学工作经验及会使用计算机辅助教学软件的申请者。	申请信、个人简历、教学经验概要、3封推荐信、教学录像的链接。网上提交申请材料。
10. 达特茅斯学院（新罕布什尔州）亚洲社会、文化与语言项目	汉语高级讲师	目前是顶替位置，可根据学生需求和经费情况续聘	具有接近母语者水平的标准汉语和英语能力，有在大学课堂从事汉语教学的经验，能够将新技术手段和教学法运用于教学和课程设计当中者优先。在3个学季中共教授5门课程。因学生背景多样，教师需具有教授不同背景学生的能力。	申请信、个人简历和3封推荐信。网上提交申请材料。
11. 瓦萨学院（纽约州）中日文系	汉语教学人员（实习性质）	2018—2019学年	汉语母语者，能帮助教师准备教学材料，并完成12小时操练课，学校提供吃住，每月发放生活费，每学期可免费修两门课，需要具有本科学历及较好的英文水平。	申请信、个人简历、中英文自我介绍及至少1封推荐信。网上提交申请材料。

（续表）

招聘单位名称	招聘职位	工作时限	职位主要要求与工作内容	申请材料与申请方式
12. 巴克内尔大学（宾州）东亚系	全职汉语访问助理教授（3门课）或兼职访问助理教授（2门课）	2018—2019学年	拥有硕士学位且已通过博士资格考试的博士申请人以及博士均可。最好具有教学经验。必须能使用英语进行有效交流，汉语达到母语者水平或者接近母语者的水平，发音标准。	申请信需要说明对哪个职位感兴趣，还需提交个人简历、3封推荐信，其中至少要有1封推荐信谈及汉语教学经验及教学评价（如有请提供）。网上提交申请材料。
13. 明德大学中国昆明项目	副教授、昆明项目主任		负责明德大学与中方的合作关系，招聘和培训新教师，负责长短期的财务运营、人员和项目各项计划，指导海外留学生，帮助建立和发展海外实习项目。具有相关领域的博士学位，中英文流利。有驻在国生活和旅行的经验，熟悉美国海外项目管理，具备出色的人际交往技巧和管理能力，教学水平高。	具体提交哪些文件没有说明，需要看网上链接。需有中国工作许可。
14. 印第安纳大学中文旗舰项目中心	教学法专家	尽快开始，最迟2018年8月到任	协助项目主任进行教学工作。发展并实施项目的教学活动，包括课程与项目设计、一对一辅导人员的招募与培训，偶尔需要教授旗舰项目的相关课程。汉语、语言学、语言教学法或相关专业硕士以上学历（博士优先），具备两年大学汉语教学经验，有课程及教材设计的经验。中英文均达到或者接近母语者水平，善于与不同的学习者打交道。熟悉ACTFL语言能力标准、有汉语教学和教学法培训经验的优先。	个人简历、教学资料（课程描述、教学大纲）、学生评价例证、课堂教学录像片段、3封推荐信。网上提交申请材料。
15. 华盛顿与李大学（弗吉尼亚州）东亚语言与文学系	汉语讲师（兼职、可续约）	2018年8月下旬开始，可根据需要逐年续约	需教授所有年级的汉语课。需拥有汉语、汉语作为二语教学、语言学或相关专业硕士学位，汉语达到母语者或接近母语者水平，最后Skype面试时需展现出流利的英文表达能力以及出色的教学水平。	申请信、个人简历、一段20分钟的教学视频（网上链接传送）和3封推荐信。网上提交申请材料。

从上述广告内容来看，教授级别的岗位无论是长期的还是临时的教职，都需拥有相关专业的博士学位，不但能够开设汉语课程，同时还能开设与申请者教育背景相关的、通常是用英文讲授的专业课程，例如中国文学、文化、电影、传媒等等。对申请人的要求一般除教学能力之外，还需有科研计划和专业发展方向。对讲师和其他教学人员的要求一般是拥有相关专业硕士以上学历，具有大学汉语教学经验，中英文都接近母语者水平，能够教授从低年级到高年级的所有语言课程，一般不要求教授专业课、知识型课程等等。

从所需申请材料上看，一般都需要申请信、个人简历、研究生成绩单和推荐信。有些学校还要求提交教学录像、课程大纲、学生评价等。助理教授级别的申请人还需提交研究计划、论文样章等。

与20年前的招聘广告相比，近年来美国高校在招聘汉语教职人员方面的主要变化在于：第一，对教师的学历要求有所提高。虽然语言教师多要求拥有硕士学位，但近年来希望申请人拥有博士学位的学校的数量大大增加了。第二，不少学校都在广告中强调了学生群体的多样性，希望语言教师能够做好满足多样化学生群体（比如有华裔和非华裔，有在高中学过和在大学才开始学习的学生，有不同学习动机和目的的学生等）需要的准备。第三，对汉语教师英文水平的要求比以往更高了，要求汉语教师具有流利的或者接近母语者的英文水平的雇主有所增多。第四，从数量上看，大学对汉语教师的需求与高峰时期相比有所降低，其突出表现是精英大学新增的教师工作岗位较少，非正式教职、短期教职增加，正式教职、长期教职相对减少。学校对汉语教学未来发展趋向的不确定性使其在聘用教师时显得格外谨慎，一般不愿签订长期的聘用合同，而是倾向于根据注册学生人数和经费情况设立临时教职。上述种种原因，加上每年相关专业毕业生人数并未减少，导致就业市场竞争更加激烈。第五，聘任汉语教师的单位对教师的专业背景要求多集中于汉语、语言学、教学法、外语教育、二语习得等领域，虽也列出了“或相关专业”的要求，但在一定程度上仍反映出用人单位对汉语师资专业背景的认识，似乎学习中国文史的不算“科班出身”了。这是汉语教师走向专业化的标志，还是随着汉语作为外语教学的专业化发展，教师的学术背景出现了“窄化”的趋向？教师的专业背景是单一化更好还是多样化更好呢？培养汉语教师的研究生项目应对研究生进行哪些方面的专业培养？他们是否能满足工作岗位的需要呢？

三、从相关硕士、博士项目课程设置看高等院校对教师的要求

加州大学（长滩分校）的谢天蔚教授于2011年对中国大陆以外的高等院校设立的汉语作为外语教学的硕士、博士项目［The Universities and Colleges Offering MA or Ph.D. Degrees Leading to Teaching Chinese as a Foreign Language（TCFL）］进行了较为全面的调查统计（http://web.csulb.edu/~txie/tcfl.htm，2016年6月最后更新），华盛顿大学（圣路易斯）东亚语言与文化系研究生杨倩燃于2018年对其中的美国项目进行了归纳和梳理，如下页表3-5所示。

由表3-5可见，美国高等院校中至少有28所设立了汉语教学方向的研究生项目，其中24所院校设有硕士项目，5所院校设有教育硕士项目，5所院校设有博士项目，4所院校设有教师资格证书项目。从学分与学习时间上来看，多数硕士或教学硕士需要完成30～35学分（大约1～2年）方可毕业（当然每所大学计算学分的方法不尽相同）。博士学位通常需要完成80～100学分（修课时间大约3～4年），通过资格考试和论文答辩，方可取得学位证书。上述项目中有些课程设置比较偏重教学实践，有些偏重理论与学术研究。部分项目侧重中国语言、文学和文化课程，部分侧重语言学、应用语言学、课程设计和教学法。各项目的学位名称也不尽相同，有汉语、汉语教学、汉语教学法、汉语语言学、应用语言学与二语教学、东亚语言与文化、二语教育、外语教育、二语习得、双语教育等等。

除了上述汉语教学方向的研究生项目以外，很多高等院校还设有中国文学、中国文学与比较文学、东亚研究、汉语史、中国电影等专业方向的硕士和博士项目。这些项目的研究生在就学期间通常也会担任汉语或文学课的助教，符合部分学校的汉语教师的招聘条件。特别是对于那些要求教师不但要教授汉语语言课，还需同时教授中国文学、文化、影视等课程的学校来说，这些非语言教学专业的研究生很可能具有更大的优势。

随着市场竞争日益激烈，相当部分汉语教学方向的研究生都选择在暑假期间参加海外强化汉语项目的实习，以获得更多的汉语教学经验。一般来说，具有一流海外项目实习经验的研究生，在求职当中会占有相当大的优势。这主要是由于以下几方面原因：第一，这些项目多对教师进行教学理念与课堂教学方面的强化培训；第二，在暑期项目中，研究生每天都有机会独立教授小班课或者大班课，而不像在自己本校，有些研究生只有机会做一对一授课、改作业等教学辅助工作，或者虽有机会参与课堂教学，但是不一定有机会每天观摩资深教师授课，也

表 3-5　美国高等院校设立的汉语作为外语教学的硕士、博士项目一览表

大学名称	学位	专业方向名称	学分 / 时间	项目侧重	制表人补充评论
亚利桑那州立大学	硕士	亚洲语言 / 文明（汉语）	30 学分	文学和语言学；教学	主要是为之后的学术项目做准备。
	资格证	电脑辅助语言教学	15 学分	外语教学的技术	用于 K ～ 16 的辅助教学（作为专业能力的补充）。
	博士	东亚语言和文明	84 学分	文学和文化	要求除英语外的西方语言的阅读能力。
布兰迪斯大学	教育硕士（含资格证）	中等教育（汉语）	14 个月	2 个学期的实习	用于在美国中学教书及实习。
	硕士	汉语教学（大学）	一学年	课程要求不详	要求之前已获得硕士学历。用于在美国大学教书，在本校实习。为读博士做准备。
加州大学（长滩分校）	硕士	东亚研究（其中的中文系有汉语教学可选）	30 ～ 42 学分	课程要求与普通硕士相同	
	硕士	语言学	12 ～ 18 学分	课程要求不详	并非针对汉语或教学。
卡内基梅隆大学	硕士	应用二语习得	90学分（一学年）	课堂观察和教学实践	可取得对外英语教学资格证。
克拉克森大学	教育硕士	教育学	38 学分（至少一学年）	夏季课程 + 学期实习	可取得 7 ～ 12 年级教学资格证，另可以延伸至其他年级。可以远程上课。
哥伦比亚大学	硕士及其他学位	应用语言学	要求各异	语言学和教学	在各国各地有多个对外英语教学和国际汉语项目。
乔治梅森大学	资格证	外语：汉语研究资格证	27 学分	语言和文化	可以非全职入学。

（续表）

大学名称	学位	专业方向名称	学分 / 时间	项目侧重	制表人补充评论
亨特学院	硕士	中文教学	37 ～ 38 学分	青少年教育、中文听说读写方面的各类教学课程	项目和课程完全围绕 7 ～ 12 年级的学生来设置。
印第安纳大学（伯明顿分校）	硕士	中文，语言教育	30 学分	中文教学	要求 2/3 的必修课程都与中文教学完全相关。
密歇根州立大学	硕士	外语教学	未说明	教学，语言学	网上授课，会指导学生设计课程。
明德语言学校	硕士	中文	12 学分（4 个暑期或 2 个暑期加一学年）	教学和课堂设计	上课时间比较灵活。
明德大学蒙特利国际研究学院	硕士	中文	18 ～ 24 学分	教学和实践	算是联合项目，需要在暑校修课，也需要在语言学校教课。
纽约大学	硕士	外语教学（针对各种年级）	要求各异	教学	与纽约各学校关系密切，实习和就业方便。
俄亥俄州立大学	硕士，博士	中文语言教学法	30，80 学分	语言，文学	较偏重学术研究。
普渡大学	硕士，博士	应用语言学 / 二语习得	未说明	语言学，理论	学术研究为主。
罗格斯大学	教育硕士	中文教学硕士	30 学分	语言学，文化	课程要求比较综合，会指导设计课程。
西东大学	硕士	亚洲研究（可选中国语言和文化教学）	39 学分	中国历史文化	除了一门实习课程和一门教学课程，项目整体偏重知识储备。
斯坦福大学	硕士（含资格证）	教师教育项目	45～48学分（12 个月）	教学，课堂管理	包括中学实习，课程很综合。

（续表）

大学名称	学位	专业方向名称	学分 / 时间	项目侧重	制表人补充评论
夏威夷大学	硕士	汉语，语言学	30 学分	汉语语言和文化	除了汉语教师培训，还有其他硕士和博士项目。
休斯敦大学	硕士	世界文化和文学（可选汉语作为侧重）	30 学分	中国文化和其他文化	强调现代文化。
俄勒冈大学	硕士	汉语语言学和教学法	12 门课	语言学	
伊利诺伊大学（厄巴纳香槟分校）	硕士	东亚语言和文化	32 学分	综合	强调与其他专业的关系
	博士	东亚语言和文化	96 学分	综合	本校硕士学分可以转过来。要求掌握两种东亚语言。
艾奥瓦大学	硕士	对外汉语教学	30 学分	语言教学	
	博士	二语习得	33 学分	教学设计与成效	必修总体的第二语言习得。
	教育硕士	外语教育	30 学分	教学方法和课堂管理	有附加证书和资格证可选。
堪萨斯大学	教育硕士	研究资格证项目	40+6 学分	学校系统和课堂管理	就读前需完成英文写作和数学课程。
马萨诸塞大学（阿莫斯特分校）	硕士	汉语语言学和教学法	36 学分	中国历史文化	
得克萨斯大学	硕士及更多	教育、心理、领导等	未说明	学校管理	没有特别要求中文等语言能力。
瓦尔帕莱索大学	硕士	汉语研究（K～12）	37 学分（如有毕业论文则需 40 学分）	语言和历史	要求 1～2 所暑校实习经验。要求已有教师资格证，可以取得中文附加证书。
威廉帕特森大学	硕士	双语，非母语英文教学	33 学分	教育和双语教学	不是针对汉语的。另有汉语教师培训项目，可以获得资格证和第二个本科学位。

不会有经验丰富的教师每天来听课检查，对新手教师进行有针对性的指导和监督；第三，暑期项目一般每天或者隔天举行集体备课会，就第二天或后几天的课堂教学内容进行讨论、切磋，这对新手教师掌握本体知识、快速进入教学状态是极大的帮助；第四，暑期项目也为研究生提供了相对广泛的人际交往机会，开拓了其眼界和视野；第五，暑期项目提供的直接经验往往有助于研究生的论文写作、对理论的认识以及专业研究的深入，为其今后的职业发展提供了更为广阔的前景。

粗略地说，美国培养的汉语教学方向的研究生对学生母语的掌握程度更好一些，对学生母国的教育体系以及文化的了解更直接、深入一些，对一般的外语教学理论和方法接触得更多一些，与其他外语语种的教学联系更紧密一些。相对而言，中国国内此领域的研究生对汉语本体知识的学习和了解更多、更深入一些，对汉语教学的一般性经验（而非国别经验）可能更丰富一些。对于有志于赴美任教的国内毕业的研究生来说，参加美国暑期在华项目是一个不可多得的直接了解美国汉语教学特点、提高专业知识与教学技巧、获得初步美国工作经验的好机会。随着汉语教师职业市场竞争的日益激烈，具有中国大学本科以上教育背景且在美国研究生院接受过正规专业教育，同时还拥有美国大学（包括暑期项目）实习经验的申请人，往往有更多被聘用的机会。

第二节　美国大学常规中文项目的师资培养与教学考核

美国大学的中文项目多设在东亚系或者现代语言文学系。如项目规模较大，教师一般只教授语言课，文学、文化等知识课另有教师担任；如项目规模较小，教授文学和文化课的教师通常也同时教授语言课程。

一、师资的短期培训、长期培养与专业教育

Freeman（1989）指出，语言教学是基于教师的知识、技巧、态度和自我意识的决策性过程，而语言教师是通过（短期）培训（training）与（长期）职业培养（development）相结合的两种专业教育（education）方式学会教书的。“知识”对教师来说包括教学内容、教学对象（如学生的背景、学习模式、语言水平等）、教学场所（包括学生母国或目的语国的社会文化背景、学校背景、语境）等等。“技巧”指的是教师在教学过程中体现的呈现材料、发出指令、讲清内容、用不同的方式改正错误、有效实行课堂管理（包括互动和纪律要求等）的能力，包括教学方式、技术、活动、材料和工具等。当然教师的知识不是固定不变的，而是可以通过职业发展来不断丰富的。而教学法多被视为知识与技能独一无二的综合体现。“态度”颇具个性色彩，师生双方的态度都会影响到教学互动和教学效果。教师的个人态度影响其课堂行为、对学生的期待以及学习成果。教师的“自我意识”表现为对课堂情况的注意，对学习过程、学习活动、课堂互动的注意和认识。有较强“自我意识”的语言教师能够适时调节自己对学生的态度，意识到哪种特殊的改错方式是有效的，意识到改错中使用的技巧，意识到学生掌握学习内容的情况以及学生之前掌握的哪些知识与目前的教学直接相关等。简而言之，教师的自我意识触发并监测其教学态度，教学态度进而操控技巧和知识的使用。

教师培养涉及双方面的努力：候选或受训教师是一方，施训者（包括培训专家、项目行政负责人、资深同事、上级管理者等）是另一方。后者通过专业训练帮助、引导前者产生思想意识上的转变，从而促进其教学水平的提高。这一过程可能是漫长且不一定能量化成效的。

师资培训一般是施训方发起、直接介入教师教学中某些具体方面的活动。介入集中于具体的产出，通过一系列清晰、明确的步骤，一般会在特定时间内取得成效。这些可培训的部分，通常是基于知识和技巧方面的，可以是孤立的、具有

较强实践性并且最终是可以驾驭的。施训方可把某项内容单列出来，指出个别问题所在及如何改变，然后通过某些观察指标看受训者是否取得了成功。培训基于这样一种假说：通过掌握分项的知识和技巧，教师即可提高课堂教学的总体效果。培训是有效的，但是其明显的局限是它涉及的教学实践难免是碎片式的。

师资培养一般不是对复杂的教学过程的直接干预。它通常是个性化的、因人而异的。培养的目标是通过增强或者转变教师的自我意识从而在总体上提高教师的素质。每位教师都需要了解如何呈现材料或者发作业，这些是可以通过培训学会的。但是还要让教师认识到他的不耐烦会影响到学生的出勤情况及其自信心，或者减弱学生学习过程中的接受能力，学生的这些表现是与教师的态度和自我意识相关的。施训者需采取不同的策略，通过提问、观察和分享个人经验等手段，尽力引起受训教师的回应，加强其课堂教学实践。譬如，针对词汇教学中学生参与太少的问题，施训者可以问："那两位没有参与课堂活动的学生怎么了？"如果受训教师在某堂课上没有表现出应有的热情，可以探询其缺乏热情的原因。通过澄清和扩展教师的自我意识，施训者帮助受训者认识到自己面对某问题时应该做什么以及为什么这样做。问题的解决与否往往取决于受训教师对问题的自我意识和理解。Freeman（1989：42）认为师资培训与师资培养在诸多方面都不相同，详见表 3-6：

表 3-6　师资专业教育策略

	师资培训（直接的介入过程）	师资培养与长期训练（逐步影响的过程）
教学特质	一般是可以评估的，可以通过课程的具体行动掌握的	因人而异的、个性化的，通过不断的注意、批评和参与教学实践逐渐走向成熟
构成基础	知识与技能	态度和意识
关注	由施训者引入，由受训教师贯彻执行	由施训者提出，由受训教师引入
评估变化的标准	外部的（由施训者评估）	内化的（受训教师自我认知）
结束方式	可以是固定时间内的，达到评估要求即可	开放式的，可以延续到教师教学事业的终结

每位教师都有自己的个性和处理问题的方式，而且会改变。培训项目的目的就是通过训练，为教师提供自我提高的可能。无论是短期培训还是长期培养，都

既可能发生在教师入职以前或者入职之后，甚至在成为有经验的教师之后。

笔者认为，教师培训和长期培养从内容和侧重点上有两种基本类型。第一种是偏重实践—经验型的，具有良好本体知识基础的教师通过直接观察有经验教师的课堂教学，理解并反思其经验，在实践中从简单模仿到逐步学会有经验教师的教学方法。熟能生巧，习惯成自然。经过多年的积累、历练，日臻成熟。在此过程中，有经验的教师与新手教师的教学相长至关重要。第二种是理论学习为主的，新手教师通过学习他人的研究成果，获得间接的教学经验，掌握教学技巧。第一种类型的经验可能具有个性化色彩，需要与理论结合才能升华到具有普遍指导意义的观点。第二种类型强调理论，有可能脱离教学实际，把教学简单化、模式化了。只有两者紧密结合，在一定的理论基础上进入教学实践的过程，尊重教学实践，并注意总结、归纳和提炼经验，从理论的高度审视教学的成败得失，才有可能实现整个教师培养过程的成功。

虞莉（2007）认为，教师培训从培训动机上可分为岗前培训、在岗督导和脱岗进修。在实践中，特别是对新手教师来说，岗前培训与在岗督导相结合是比较常见和有效的培训方式，比如暑期强化项目。

笔者认为，汉语师资的培养至少应包括下列几方面的基本内容。

第一，澄清基本认识，建立正确观念。Peacock（2001）在研究将英语作为外语教学的教师的自我信念与教学之间的关系时，针对英语教师常见的有可能影响教学质量的错误观念，调查了146位在香港城市大学接受了3年英语作为第二语言教学（ESL）项目培训的教师。结果发现，即使经过了3年的专业培训和学习，新手教师们变成了“老手”，但其教学理念变化不大，可见纠正错误的教学理念并非易事。作者的结论是，在培训初始阶段尽力去除影响教学的错误观念、建立正确观念至关重要，是取得良好课堂教学效果的重要保障。在汉语教学中纠正错误观念也应是培训的重点。笔者认为，汉语教师常见的错误认识可能包括：

（1）学生的发音错误无关宏旨，能听懂意思即可，中国人也不是个个发音标准。

（2）改错会打击学生的学习积极性，引起不必要的紧张，课堂教学应以鼓励为主。

（3）词汇的掌握主要靠学生课后去背；语法形式的教学并不重要，语言教学应以完成交际任务为主要目标；交际主要就是问路、点菜、买东西、看病等日常生活内容。

（4）以学生为中心就是听学生的，由学生控制和主导课堂，他们不喜欢或者感觉有困难的就少做或者不做。

（5）语言教师的专业培养应侧重西方教学理论和教学法，教学实践应在理论的指导下进行。

（6）汉字是表意文字，没有汉字就没有汉语，课堂教学的重要内容之一就是汉字教学。

（7）语言教学也是文化教学，教师应在语言课上有计划地向学生讲解中国文化知识，特别是古代文化知识。

（8）课堂教学的重要环节就是课堂活动，课堂活动以角色扮演、做游戏和各种比赛为主。

（9）教师备课的重要方式就是做 PPT，把课堂教学内容，如生词、语法点等用能吸引学生目光的图片、视频等呈现出来，把所有要提问的问题、期待同学的回答等都打在 PPT 上，就算完成了备课过程。

（10）实证研究对语言教学具有重要的指导意义，有争议的问题都可以通过实证研究来证明和解决。

教师专业教育在最初阶段首先就是要使本领域的研究生、候选教师、新手教师明确什么样的课算是成功的汉语课；什么样的教师是优秀汉语教师；通过成功教师的经验分享，培养新手教师对学生和汉语教学工作的热爱。爱学生、享受教学的过程，是成为优秀汉语教师的重要条件。

第二，汉语教学涉及各领域的知识，包括：（1）与教学内容直接相关的语言本体知识和中国历史文化、文学等知识的教学，如汉语的语音（包括《汉语拼音方案》）、词汇、语法和汉字（包括汉字改革的过程）、中国通史、中国文学史等方面的知识；（2）与教学对象相关的学生背景、学习模式、语言水平等方面的知识；（3）与教学场所（指学生母国或者目的语国的中小学、华人社区学校或者高等院校）相关的社会文化知识，如学生母国的社会文化、教育制度、学校环境的特点，以及目的语国的社会文化、教育制度、学校环境等的特点。特别需要说明的是，很多知识都是师资专业训练所必需的，教师的知识越丰富、越深厚越好，但这并不是说这些知识都需要在课堂上直接传授给学生。应有意识地区分教师的理论知识与教学所要讲授给学生的知识，如理论语法与教学语法是不同的。另外，教师在教学中要力求让学生会用某些语法点，但不必要求学生完全理解、弄懂这些语法规则。

第三，教学技巧。如何备课，课堂教学的主要环节与步骤，呈现新词语、新语法点的方式，教师课堂用语与肢体语言的有效运用，讲清教学内容的方法，改正学生错误的基本方式，操练的基本方式，有效地调动学生的参与意识、实现课堂互动的方式，有效地进行课堂讨论、作业设计与批改作业的注意事项，检测学生学习成果的方式与准备考题的注意事项等，都属于教学技巧培训应该包括的内容。

第四，试讲与教学实践。施训方要组织受训者观摩示范课，使其了解自己努力的目标。通过对示范课的讨论，受训人要明确每个教学环节的理想形态，然后参加集体备课，逐条选择教学内容，确定每个环节要采用的教学方法，并在有经验的老师的带领下，准备好教案。然后受训人试讲某节课的一个片段，可包含课程导入与热身，新词汇、新语法点的介绍，重点词汇与语法点的操练，课文串讲与讨论等。有经验的教师和接受培训的教师在听完试讲后分别点评教学片段，分析其长处和短处，并指出改正方式，让新手教师认识到如何提高。然后再准备，再试讲，再点评。经过对上述过程的多次重复，新手教师基本能够胜任课堂班级教学。教师应对教学内容、教学方法以及自己的教学实践有明确的反思意识，善于总结经验，并在此基础上不断提高。

第五，介绍汉语等级标准与等级大纲，介绍外语教学的基本理论，比如输入与输出假设、语言习得理论、基本的外语教学法（如听说法、翻译法、交际法、能力法、任务型教学法）、计算机辅助教学理论等等。施训者要对新手教师进行基础理论和研究方面的入门训练，使其具有对教学经验进行总结和升华、从事本领域研究的初步能力。

总之，汉语教学是一门实践性很强的学科。理想的教师首先应是一个优秀的汉语使用者，同时应对学生和教学工作充满热爱，具有丰富的汉语本体知识和中国历史文化知识，有对教学对象的全面认识，有对学生母语和母国文化较为全面的了解及不断丰富自己的知识的意愿，还需具有扎实、多样的教学技巧。同时，优秀的汉语教师应该有对本领域理论知识的比较全面的掌握，有对教学不断进行反思、对实践成果进行深入概括和研究的能力。教学相长，所有培训与培养、教学实践，最终的目的都是使汉语教师成为能够不断自我提高、自我成长、有人格魅力并能取得出色教学成果的优秀教师。如周质平教授所说，“学者型教师”，即既是优秀教师同时又是成功学者，是我们追求的最高目标。（Chou，2006）

二、大学汉语教师入职后的专业训练与考核

近年来随着汉语教学的发展，即使是刚到大学任职的研究生或年轻教师，通常都在上学期间或多或少地具备了一些课堂教学的经验，比如做过助教或者参加过海外项目的工作。与参加海外暑期项目的多数教师是中国在校研究生，一般没有在美国大学接受教育并参与工作的情况不同，美国本土的大学汉语教师在参加工作时，通常不需要从基本的教学原则、教学要求开始培训。

教师入职后的培训通常首先从参加集体备课会开始。因为长期项目没有暑期项目教学密度大，因此备课会可能每周只有一两次。教研室的集体备课，是同教一门课的老师、助教共同商讨确定某课的教学重点和教学方式的过程，比如确定词汇和语法点的解释、说明内容以及例句，还有针对某教学内容学生最常提问的问题的应答方法，练习的基本方式，准备操练使用的句子和供讨论的问题，等等。集体备课会是培训新教师和助教研究生的重要方式之一。

其次，新手教师可直接到教室旁听或者通过教学录像观摩其他有经验的教师的授课，并与其进行个别交流和讨论，这也是教师培训的有效方式。

再次，新手教师可以参加专业性的研讨会，例如每年春季举办的美国中文教师学会年会（http://clta-us.org/clta-annual-conference/）、每年11月举办的美国外语教学委员会年会（https://www.actfl.org/）、每年4月末举办的普林斯顿大学中文教学研讨会（https://clp.princeton.edu/），以及区域性的中文教师学会举办的研讨会（如加州中文教师学会、新英格兰地区中文教师学会举办的研讨会）等。

最后，新手教师还可以参加主题工作坊和培训班，就教学中的热点问题听取专家意见或进行相关讨论。如有些中文项目会邀请本领域的知名专家来自己学校做报告或者组织工作坊；也有些大学的外语项目会组织所有外语语种统一的学术交流活动，比如请西班牙语教学专家介绍外语教学中语言教学如何与文学教学相结合，如何对有困难的学生进行有针对性的教学，外语学习成果的测验方式和有效手段，等等。通过跨语种的外语教学交流，新手教师可以借鉴其他语种的教学经验，汲取对本语种教学有益的精华。

大学汉语教师的教学考核通常有三种基本方式。

第一种是个人年度总结报告。教师需要以书面形式总结归纳某学年完成的教学工作量、每门课的注册学生人数、学生特点及教学中面临的挑战等等。然后汇报研究和专业发展方面的情况，例如参加了哪些学术会议，是否有论文发表或者专著出版，应邀做了哪些学术报告，是否获奖，等等。还要汇报为教研室、本系和学校承担了哪些教学以外的工作，比如参加委员会的工作，组织课外活动或者海外项目，参加新教师招聘工作，等等。

第二种是学生评价。学生需要填写纸质或者网上的评价表完成对授课教师的评价。全校教师通用的评价表一般包括如下内容：教师的教学进度和课业量是否得当，教师的知识水平、对教学内容的掌握如何，课堂教学成效如何，教师是否有工作热情，教师能否给学生提供切实的帮助，教师是否有能力引导学生参与课堂教学，教师有哪些最可取之处和最薄弱之处，考试内容和难度是否得当，等等。语言课专用评价表（比如一些暑期在华项目使用的）多包括：教师是否注意改正学生的发音及表达错误，教师是否有能力调动学生的课堂参与意识，一对一谈话效果如何，等等。学生打完分以后，学校的相关网站会公布每门课的各项平均分数以及学生的所有反馈。学生在网上完成评价的好处是便于统计、分类，查看方便，不受时间和空间的限制。缺点是网上调查回收率低，往往只有一半同学参与评价，或许不能反映全班同学的总体看法。

第三种是同事或者上级主管人员的评价。他们主要是通过听课和与学生交谈等，观察学生的学习积极性在课堂上是否被有效调动起来了，课堂气氛是否热烈，老师上课是否经过了认真的准备，教学内容和方法是否得当，教学是否突出了难点和重点，教学任务是否完成了，等等。对有问题的教师，上级主管人员一般会提出改正的建议。

在上述基础上，系主任或者考核委员会一般每学年或者每几学年会给教师一份评价意见书，是综合教师个人总结、学生评语以及听课教师或者教研组意见写成的。这份评语有时会影响到教师的评级、升职和工资待遇等等。如教师变更工作，这份评语也可用来作为向新单位说明自己工作表现的证明。

第三节　国际汉语教师在跨文化交际中的文化立场与态度①

作为以汉语为母语从事国际汉语教育的教师（本节主要以教授美国学生的汉语教师为例），我们需要认真思考自己在教学中所持的文化立场和文化态度。在全球化的时代，我们尤其不能固守中国文化中心的立场，仅仅把自己当作中国文化的代言人和传播者，在教学过程中试图把学生在某种程度上改造成中国文化的实行者。试想一下，如果我们学习英语时，英语老师的工作目的之一，就是把我们变成一个英美文化的热爱者和实行者，我们会有怎样的感受。当然，通过对某种语言的学习，学习者对其所代表的文化自然会产生某种熟悉、亲切、友好的感情，但老师在课堂上却不宜彰显这一目标，以免引起学生的反感。汉语教师应该以开放的态度、博大的胸怀对学生母国的语言文化以及他们所熟悉和了解的其他文化都抱有一种尊重、宽容、兼收并蓄的态度，借此帮助师生建立更好的互动关系。在教学中，我们应该用民族相对主义（ethnorelativism）和多元文化主义（multiculturalism）的眼光来代替民族中心主义（ethnocentrism），把中国文化视为全球化大背景下与其他文化并存的世界主义（cosmopolitanism）的中国文化，视为一种既包含了语言文化知识又体现为一种认知视角的中国文化，而不应该是"唯我独尊"的中国文化。教师对学生的想法越是包容和尊重，越能体现一种专业精神，教师的想法反而越容易对学生产生深刻的影响。师生之间的融洽关系和正面的学习体验有助于学习者跨越跨文化交际带来的障碍，实现汉语水平的提高。

多年前，一位在普林斯顿大学北京班学习的耶鲁大学的学生曾跟我分享过其个人经验："聊天中我如果直接批评中国，中国朋友往往不太接受，会说你们老外根本不了解中国，这么多人口，问题是不可避免的。但如果我先承认中国的进步，朋友就会说你只看到了问题的一个方面。然后我们就在肯定中国成就的前提下，讨论甚至批评中国某个社会现象，双方就交流得非常顺畅了。"仔细分析一下他的跨文化交际策略，就是先找到一个最大公约数——双方都可以接受的立场，然后表达各自的看法。这个双方都可以接受的立场就是一种跨文化交际的第三空间文化立场，而不一定是双方最初的真实立场。

美国加州大学（伯克利分校）的德语教授 Claire Kramsch 在其 1993 年出版

① 本节内容已作为同名单篇论文发表于《国际汉语教育》（中英文）杂志，2017 年第 2 期。

的《语言教学中的语境与文化》(*Context and Culture in Language Teaching*)一书中，批评了语言教学与研究中普遍存在的"二分法"思路，比如"教师中心与学生中心""语法与交际""语言与文化"等等，都是从对立双方的角度来呈现外语教学的基本研究对象的。她主张打破非此即彼、黑白分明的理念，代之以"多元合一"的视角，提出外语习得者处于自己的母语文化（第一空间文化）与目的语文化（第二空间文化）交流对话过程中产生的第三空间文化的理论。她主张在教学中用"文化互动"代替"入乡随俗"，通过互动交流化解不同文化之间的矛盾冲突，以期达到理解共存的目的。（陈申，2000）Kramsch 的语言教学理论后经其他学者的发展，如 Lo，Liddicoat，& Crozet（1999）以及 Bennett，J. M.，& Bennett，M. J.（2004）等，成为外语教学领域在跨文化交际方面比较有影响的理论（王永阳，2013），并对外语教学实践产生了广泛的影响。笔者认为，有意识地在学生的母语文化与教师所代表的目的语文化之间划定一个"第三空间"，是所有外语教师应该采取的文化立场和态度。

具体到汉语教学实践中，首先，我们应该去除非此即彼、凡事都有是非优劣的成见，认识到不同文化、社会之间只有不同，没有对错。教师不能用定型的、简单化、一般化的眼光认识问题并与同学交流。虽然简单化、一般化有时也是认识事物的一种必不可少的方法。比如有老师曾对美国学生说："美国小孩儿真幸福，父母从来不强迫孩子学习。"一位学生马上说："可能每个人的家庭都不一样，你听说过'犹太妈妈'吗？我妈就是个犹太妈妈。"老师继续发问："你们至少不用上补习班，周末都是跟朋友一起玩儿吧？"学生答曰："小学的时候是，高中特别忙，父母让我上了 SAT 辅导班，还给我请了英文写作的家教。我还得做义工，参加辩论赛，打网球，周末也忙得不得了。"笔者曾与一位之前从未去过中国、马上要到广州领养孩子的美国妇女聊天，她说："中国小孩儿都特别漂亮、聪明，个个爱学习，数学好，会拉小提琴或者会弹钢琴。所以我想领养中国小孩儿，都等不及要马上见到她了。"

上述两个例子说明人们在交际中往往会忽视个体差异和时代变迁，用一种固定的模式看待特定的问题。"'定型'(stereotype，亦有译'刻板印象')是政治评论家 W. Lippmann 在《大众舆论》(1922)一书中首先采用的术语，指的是人们对另一群体所持有的简单化看法。其基本假设是：属于一个群体（民族、宗教、性别等）的成员具有类似的行为和态度。定型有'自定型'和'他定型'之分，前者是某群体关于自己的定型，后者则是关于其他群体的定型；一般所讲的是后者。'文化定型'在此文中指人们对另一民族或国家的成员的简单化看法，例如'保守的英国人''浪漫的意大利人'等等。"（高一虹，1995：35）因此我们在教学中应该避免简单化的讨论交流，比如："为什么中国父母都给孩子付学费，美国父母都让孩子自己贷款或打工挣学费？美国人都有枪，晚上出门不安全应该怎么办？中国美食世界第一，为什么美国的中餐都不地道？"等等。

其次，在教学过程中教师要注意交流和互动，耐心倾听学生的表达，这既是对其他文化的尊重，也是对教师最基本的要求，不要认为只有自己讲课才算是课堂教学。有经验的教师一般能够耐心地等同学把话说完，抓住其发言中的要点并以此为切入点，进行更深入的交流，使学生能把自己掌握的知识和语言技能发挥到极致；而不是打断学生，批驳其与教师不一致的"错误观点"。多年前北京某暑期班学生学习《廉价的劳动力不等于廉价的生命》[①]一课，谈到农民工子女不能在北京入学时，有位同学认为这是对农民工子女的歧视，剥夺了他们受教育的权利。教师认为学生不了解中国情况，如果打工者的子女都在北京上学，教育资源会严重短缺。学生认为如果农民工把孩子都留在农村会带来很多社会问题。双方越说越激动，因为有语言誓约，课上必须用汉语表达，学生语言的劣势造成其争辩不过老师的情况，老师也没有耐心听学生把话说完，径自陈述个人观点。最后学生委屈地大哭，认为老师是利用母语优势带来的话语霸权压制学生。期末评价中，这位学生给老师打了最低分，还批评老师思想保守，对不同意见没有宽容的态度。因此，教师的胸怀与气度、能否耐心地倾听同学的意见在一定程度上决定了跨文化交际过程的成败，语言教师的主要责任并不是说服学生接受自己的观点，而是以某个观点作为听说读写练习的内容和契机。

再次，跨文化交际无法回避敏感、有争议的话题。这些话题不应是语言教学的禁区，如果处理得当，往往会是课堂教学最活跃、最吸引学生的地方。比如在学习《美国的选举制度与美国的民主》[②]这课时，教师最好不要直接问："你为什么不喜欢特朗普？"可以换一个提问的角度，譬如："你认为不喜欢特朗普的人是怎么想的？他们为什么这样想？""为什么我们大学的师生基本上都投了希拉里的票，但最后赢的是特朗普？""选举人制度公平吗？你怎么看在全国得到最

① 取自周质平、魏华慧、安琨、王蔚（2011）《无所不谈：现代汉语高级读本》（*Anything Goes: An Advanced Reader of Modern Chinese*），Priceton and Oxford: Princeton University Press。

② 同上。

多选票的人反而有可能不能当选这种现象？”注意，讨论一定要与有意识地运用生词和语法点所做的操练相结合，才能体现课堂语言学习的特点，否则容易变成漫无边际的闲聊，虽然达到了让学生开口说话的目的，但其语言表达水平并没有提高。笔者一般会给出需要练习的生词，通过提问，引导学生说出有难度的句段："如果我是候选人的话，我也会用揭隐私，挖疮疤，打击别人，抬高自己的办法竞选。也会给选民开空头支票。"（画线部分是本课生词）然后我会接着提问："那如果你当选总统了呢？”学生知道老师的期待，也会尽量用本课的生词、短语作答："我打算先满足利益团体的要求，把承诺抛在脑后，继续说冠冕堂皇的话，因为好多问题是不可能解决的。哪位总统当候选人其实都差不多！”这样师生之间既实现了有实际意义的交流互动，学生又练习了生词。美国人多认为政治是非常敏感的话题，所以教师最好避开个人观点，只与学生进行相对客观的讨论，可以采用把具体的问题抽象化，把抽象的问题具体化，或者改变提问角度等方式进行交流互动。教师的个人观点是通过提问、引导学生表达来间接实现的。

再比如，学习巴金的小说《第二的母亲》[①]、讨论陈凯歌的电影《霸王别姬》都会牵扯到对同性恋问题的讨论。有老师在课上说："我觉得同性恋特别奇怪，真不能想象两个男的或者两个女的会每天生活在一起。据说在美国的好多州同性恋结婚都是合法的！"这样的观点与多数美国大学生的想法有冲突，容易引起学生的反感甚至带来法律上的纠纷。因此，讨论的时候不妨这样问学生："《第二的母亲》认为同性恋是生活所迫，不是个人选择。现在一般的美国人怎样看待这个问题呢？”“电影《霸王别姬》是怎样解释同性恋发生的原因的？”“电影是怎样表现同性恋与异性恋的关系的？”“同性恋者结婚会给他们孩子的生活带来哪些困扰？如何解决？”简言之，教学中涉及敏感话题时，教师更需要让自己处在一种“超然”的第三方立场上，千万不要站在全班同学的对立面“伸张正义”。如需提出相反观点以激发讨论，可以说“有一种意见认为……”，“有不少人这样想是因为……”等，让教师与学生反对的观点拉开距离。

最后，有些老师因没有长期在国外生活、工作的经验，在毫无准备的情况下，很难对课上出现的文化冲突都能做到应付自如。因此课前的集体备课、同事之间的讨论很有必要。比如宗教问题是美国社会又一敏感话题。老师千万不能

① 取自周质平、王颖、王学东（1999）《文学与社会》(*Literature and Society*)，Princeton and Oxford: Princeton University Press。

这样说："宗教是麻醉人民的鸦片，中国人一般都不信教，经济发展得不是很快吗？""印度人、中东人宗教观念特强，这妨碍了他们社会的进步。"再比如学到《领养华童与种族文化认同》[①]一课时，往往会谈到领养家庭中不同种族的人可能会面对的挑战。老师应多做准备，比如可以就以下问题进行讨论："你认为美国的种族问题是怎样产生的？有哪些解决的方式？""美国很多大学对不同种族的人在录取上有不同的标准？这样做有哪些好处，哪些坏处？为什么会有这样的政策？"教师在课堂上应该避免类似这样的表达："我认为黑人适合当运动员、歌手。""华裔的孩子学习成绩都不错，但不爱发言，没什么创造性。""男的适合学理工科，你看清华、麻省理工都是男生比女生多。""美国人对男女关系都比较随便，说好就好，说离婚就离婚。""美国胖子特别多。"这样以种族、性别、国别为划分依据而做出的一般性的判断，教师在上课时都不宜说，应该换一个角度与学生进行具体的讨论交流。

总之，在教学中汉语教师要做的不是对问题下一个简单的判断，表达个人的好恶态度，教导学生应该怎样想和不能怎样想；而是要把每一个话题都当作跨文化交流的一个契机，通过这个契机引导学生学习语言，通过不断提高的语言能力探索事情发生的原因，从而加深对自己本国文化和其他文化的了解和认识，增进不同国家、民族之间的理解和包容度。教师需要以一种尽可能不带个人偏好的眼光，以第三方的态度提出问题，引导互动交流，从而让学生畅所欲言，提高其汉语水平并最终在潜移默化当中促进他们对中国文化的了解。另外，文化也是在不断变化发展的。以前中国人打招呼的习惯与西方非常不同，现在也习惯说"你好"了。教师需要以发展的眼光看待不同的文化，对学生谈到的各个国家文化的特点都应该抱有一种好奇、渴望了解的态度。随着通信工具的改进、信息交流的激增、人员往来的频繁、掌握外语人数的增加等等，我们相信不同国家文化的差别会逐渐缩小，最终会呈现一种逐渐融合的状态。国际汉语教师要通过自己的工作，促进这种文化上的相互理解和融合，这是一种比简单的民族主义更高的文化情怀，也是更专业的工作态度。

① 取自《无所不谈：现代汉语高级读本》。

第四节 暑期强化项目的教师招聘过程与培训模式

比较正规的美国大学海外暑期强化项目的教师多由美方项目主任、年级负责老师与中方协作大学的专职教师、在读研究生共同组成。美方项目主任和年级负责老师负责教师们的甄选、聘用与培训，中方专职教师和研究生参与大班、小班、一对一辅导、值班等教学活动。

甄选、聘用的过程大致经过如下环节：（1）项目在相关网站刊登广告，接受报名，申请人需要填写个人申请表，并提供个人简历、学位证明、在职证明、推荐信等。（2）初步电话、网络面试，确认申请人要达到以下几方面的条件：第一，发音标准；第二，申请目标明确，比如不能把暑期中文项目的工作视为自己练习英文的机会（因项目要求全程说中文）或者出国留学前的热身（因项目要求全职工作）；第三，需要保证应聘期间全职工作。（3）正式面试，了解申请人的专业背景、学识深浅、英文水平、个人经验、个性等方面的情况。（4）笔试，就汉语本体知识、教学法常识、文史知识、英文水平、写作能力等进行测试。（5）课堂试讲（有学生参与互动），选出合适人选。（6）参加初步培训，再试讲，再筛选，最后聘用。

这里说的培训是建立在应聘教师已具备了较好的汉语语音、语法和词汇等知识修养，对中国的历史和文学也有相当程度的了解和认识的基础上的。一般来说，美国暑期在华项目的教师培训时间不超过一个星期。在有限的时间内，把具有一定专业背景但却几乎没有对美国学生的汉语教学经验的研究生或者是青年教师迅速培养成为各项目所需要的教师，似乎是个“一夜成军”的过程。如果被培训的教师不具备基础的汉语本体知识、基本的教学法常识、一定的文学和历史修养，培训过程往往比较困难；如果应聘教师已经具备了较好的专业基础和领悟能力，那么培养符合项目需要的相关老师（一般指小班操练课老师和一对一辅导老师）的过程就会顺利得多。

简单来说，暑期在华项目教师培训的步骤大致包括以下几方面。

第一，讲明各项目教学的基本原则。一般包括：老师在教学中尽量不使用或者少使用英文；声音洪亮、发音清楚；精神饱满，走动授课；语法以及重要语言点要尽量做到精讲多练，知而不言（不花大段时间解释语法、汉字知识等），以练代讲；课堂上大部分时间由学生使用，鼓励学生参与课堂教学的各个环节；教学的节奏要快，效率要高；注意及时改正学生的表达以及发音错误；练习中尽可能多地重复使用所学生词和语法点；平等地对待每位学生，给大家均等的练习机会；等等。

第二，由具有丰富暑期项目工作经验的教师为没有经验的教师做教学示范。无论讲多少原则，如果没有明确展示这些原则在每个环节中是如何体现的，那么接受培训的老师可能还是会觉得要求过于抽象，感到无所适从。原则大家一般都有所了解，但如何实施就不一定都清楚了。因此培训往往都是以教学示范为先导的，包括如何领说、点说、改正发音，如何介绍新语法、写板书、做 PPT、提供例句、引导学生操练句型和课堂讨论等各个环节。

第三，是进行教学点评。无论是接受培训的教师试讲还是有经验的教师做示范，相关人员都要及时给出评价，指明某教师的教学片段的可取之处和尚待改进之处。这个过程有时不需要以表扬为前奏，而应直接进入大家互相批评、不留情面地说明如何改正的环节。有些老师可能开始不习惯这样的工作方式，因此需要向老师们说明：大家互相批评，是因为每个人的教学都是不完美的，都有改进的空间，愉快地接受同事们的批评是改进和提高的起点，所有类似批评都是就事论事、对事不对人的。

第四，请参加培训的教师逐一到台上试讲，一般不必讲满一节课，15 ～ 20 分钟足矣。在此过程中，试讲教师要体现出对教学重点和难点的认识，以及对教学法和教学理论的了解，然后把课文内容中一些比较重要的环节呈现在试讲中。试讲之后马上由负责教师、项目主任和同年级组教师进行评点。之后参加培训的教师再试讲、再改正，多次重复这一过程。笔者认为示范和试讲是培训中最有效的部分。熟能生巧，不但学生们对语法点和语言知识的掌握主要是通过练习来实现的，对教师的培养，也同样是经过多次反复的练习来实现的。如果不批评、不改正试讲中的问题，一团和气，试讲就失去了意义。指出问题所在并监督改正，才能达到培训的最佳效果。

第五，强调集体备课的重要性。暑期在华项目一般每周都有两次以上集体备课、讨论教学的年级组会议，这个环节之所以是必需的，与项目的组织方式密切相关。比如，普林斯顿大学北京班二年级通常每年至少有七八十个学生，至少需要分成 10 个大班或 20 个小班进行授课。如果缺少集体备课环节，老师们各行其是，授课内容与重点不一样，考试时就无法有统一的标准，对学生的学习也很难有统一的要求。集体备课是规范教学内容、统一教学进度和方法的有效方式。另外，有些教师还不能完全凭借个人知识积累把语法点和词汇简明、准确地解释清楚，并准备好全部的讨论题和操练内容。集体备课的过程也是对教师再培训的过程。比如二年级的教材中出现的“一旦”和“万一”两个生词，学生可能会问这两个词到底有什么不同。还有的学生会问，“究竟”和“毕竟”到底有什么不一样？“偶然”和“偶尔”用法有何不同？可以想见，如果没有经过统一的准备，有些老师很难不假思索地正确回答这样的问题，往往会出现老师敷衍学生的现象：“这样用是汉语的习惯。”还有的老师是“不知而言”，随意解释：“这两个词的区别是一个是抽象的，一个是具体的。”或者“这是书面形式，这是口语形式。”或者“这是正式的，这是非正式的。”事实果真如此吗？不一定！如果没有多年的教学经验和有意识的归纳与总结，没有经过多年的摸索和认真的学习，那么老师随口给出的答案往往是不准确甚至错误的，会误导学生。所以，课前所有的老师必须经过集体备课。为解决学生有可能提出的问题，同年级组的教师要认真讨论，群策群力。每课要讲的语法和词汇在课上到底应如何呈现，怎么解释最简单明了？哪些地方需要专门的解释和说明？是用 PPT 把英文的内容和解释打出来比较有效，还是上课的时候用汉语做简单说明比较有效，抑或是直接给出例句让学生领悟最佳？对每个语法点和词汇的处理方式不同是因为其难度不同，学生的学习速度也不同。在不同的学习阶段，老师对同一语法点也有不同的处理方式。这些都需要在备课会上统一认识，确定统一的、符合教学语法特点的、简明扼要的、相对准确的回答。

第六，拍摄教学录像。录像一方面可作为教学资料，为将来的教师培训提供范例或反例，明示成功和不成功的课分别是什么样的；另一方面也为老师提供互相学习的机会，如有十个大班老师在平行班上课，他们虽有机会观摩小班老师的课，但没有机会观摩与自己同时上课的老师是如何组织教学的，其教法有什么值得借鉴之处。观看教学录像即可解决这个问题。除了给同事看之外，看自己的录像也是非常有益的。即使是具备一定经验的教师，也很容易从个人的教学录像中发现问题：有的表述不准确，有些话说得不精练，有的动作不必要，等等。看录像能使教师真正地反省自己的教学到底存在哪些问题，以及如何向同事学习以改进不足之处。

第七，鼓励老师之间面对面的、直接的教学观摩。其最主要的形式是小班老师对大班老师的观摩，因多数语言项目每天早上都是先有所谓的大班课，就是以讲语法、过课文为主的课，大班课通常由具备一定教学经验的老师担任。小班老师因为马上要为大班老师做操练，所以需把大班课所讲内容做更细化的处理，使学生在输入知识和语言现象后产生成功的输出过程。因此，小班课需要配合、衔接好大班课，看看学生们在大班课上还有哪些问题没有解决，需要较多的操练。小班老师听大班课是多数项目的要求。这为老师们互相学习创造了良好的机会。

除了听本年级和本班级的课以外，还有跨年级、跨项目的听课、观摩，看看其他年级和项目的教学方法与自己工作的项目有何不同。听课的目的不是服务于某天某一节语言课的教学，而是要了解整个项目各年级之间的衔接。在暑期班后期，教师们已经比较适应本年级的工作之后，可以在不影响年级正常教学的情况下尽量做跨年级和跨项目的教学观摩，这也是非常好的培训过程。

第八，举办教学研讨活动。有些项目在暑假期间会举办小型讨论会，大家提出各自在教学中常碰到的问题以及项目中带有普遍性的问题，互相切磋，讨论解决的办法；有时也会请项目以外的专家、教师来项目做学术交流。这种培训可以针对教学中的具体问题，也可针对整个汉语国际教育领域中比较宏观或者理论性比较强的问题。

第九，对老师的工作进行评价并及时纠正问题也是教师培训的重要一环。评价是对教学成果的考察，同时也是对教师培训功效的一种验证。评价包括听课老师、年级负责人和项目负责人对教师的评价，也包括学生对每位教师教学的评价——几乎所有的暑期在华项目都会请每位学生为每位老师打分。打分的内容一般包括老师的知识水平如何，如对汉语语法、文史知识以及所用的教材是否有深入的理解和掌握；老师的工作态度如何；备课是否认真；上课、谈话等是否守时；上课时是否有效地调动了学生的参与意识；是否在一对一的时候很好地帮助了学生；等等。把学生评价和专家评价结合起来，就是对教师培训成果的一种综合考量。在教师基本可以胜任教学工作后，也不放任自流；相反，培训是一个不间断的、贯穿项目始终的过程。各项目一般会根据评价结果决定教师的奖金、工资、工作安排、下一年是否续聘等等。

经过密集的培训，有较好专业背景和领悟能力的教师大多数能够达到低中年级小班课对教师的基本要求。因为高年级教学对教师的要求往往比较高，除需要做到上面谈到的各个环节以外，教师还需要掌握好课堂讨论的技巧，并对课文内容有较深刻的理解，对词汇、语法有更全面、深入的掌握，具备较好的文史知识的修养，对美国社会有更多的了解，所以高级班的老师，特别是大班课老师，速成的可能性比较小。由于高级班的老师对教学方法和教学技巧（这些比较容易通过培训提高的方面）的依赖总体上比低中年级的老师低一些，对知识修养的要求往往更高一些，而提高教师的知识水平不是一日之功，因此，对高年级大班课老师的培训过程往往会更长，培训的内容也更为复杂。

本章小结：每位汉语教师的专业背景和成长过程是有差别的。所有的知识储备都是非常有益的。笔者认为，相对而言，如果新手教师的汉语本体知识、文史功底扎实、丰厚，对学生和教学充满热情，教学方法是相对比较容易靠短期培训而有所提高的，教师能胜任的课程也更丰富多样。如果教师的本体知识、文史修养等基础较为薄弱，则比较难靠短时间的培训成长为一名能够教授所有年级课程的高手教师。当然这其中也有很多个人因素，不能一概而论。

附录 3-1 以芝加哥中小学汉语教育与师资认证为例看中小学汉语教师资格考试与大学教师资格要求的差异①

——西北大学中文项目负责人顾利程教授专访

笔者： 顾教授，您长期在美国西北大学任教，并曾参与芝加哥地区中小学汉语教师培训工作。能否请您以芝加哥地区为例，介绍一下美国中小学汉语教学的总体情况以及与大学汉语教学的关系？

顾利程教授： 随着美国大学中文项目的飞速发展，中小学也逐渐意识到教授汉语的必要性。越来越多的中小学开始开设汉语课程，希望与大学接轨，为大学准备人才。芝加哥作为美国第三大城市，其公立学校系统的汉语教学发展迅速，颇具代表性。下面将介绍其汉语教学规模、与大学接轨的 AP 课程、师资培训项目及师资认证方法。希望能够帮助国内读者了解美国中小学的汉语教育现状，帮助有意者摸清在美国找到合适工作的门路。

芝加哥公立学校系统共有 481 所小学，115 所中学，拥有学生 420982 人及教职工 44417 人。学生与教职工的比例大约为 10 比 1。选修外语的学生为 80954 人，仅约占全部学生人数的 20%。该学区共教授包括西班牙语及美国手语在内的 16 种外语，其中包括广东话及普通话。美国人认为广东话与普通话相差甚远，所以将二者视作两种独立语言来对待。在这 16 种外语当中，汉语是近年新增的。芝加哥公立学校系统最早开始教授汉语是在 1999 年。当时作为试点，只在为数不多的几所学校里试教。迄今为止，已有 17 所小学、11 所中学教授汉语课程，共有汉语学生约 6000 人，全职教师约 50 名。

在条件较好的中小学，校方一般会给学生提供 4 个级别的课程，即中文 1、中文 2、中文 3 及 AP 中文课程。学生会根据自己不同的汉语水平选修不同级别的课程。譬如一个高一的学生有可能在上中文 3，因为他在小学时已开始学习汉语，不必再从中文 1 开始。美国有条件的中学还开设 AP 中文课程。这是与大学看齐的课程，难度较高，教师需经过额外培训，学生需要额外努力。选修 AP 课程的学生希望将来上大学后可以减少在大学里学习的时间，少交昂贵的学费。很

① 本采访于 2014 年 4 月完成，访谈中所涉及的诸多数据均以此时间点为参照。

多大学都承认高中 AP 课程的成绩。这是中学与大学接轨的重要环节。

高中毕业生进入大学后，如要选修汉语课，需参加分级考试，因为美国高中汉语课的教学质量参差不齐。大学汉语项目需根据入学新生的实际汉语水平重新分班。一般情况下，中学两年的汉语学习等于大学一年的汉语学习，即在中学学了两年汉语的学生能够上大学二年级的汉语课，他们很难达到大学三年级的水平。

笔者：如果在中国国内有汉语教学经验，或者在美国高等院校教授过汉语课程，这样的教师能不能直接到美国的中小学任教呢？要取得美国中文教师资格证是必须先选课才能考试，还是可以自学，考试通过即可？

顾利程教授：由于大多数中小学属于公立学校，所以所有任课老师必须持有教师资格证（teaching certificate）。也就是说，无论你受过什么教育，是否来自中国，拥有多么高的学位，即使是在美国大学获得过教育学博士，也必须持有有效的教师资格证才能上岗。而要取得教师资格证，考生需要在教育局承认的教育机构里修 18 门课，然后还要参加 3 门严格的考试。考试合格者才能获得教师资格证书，才能被学校正式聘用。

在芝加哥地区，有两所学校提供这种教师资格证书培训。一所是国立路易斯大学（National Louis University）。这所大学地处芝加哥北郊，几乎没什么校园，只有零零散散的几座教学楼，但课程要求不是特别苛刻，而且学费低廉，甚至有的课程还可以在网上修，不必天天到校，可以边工作边学习。如需更多信息，请查询如下网站：http://www.ncate.org/。另外一所是迪堡大学（DePaul University）。相比较而言，这是一所正规大学，在芝加哥市郊都有校区及学生宿舍，约有 30000 名学生。该校的学费稍贵，但是物有所值。该校有一个两年的外语教师硕士学位项目，两年之内学习者可同时获得硕士学位和教师资格证书。详情请看该校教育学院的官方网站：http://education.depaul.edu/Programs/Graduate/WorldLanguagesEducation.asp。

有时芝加哥教育局会委托迪堡大学举办教师资格证书速成班，以满足芝加哥公立教育系统对教师的不时之需。该速成班培训出来的老师一般均可在芝加哥教育系统的学校里找到工作。这是入行门槛低、投资见效快的途径。

如果你已在中国大学或者美国大学选修了一些教育学方面的课程，也可向教育局的资格认证机构申请减免课程。所以如果你有意来美国发展，进入中小学汉语教学行业，来美国之前可以选修一些相关的课程，如教育学、教育心理学、教学法、教育统计学、课程设置、语言学、实用语言学等课程。选修过这些课程，你就可以省钱、省时间地尽快满足课程的要求。

如需了解中小学汉语教育的更多信息，可查看如下机构或相关文件的介绍：芝加哥公立学校（Chicago Public Schools，http://www.cps.k12.il.us），语言与文化教育办公室（Office of Language and Cultural Education，http://www.olce.org），国中小学中文教育课程大纲（K-12 Chinese Curriculum，https://professionals.collegeboard.com/k-12/awards/chinese）。

修完18门课程以后，考生需要通过3门教师资格证书考试。这3门考试的名称及相关网站如下：（1）学术水平考试（Test of Academic Proficiency），该考试有如下4个独立的组成部分：英文阅读理解（60道选择题）、英文语法写作（60道选择题）、数学（50道选择题）及英文作文。（2）米勒逻辑类推考试（Miller Analogies Test），包括120道选择题。（3）中文水平考试（Content Area Test）。

笔者：取得教师资格证后即可马上开始申请工作吗？都需要经过哪些申请程序呢？

顾利程教授：修完所需课程并通过3门考试以后，你就可以获得伊利诺伊州教师资格证书。有了教师资格证书以后，你就可以在各个学校申请工作了。美国学校的教师招聘一律是公开透明的。在你修学分的教育机构一般都有求职办公室。该办公室会给你提供相应的信息，帮助你写申请信，填写申请表格。你也可以在各个学区的网站上搜寻信息，了解哪个学校雇人。其中一个环节是要事先找好推荐人。这个推荐人一定要对你有所了解，譬如教过你的美国老师、跟你一起工作过的同事或者指导过你的上司。一般需要3个推荐人，最好来自不同单位，以便介绍你的不同方面和不同阶段的工作情况。他们的推荐信会直接寄给雇主，不应经过你的手，而且你也不应该知道推荐人对你的评价。

在读书或者准备考试的过程中，一定要在一所中小学的中文项目里面找到实习的机会。你需要跟该项目有一定教学经验的老师联系。在取得对方同意以后，你就可以去听课，给这个老师做助教。通过实习，你可以了解学生和学校的情况，积累教学经验。有时如该校正好有空缺，你就会比别的申请者更有竞争力。因为通过这一段时间的实习，你已经了解对方，对方也了解了你，这比漫天撒网地去申请工作机会的效果要好很多。

一旦对方认为你基本符合标准，他们会请你去面试，并且做一次试讲，即给学生上一堂观摩课。切记，对方主要是看你如何组织课堂，如何与学生沟通，如何营造一个欢快的学习环境的。一定要精讲多练，精心组织课上活动，把学生调动起来。当然，他们也会观察你如何应对突发情况，比如说纪律问题、学生上课时走神等问题。

在芝加哥所在的伊利诺伊州取得教师资格证书以后，你也可以到美国另外42个州应聘。根据教育协议，这43个州相互承认资格证书。唯一的要求是在其他州应聘一年之内，要通过所在州的一个本地考试。相信这不会是一个太大的问题。

笔者： 顾教授，您刚才提到要在公立学校从事汉语教学工作需要教师资格证，那么私立学校的要求有什么不同吗？

顾利程教授： 虽然只有公立学校需要申请人持有教师资格证书，私立学校并没有这样的要求，但是私立学校也欢迎持有教师资格证书的人申请，因为这个证书还是能够说明申请人拥有某种资历。

芝加哥地区90%以上的学校为公立学校，即政府管理的学校，由市教育局统一管理，统一资助。但是也有一些私立学校，如教会学校、中文学校、日文学校、拉丁学校等等。这些私立学校有自己的招生及招工标准，不受教育局的约束，相对来讲更讲究客观实际，不受条条框框的影响。所以，没有教师资格证书的人也可以应聘。这些私立学校经济独立，有自己的经济来源甚至校产。有的私立学校的教师的福利待遇甚至比公立学校的教师的还要好。下面是几所私立学校的名称及其求职网站，供大家参考：

芝加哥拉丁学校（Latin School of Chicago，http://www.latinschool.org/page/Jobs/Job-Opportunities），北郊全日制学校（North Shore Country Day School，http://www.nscds.org/podium/default.aspx?t=169493&rc=0），芝加哥大学实验学校（The University of Chicago Laboratory Schools，http://www.ucls.uchicago.edu/about-lab/employment/index.aspx），湖林预科学校（Lake Forest Academy，https://www.google.com/#q=lake+forest+academy）及娄友拉预科学校（Loyola Academy，http://www.goramblers.org/）。

作为美国第三大城市，芝加哥也不免患有都市病。城市内住房拥挤、交通堵塞、治安欠佳等因素都促使中产阶级逃离城市，搬到附近的郊区。这样一来，芝加哥的一些郊区也就越来越繁荣，而这些郊区的学校也就越来越富有。学校有钱聘用更好的老师，学生又来自受过高等教育的中产阶级家庭，这样的学校当然会越办越好。芝加哥北郊沿密歇根湖畔的一些郊区就拥有一批全美著名的公立高中。这些学校凭着师资好、生源好等有利条件，成绩斐然，每年都在全州统考中名列前茅，并且把一批批毕业生送到美国顶尖大学。当然，这些学校的教师收入颇丰，不仅比芝加哥一般公立学校和私立学校教师的工资高，甚至比大学的汉语老师的工资还要高。所以除了芝加哥市内的公立学校或者私立学校以外，芝加哥郊区好学区的学校对有意者来说应该是个更好的去处。下面为读者提供一些著名公立高中的名称与网站，有意者可以查看该校有无招聘信息：新瑞尔高中（New Trier High School，http://www.newtrier.k12.il.us/），欣斯戴尔高中（Hinsdale Central High School，http://central.hinsdale86.org/Pages/default.aspx），史蒂文森高中（Stevenson High School，http://www.d125.org/），北格兰湾高中（Glenbrook North High School，http://www.glenbrook225.org/gbn/home）及鹿苑高中（Deerfield High School，https://dhs.dist113.org/Pages/Default.aspx）。

美国是个人才随意流动的国家，中学老师可以改行到大学工作，大学老师也可到中学工作，没有明确的限制。但由于工作性质不同，教学对象不同，对教师的要求当然也就不同。我个人的经历也许会有助于读者了解相关情况。

笔者：听说您获得了伊利诺伊州中小学教师资格证，请问如有老师想从大学转去中小学工作，或者想从中小学转去大学工作，需要哪些条件？

顾利程教授：我早年毕业于北京外国语学校英语专业，曾在北京的小学和中学任英语老师。1977 年起在北京第二外国语学院攻读英语专业，毕业后留校任教。后出国留学，1984 年在澳大利亚堪培拉高等教育学院获得硕士学位，1992 年在美国俄勒冈大学获得教育学博士学位。从此侨居美国，在大学从事汉语教学工作。到目前为止，我已在美国西北大学教了 20 年汉语了。芝加哥公立学校系统每年请我为其汉语教师做培训，帮助老师们提高汉语教学水平，了解新的教育理论，改进课堂教学方法，所以我对中小学汉语教学并不陌生。2008 年，一所著名高中要增设汉语课程，请我帮助设计。设计完成以后，因找不到合适的老师，于是请我暂时代课。原以为自己完全符合聘用教师的标准，甚至超过了他们的标准，在手续上不应有任何问题。谁知美国人完全照章办事，一丝不苟。教育局认为我的英语教学硕士、教育学博士、西北大学教授、芝加哥地区汉语培训教师的这些光环都还不够，要求我再回学校修一门如何教好残疾儿童的课程，并且要通过前面提到的 3 个资格考试，才能正式应聘。通过这段经历，我相信读者可以看到，从大学到中学是可以转行的，但是相应的手续必须走，规章制度不可破。

而从中小学转到大学恐怕会更艰难一些。在中小学教书只需有教师资格证书，不必有硕士学位；但在大学教书，对学位最低的要求是相关专业的硕士学位，当然最好有博士学位。除了名校的高学位以外，大学在选人时，非常重视教学经验。但是他们看重的是在大学里的教学经验，而不是中小学的教学经验。有时他们宁愿要初出茅庐的硕士、博士毕业生，也不要中小学教师。这确实有些不公平，但是大学老师自恃清高，不愿与中小学教师为伍，是一个人们不愿意看到的事实。

恐怕这些现象与行业保护也有关系。双方都认为自己的势力范围不容他人染指，所以人们可以看到中小学的汉语教学与大学的汉语教学缺少衔接，中小学汉语教师与大学汉语教师缺乏沟通。每年，全美中文教师学会的年会都会组织一个全体教师的午餐会。大家本来应随便坐下来吃饭，与不同学校的教师相互交流。但我注意到，大学教师几乎从不与中小学教师同桌吃饭。这恐怕是过分自尊造成的吧。

总而言之，美国中小学的汉语教学前景广阔，会需要越来越多的汉语老师。希望各位同人做好准备，修好课程，取得资格，把握机会！

附录 3-2 从个人经历看国际汉语教师工作的变化

——美国欧柏林大学东亚系李恺老师专访

笔者：李老师，您从事汉语国际教育工作已近40年。前10年主要是在中国（北京师范大学），其间有两年在美国达慕思大学（Dartmouth College）任教，两个夏天在明德大学（Middlebury College）暑期中文学校任教。后近30年在美国欧柏林大学（Oberlin College）任职，夏天在明德大学暑期中文学校。其间有6个夏天在清华大学的IUP中文项目工作。在相距万里的太平洋两岸从事同一种工作，有异有同，能否请您介绍一下这近40年间经历的历史变迁？

李恺老师：1980年，国门初开。“文革”前，虽曾有过留学生，但国别不多，人数有限。当时，北京师范大学的校园里有些越南学生，还有两位苏联的汉学家，仅此而已。教师抽调于中文系，教学无定法，更没有形成学科。

同年，教育部安排北京语言学院（今北京语言大学，以下简称“北语”）、北京大学、北京师范大学（以下简称“北师大”）三校接收长短期外国留学生。我由北师大委派到教育部接受任务，随即回校汇报，安排宿舍、食堂、教室，组建教学班子。当年夏天，首批瑞士留学生20人由毕莱德教授带队抵达北师大，随后日本日中协会班、美国麻州大学班陆续到达。

匆匆搭起教学班子，匆匆买来北语编写的《汉语三百句》，来自中文系的几位教师开张授课。接下来，留学生一批接一批，人数不断增多。我们不得不从北语临时聘请教师，又从北师大附中抽调了三位语文老师助阵。北师大教师除了教学，还负责到飞机场接机送机、搬运行李，到公安局办理登记，带学生外出购物、旅游等工作。

当时实在是缺乏经验，缺乏教材，老师们的教学活动也各行其是。有的课是机械模仿，像是教幼儿学语；有的则成为语言学课程，分析“儿化音”的适用范围，一堂课讲到底……“文革”思维的遗留更是教师与留学生之间的障碍。教师负有“正面引导，积极影响”之责，力图“改变学生的思想”。外国学生反感于“宣传”，甚至还带着“冷战”意识，怀疑宿舍里有监听器。

学生以短期班为主。1981年秋天开始接收美国麻州大学的长期班（以下简称“麻大班”，一年制），麻大班由邓守信教授带队，学生并不都是本校的，而是来自美国不同的大学。这让我们了解到，美国各大学的汉语教学情况是很不同的，学生素质不同、水平不同，汉语课的教材、教法也大不相同。学生按不同水平分班。教学、教材都由北师大负责。麻州大学的一个领队负责学生的生活安排问题。

1983年夏天，由李华元教授带队，达慕思大学暑期班到来。学生们夏天在北师大完成二年级汉语课程，秋天返美后继续三、四年级的课程。这种做法延续了30多年，是很稳定、很成功的合作方式。

陆续而来的日本、法国、英国、瑞士等短期班或单独开课或混编，学生时多时少，教师常从中文系暂借，教材则大部分选用北语编写的。短期班一般有“汉语”（读写为主）和“会话”（听说为主）两门课。长期班则加上“听力”“视听说”“文化”等等。后来北师大陆续编写了各科教材，不再用北语的了。

一个设在外事处下面的“教研室”同时兼任“留学生办公室”，负责留学生旅游、接待、管理等多方面的工作。留学生工作“涉外”，要接受外事工作教育，还要有国家安全方面的意识。

时代毕竟不同了。接触加深了理解，实践增加了经验。师生的关系在改进，教学质量在提高。我们约请美国麻州大学邓守信教授、达慕思大学李华元教授做了外语教学法的讲座，教师们大受启发。大家意识到，中国虽是汉语的故乡，但在把汉语作为外语教学的理论研究和实践方面，我们算是刚刚起步，应该向美国同行学习。

在众多国家的留学生中，美国学生的特点非常鲜明。他们提问多，师生互动多，勤于开口实践。曾经有个美国学生，反应略慢，我在课堂提问时，常给她相对容易些的问题。后来她有所觉察，并表示了不满，要求教师一视同仁，无须对她特殊照顾。

笔者：您在北师大任教期间有哪些至今难忘的经历呢？

李恺老师：1983年，李秀兰老师和我参加了在北语召开的已接收留学生的十几所大学的聚会。与会的有北京大学林焘教授，北语张道一院长、王还教授、吕必松教授。王力先生、吕叔湘先生应邀讲了话。大家一致倡议成立“对外汉语教学研究会”，使对外汉语教学成为一门独立的学科！从此，这门新学科诞生，也不再有“壮夫不为”的“小儿科”的讥讽之语了。

这一年的秋天，来北师大学习的一名美国留学生蔡德曼患重病住院。他得到医护人员的全力抢救，北师大的教师也轮流值班，给他亲人般的周到照顾。后来，他的父母赶来中国，深受感动。蔡德曼不幸去世后，父母以他的名字设立基金，鼓励更多的美国学生到中国留学。第二年，时任国务院总理赵紫阳访美，邀请蔡德曼母校里学习汉语的学生到中国访问。当他们到访北师大时，我们做了精心的安排，恢复了蔡德曼生前学习、生活的场景，学生们深受感动。他们之中有好几个后来都来北师大学习过。不久之后，当时的美国总统里根访华时也提到，这个勇敢的美国青年应该成为美国年轻人的榜样。人与人、国与国之间的疑虑、暴戾之气是可以因相互尊重和了解而消弭的！

教学为事业，课上有乾坤。我们从走进北师大校门的一刻，就准备着将来以教书为业。如今站上讲台，当然应该比其他人做得更好，也必须为此而努力！

笔者：李老师，听说您还是改革开放后最早到美国名校从事汉语教学工作的教师之一，并且参与了“第一届国际汉语教学大会”的筹备工作。作为汉语国际教育发展的见证人，请您谈谈这方面的历史记忆。

李恺老师：接下来，我担任了达慕思大学几个特别有天分、学得非常好的学生的教师，他们之中包括后来成为美国财政部长的盖特纳（中文名字高逸然）。数年积累，略有心得。师生相怡，评价不错。我也因此由达慕思大学的李华元教授和这几位学生推荐，于 1985 年秋被聘到该校任教。

此前的大半年，自 1985 年年初，我曾应北语吕必松院长之邀，到北语协助工作，作为秘书组副组长，筹备将于 8 月份召开的“第一届国际汉语教学大会”。这是我国第一次召集此类会议。中国是汉语的故乡，但是“文革”前我们的对外汉语教学并没有形成规模，“文革”又造成了十多年的空白，不管是观念还是实践上，都很有必要和国外的同行交流。

这次在香山饭店召开的会议，迎来了海内外嘉宾数百人。许多在海外从事汉语教学的专家以及国内一些专家的论文和发言，都给与会同行许多有益的启发。王力、吕叔湘等大师级的专家全程与会，会议气氛热烈活泼。这真是一次极有意义的盛会。可以说，这是国际汉语教育真正走入学术领域的一个新的起点和标志。

1985 年 9 月，我作为改革开放后第一个赴美任教的教师，到达达慕思大学。达慕思大学是美国著名的常春藤名校，汉语教学开始得很早，且颇有成就。达慕思大学的语言教学有一个突出的特点，就是实施该校法文系罗西亚教授推行的教学法。罗西亚教授坦承，他的教学法并没有什么新点子，只是强调教学者的敬业、投入以及学习者的实践精神。参加了他对语言课助教的训练后，我感到非常震撼。他要求教学者一进入教室，就要兴奋到近乎歇斯底里的状态，以使学习者迅速进入目的语环境，不停地说、练。他每次培训助教，都会撕烂自己的衬衫，砸坏桌椅，像一头暴怒的狮子，给培训者留下了极为深刻的印象。这种全身心投入的敬业精神与强调语言教学实践性的理念，是美国外语教育带给我的第一个突出感受。

我赴美前不久，达慕思大学购置了一座房舍。我和8位学习汉语的学生住在那里，我们轮流做饭，共进晚餐，营造出一个真正的汉语小世界。师生的密切接触以及大量增加的语言实践机会，使学生们对中国文化有了更多的了解，语言能力也有了较大的提高。1987年，当时的中国驻美大使韩叙及其夫人顺访了我们的“中国房子”并题了词，《人民日报》还做了报道。我至今依然怀念那段与学生亲如家人的生活。从这里走出来的学生，有好几位后来来到中国工作。有一位学生事业有成，在香港一住就是20多年，成为地道的香港居民，在那里安家立业了。达慕思大学的这座房子当是他一生事业的起点。30年了，我和包括他在内的好几个学生依然保持着联系。

两年的教学，颇有心得。1987年，北师大外语系系主任袁行榘到访达慕思大学，听了我们的课后，颇受启发，邀我回国后去北师大外语系介绍教学法。北师大和达慕思大学的这种合作交流一直在继续，至今已有20多位北师大教师来到达慕思大学任教。历久弥新，这是一种成功的合作模式！在达慕思大学任教两年后，我返回北师大。

笔者：据说您也是国内较早到美国本土的暑期强化班——明德大学暑期中文学校任教的教师，请您谈谈这方面的经历好吗？

李恺老师：1988年夏天，蒙周质平教授之邀，我来到美国明德大学暑期中文学校。明德大学位于山清水秀的佛蒙特州，是全美知名的优秀文理学院，其语言教学尤为著名。明德大学暑期中文学校的教师聘自全美，那时中国台湾背景的教师占大多数，那年我是唯一直接来自中国大陆的教师。自诩颇有经验，正待一展长才，然而一开始上课，我却深感惶恐，急忙把自己设计的种种“妙招”悉数收起，尽快进入团队合作的氛围中。

这种密集强化的语言学习班要求严格，计划性强，教师工作量大且要与学生朝夕相处。虽与常态化教学一样，都强调语言实践，但是明德大学暑期中文学校强度更大，对教师的敬业精神与团队合作要求更高。数十年来，明德大学暑期中文学校一直是全美汉语教学的重镇，明德精神与明德模式影响深远，且长盛不衰。今如既往，语言学、教育学新理论层出不穷，但是第二语言习得的基本原理和方式，并没有改变。美国大学主流的汉语教学是成功的，并形成了一套行之有效的模式。

其一，它的理论和实践的基础符合语言学习的规律，特别适用于汉语学习。它的提出与制定者是最早在美国从事汉语教学研究的语言学大师赵元任先生，教学理念是在理解的基础上实践，以句型带语法、词汇，具体实践为大小班相结合、有效操练的教学。美国历来是新理论、新观念的高产之地，但大部分教师并不盲目跟风，而是坚持较传统的观念，坚持语言实践。美国大学的现代化教学设施优于我国，但据我所知，大部分大学在语言教学方面的所谓现代化教学手段、技术的应用程度却比我国低。

其二，这种教学理念符合美国学生的思维习惯与学习方式。在教学过程中，学生积极参与，乐于表达，很容易形成活跃的课堂气氛。在美国的大学，不单是语言课，任何课程都不能以讲授为主，教师完全讲授的课几乎是不存在的。

其三，它实施严格的管理与严密的计划，要求教师具有高度的敬业精神与团队合作精神。这在短期强化语言学习中表现得尤为突出。对学生的严格要求，始于对教师的严格要求，教师要备课认真，准备充分，上课有激情，对学生有热情。

美国大学中学习汉语的学生，一般有机会到中国留学，实践语言，体验文化。过去的留学方式是留学生组团或个别申请进入中国的大学学习，教材、教师、教法都由国内大学一手安排。北师大在接受留学生的前十多年，也是这样做的。即使是美国在中国设立的教学项目，如 CIEE、CET，早期在教学上也不独立。

20 世纪 80 年代末，这种情况开始有了变化。1989 年，欧柏林大学的学生在凌志蕴教授的带领下到云南大学留学。他们自带教材，云南大学派出的教师经培训后，与美方教师集体备课、互相听课，完全实行美国大学的教学管理和教学方法。1994 年，我带欧柏林大学的学生到云南大学留学，也沿用了这种做法。这和我原来在国内的体验是完全不一样的，我也深深感受到它与过去那种把教学交给中方院校在管理方式以及收效上的不同。

1993 年，普林斯顿大学周质平教授在北师大开办普林斯顿北京项目，即普林斯顿大学北京班（简称“普北班”），也实行了这样的自主教学。即项目交学费给北师大，由北师大提供宿舍、教室，但并不需要北师大提供教学服务，而是由项目自行招聘教师、自行培训教师，项目有自主的人事权、财权。教材、教法、教学计划基本沿用了周质平教授多年来于美国明德大学暑期中文学校的一整套做法，是明德模式在中国的再现。随后，哈佛大学、哥伦比亚大学、芝加哥大学、西北大学等数十所大学组团来华学习汉语。迄今，北美在华语言教学项目，包括常年在华办学的 IUP、ACC、CET 等项目基本都沿用了这种模式。

笔者：在您从事汉语国际教育的近 40 年当中，面临过哪些比较大的挑战？碰到过哪些棘手的问题呢？

李恺老师：20 世纪 80 年代末 90 年代初，上述教学模式最初在中国出现时曾产生过的“教育主权”的忧虑与争论，如今已不复存在。这些美国在华语言教学项目成为美国学生到中国留学的首选。这些项目聘请了数以百计的中国有关专业的在校研究生接受培训，短期或长期在该项目任教，再加上这些项目与国内教学单位的交流，对国内院校的汉语国际教育也产生了重大影响。

我从 1999 年开始，有 6 个夏天在清华大学的 IUP 中文中心任教，参与教师培训工作，又曾在 CET、美国国际教育联盟做过教师培训，在北师大、河北师范大学、中央民族大学、北语、上海 CIEE 项目做过有关的讲座。我们在美国大学所施行的语言教学模式，在国内的实施也是有效的、受到肯定的，种种交流对国内的教学产生了一定的影响。

美国在华语言项目的初始阶段，中美双方在合作协调方面的主要矛盾不是人事问题，也不是经济问题，而是教材。凡事都有个发展的过程。我在北师大编写、出版过留学生教材，受时势的影响，在内容上有“正面宣传”的痕迹。当时一些国内院校编写的教材都有类似的倾向。后来则是走向另一个方向，大多数教材都回避了一些敏感与有争议的问题。另一个延续多年的传统就是语法的系统性。以语法为脉络的好处是体系严密，学生可以循序渐进地进行学习，问题是烦琐，缺乏重点，甚至影响了实用性。美方的大部分教材多以内容为中心，强调趣味与实用，不回避敏感话题；同时以句型结构为重点，带入语法与词汇。对美国学生来说，美方的教材更容易被接受、更受欢迎。这种教材也更适用于课堂教学以听说为核心的理念。

2009年，我和清华大学IUP中文中心合作，为他们编写了一本有关文化话题的高年级教材。我们没有回避美国的社会问题，也涉及了中国的一些问题及中美关系的一些问题，这样的教材深受美国学生欢迎。学生对其中的话题很感兴趣，产生了要表达个人观点的强烈愿望，因而至今仍是IUP的主打教材，一直沿用。

教师这个职业的一大优越性是有较长的假期，但我自20世纪80年代开始从事汉语国际教育这个行当以来，有26个暑假没有享受假期，整年站在讲台之上，颇感辛苦！我觉得我更有意义的贡献不在于带了多少班，教了多少学生，而是达成了北师大与美国达慕思大学的长期的交流合作，推动并使明德大学暑期中文学校连续多年聘请北师大教师来美参与教学，推动促成了普林斯顿大学与北师大合作的“普北班”，实现了欧柏林大学与北师大的交流并接受北师大研究生的教学实习，等等。

国际汉语教育本身就应该有深度的国际合作与交流。1985年初来美国时，我感到两个国家在很多方面差异很大。比方说，那时我在美国一年的工资收入，抵得上我在国内80年的收入。但我三次赴美，都按期返国，从没有过留在美国的念头。第四次赴美后滞留至今，那段历史曾有过深深的隐痛！所幸遇到的李华元、凌志蕴、周质平、齐德立等教授都曾给过我极为可贵的帮助。“山川异域，日月同天。”聊以自慰的是，对我来说，差别只是地域的不同，所从事的事业并无不同。

第四章 美国大学汉语教材的发展历程对教材编写的启示[1]

第一节 引言

大学汉语教材，一般指的是供大学汉语教学活动使用的多种材料，既包括教科书、讲义、练习手册、补充阅读等书面材料，又包括音像制品、网络媒体资源等非书面材料。本章的“教材”概念，主要指的是汉语教科书。它是语言教学的关键要素之一，也是联系教师与学生、学生母语与目的语的纽带。美国大学的汉语教学在一定程度上是以教材为基本导向的，因其是教学大纲、教学目标、教学内容及教学方法的集中体现。好的汉语教材不但能够详细提供按照教学时间顺序逐一呈现的、有组织的话题单元，而且能将概括语言与文化知识、培养语言技能以及调动学生参与语言操练熔为一炉。它是学生获得语言输入和教师实施课堂教学最主要的信息来源，也在一定程度上保证了教学标准化和教学质量的稳定。在教师缺乏经验的情况下，教科书亦可作为教师培训的最初形式。语言教学的成功与商业化教科书的广泛使用密切相关。掌握正确使用以及适当补充、调整、改编教材的方法，不仅是教师专业经验的体现，也是其基础训练的重要组成部分[2]。

然而，教材也可能存在某些潜在的、难以避免的负面效果。例如：

第一，教材可能包含不恰当的语言成分。因为课文、对话、注释和练习均倾向于为教授某些特定的生词、语言点、文化知识以及实现某些交际功能服务，因而难免会受到词汇、结构和功能等级的限制，其语言可能会有不够自然的地方。

① 本章部分内容曾于 2016 年 4 月在美国圣母大学举办的《中文听说读写》教材讨论会上报告过，感谢教材编者和听众的反馈。后本章内容曾以同样篇名发表于《汉语国际教育学报》(2017 年第 4 辑)。

② 请参看网址 http://www.professorjackrichards.com/wp-content/uploads/role-of-textbooks.pdf。

由于编者的背景不同，语言表达风格各异，教材中还可能出现作者本人习惯使用但却不够规范和标准的语言。

第二，教材在内容上可能有意或者无意地误导学生。教科书也许会“塑造”一个理想“世界”，或者呈现一种看世界的完美角度。为使教科书适用于不同的社会环境，编者或许会回避某些有争议的话题。反之，有些教科书特别是高年级教科书会不可避免地反映编者对各种社会问题的看法、态度甚至是偏见，这体现在材料内容的选择与改编方式、叙事和对话的口吻以及感情色彩、提问角度等各个方面。编者的态度会在一定程度上影响学生对目的语以及目的语国的认识，特别是对那些主要依赖教材学习，没有留学、旅行经历的学生。

第三，教材可能无法满足学生的全部需要。因为多数教科书是为全球市场编写的，不一定能契合特定国家、特定学生群体的兴趣与需要，所以针对性不够强。有些教材在目的语国使用效果不错，但在学生母语国使用则可能产生很多问题，比如难度太大（因母语国的外语教学时数总体上较少），与学生的认知视角不一致以及学生对某些话题缺少了解和切身感受而不知所云等。因此，只有正确选择教材并对其内容做出某些取舍甚至改编，才能更好地满足学生需要。

第四，教材可能会在客观上影响教师教学技巧的发挥。如教材完全不提供教辅材料，则使用起来不够方便；如提供了十分完备的备课材料甚至考试题，教材就有可能影响教师主观能动性的发挥，教师就有可能退化为把教材内容呈现给学生的“工具”。当然这主要是教师个人造成的，而不是教材本身的错误。

第五，汉语教材中的词义阐释不得不依赖学生的母语（一般是英语），但不少汉语词语在词义和用法上并没有与之完全准确对应的英语词语。母语与目的语之间的这种“不完全匹配性”可能会误导学生，从而凸显完全通过教材的语言习得相较于沉浸式语言习得的局限性。

由于美国没有国家语言标准和通用大纲，各大高等院校通常根据学生水平、教学时数和教师个人经验选择教材。根据李煜、温晓虹和谢天蔚《中文教师学会 2012 年北美地区高校中文语言项目的调查报告》（Li，Wen，& Xie，2014：24-26），美国各大高等院校中教材使用的总体情况（基于170余所大学对调查问卷的回复，有些课程使用不止一种教材）如表 4-1 及表 4-2 所示：

表 4-1 低中年级教材使用情况调查结果

书名	低年级 使用该教材的学校数 （所占百分比）	中年级 使用该教材的学校数 （所占百分比）
《中文听说读写》 *Integrated Chinese*	107（62.9%）	102（59.8%）
其他	26（15.3%）	42（24.9%）
《新实用汉语课本》 *New Practical Chinese Reader*	23（13.5%）	25（14.8%）
《中文天地》 *Chinese Link*	17（10%）	16（9.5%）
《环球汉语：汉语和中国文化》 *Encounters: Chinese Language and Culture*	8（4.71%）	1（0.59%）

表 4-2 高年级教材使用情况调查结果

书名	高年级 使用该教材的学校数（所占百分比）
其他	113（66.5%）
《事事关心》 *All Things Considered*	25（14.8%）
《新实用汉语课本》 *New Practical Chinese Reader*	19（11.2%）
《文化纵横观》 *The Routledge Advanced Chinese Multimedia Course: Cross Cultural Boundaries*	13（7.7%）
《变化中的中国》 *Reading into a New China: Integrated Skills for Advanced Chinese*	13（7.7%）
《文学与社会》 *Literature and Society*	8（4.7%）
《表达》 *Developing Chinese Fluency*	7（4.1%）

从上述统计看，美国大学低中年级使用的汉语教材是比较集中的，其中1997 年由波士顿 Cheng &Tsui 公司出版的刘月华、姚道中、毕念平、史耀华、葛良彦等共同编写的《中文听说读写》[①]第一、二册分别占据了 60% 左右的市场

① 《中文听说读写》1997 年出版第一版，2005 年出版第二版，2009 年出版第三版，2017—2018 年出版第四版。

份额，是使用学校最多的教材。其次是北京语言大学出版社 2002 年出版的《新实用汉语课本》，在低中年级的汉语教材中分别占有约 15% 及 25% 的市场份额。与低中年级教材使用相对集中形成鲜明对比的是高年级使用的教材相当分散，选择“其他”的占了 66.5%。使用率最高的是普林斯顿大学出版社出版的《事事关心》，市场占有率约为 15%。使用率第二高的教材同样是北京语言大学出版社出版的《新实用汉语课本》，市场占有率为 11% 左右。从教材出版的国别来看，使用较为普遍的教材主要是美国编写和出版的，中国国内编写的在美国市场占有一席之地的教材主要是《新实用汉语课本》。上述情况或许说明各大学低中年级学生水平相近，教师对此阶段汉语教学基本特点的认识趋于一致，《中文听说读写》和《新实用汉语课本》等能够满足多数大学师生对教材的基本要求。相比之下，高年级学生的汉语水平参差不齐，因此需求各异；加之设有高年级汉语课程的大学数量不够多，教材使用人数少，市场潜力小而编写难度又很大；另外教师对高年级汉语教学与教材特点的认识和期待也有较大差异。因此，愿意投入大量时间和精力编写高年级教材的作者和单位相对就更少，编写出适合多数大学使用的、高质量的高年级教材也就更加困难。

第二节　美国大学汉语教材的发展历史

一、美国汉语教材的发轫期（19世纪40年代到第二次世界大战爆发）

美国大学汉语教材的前身是早期来华传教士编写的学习手册（包括方言手册）和各种词典（包括多语种对照词典）。1841 年由美国第一位来华传教士裨治文（Elijah Coleman Bridgeman）编写的《广东方言读本》（*A Chinese Chrestomathy in the Canton Dialect*，以下简称"《读本》"）在澳门正式出版。这是美国人编写并出版的第一部汉语教材，也是美国人在中国写作完成的第一本练习广东方言的实用手册。《读本》为大 8 开本，693 页，印刷考究，有英文和汉语专有名词索引。作者的编写目的是"提供简易学习课程，帮助外国人学习汉语，帮助中国青年学习英文，以及看看罗马字母能在多大程度上表达、获取中国语言。中英文名词放在平行的栏目里，……在每页底部注有解释，帮助解读正文"（Thompson，1961：250）。由于商业交流的需要，当时想学广东方言的外国人日渐增多。"《读本》以简易语句的形式提供练习，每页分三列，分列英文、中文及拼音。例如：（1）Please sit down；请坐；Tsing tso；（2）Catkin is the silken flowers of a willow；柳絮柳之丝也；Lau sui lau chi sz ya。第一例选自第一篇第二章《习言》，第二例则选自第十四篇第一章《草木百体》。"全书共分 17 篇，分别是：习唐话、身体、亲谊、人品、日用、贸易、工艺、工匠务、耕农、六艺、数学、地理志、石论、草木、生物、医学和王制。作者希望在帮助读者学习广东口语的同时，也帮助其获得有关中国的各类信息，从而将语言与文化知识二者的学习紧密结合起来。（顾钧，2013）

1842 年，卫三畏（Samuel Wells Williams）在澳门出版了其汉语教材《拾级大成》（*Easy Lessons in Chinese*），全书包括部首、字根、汉语的读写方式介绍、阅读练习、对话练习（与老师、买办、侍者等不同角色进行的）、阅读文选、量词、汉译英练习、英译汉练习、阅读和翻译练习等 10 章。与《读本》强调口语练习不同，《拾级大成》更侧重阅读与翻译练习，并遵循由易到难、逐级提高的编写原则。编者希望通过循序渐进的练习帮助学习者迅速掌握汉语。（顾钧，2014）1874 年，卫三畏在上海出版了《汉英韵府》（*Syllabic Dictionary of the Chinese Language*），共收录 12527 个汉字，提供了官话、广东话、上海话、厦门话的注音，内容丰富，注解清晰，既是词典，又兼具教科书性质，受到了以英语为母语的使用者的普遍好评，是当时美国在华外交人士的必备工具书和学习手册。（Thompson，1961）1877年，卫三畏任教耶鲁大学，成为美国高校第一位汉学教授，但由于没有学生，他没有机会在课堂上使用自己编写的教科书兼词典。

作为中国第一位赴美国高校任教并于哈佛大学成功开设了汉语课程的教师，安徽举人戈鲲化在口语教学方面使用英国语言学家兼外交官威妥玛（Thomas Francis Wade）1867年出版的北京官话教材《语言自迩集》，同时使用自编诗文集供阅读及文言教学之用。（张宏生，2000）此后，这种从教学实际出发，由教师在原文基础上改编古代、现代以及教师个人作品当教材的做法在美国汉语教学界一直延续至今。简而言之，在最初阶段，美国大学是以借用欧洲汉语教材为主并辅之以任课教师个人编写的教材进行授课的。

1891年，传教士富善（Chauncey Goodrich）的《汉英袖珍词典以及北京音节表》[*A Pocket Dictionary*（*Chinese-English*）*and Pekingese Syllabary*] 由上海美华书馆出版，1909年再版。这是第一本北京方言袖珍词典兼学习手册，此书自出版到1933年间曾多次再版。1892年出版的狄考文（Calvin Wilson Mateer）的《普通话课程》（*A Course of Mandarin Lessons*），着重介绍了官话口语，也曾多次再版，1901年重印为《普通话初级课程速成课》（*A Short Course of Primary Lessons in Mandarin*），1916年此书的精简版出版。1893年，晏玛太（Matthew Tyson Yates）出版了《中文初始》（*First Lessons in Chinese*），后再版修正。1897年，薛思培（John Alfred Silsby）出版了按语音顺序排列的《上海音节表》（*Shanghai Syllabary Arranged in Phonetic Order*），收录6263个汉字。1900年，袖珍版《上海方言汉英词典》出版。（Thompson，1961）

综上所述，早期汉语学习材料的编写者多为在华传教士，说明他们既是当时最热心的汉语学习者，也是最早的汉语研究者和中国语言文化的传播者。其编写的学习手册兼具教科书和词典的某些特征。由于生活的地域性特点，他们编写了大量方言手册和方言词典。但总体来看，这些学习手册和词典与现代意义上的教科书仍有很大的不同，例如较少照顾到词汇学习循序渐进、由浅入深的原则，一般是按照专题划分单元的。从编写原则和体例上一般使用的是翻译法和例证法，强调中英对照，缺乏完整的语法概念与体系，对汉语特点和规律的认识及总结显得相对薄弱。手册和词典的编写通常没有汉语母语者的直接参与，因此其中难免有对汉语理解和认识上的偏误。

二、美国汉语教材的迅速发展期（第二次世界大战爆发到20世纪80年代）

第二次世界大战的爆发使美国一夜之间需要大批掌握汉语的军人赴亚洲工作。学习者学习汉语的主要目的从传教、从事汉学研究转为与中国军队并肩作战，与中国人进行面对面的日常交流，这极大地促进了汉语教材的发展并决定了此时期教材的特点。受美国军方的委托，著名语言学家霍凯特（Charles Hockett）与哥伦比亚大学明清史专家房兆楹合作编写的课本《中文口语》(*Spoken Chinese*)及其使用手册，成为“二战”时期官方钦定的供军队培训使用的汉语教材，收入《陆军部教育手册》(*War Department Education Manual*)，并于1946年正式出版。语言学家与汉语母语者合作编写教材并授课，成为当时新兴的教材编写模式与教学结构模式。以英语为母语的语言专家负责教材中英文说明部分的编写，并在课堂上介绍相关的中国语言和文化知识；汉语母语者负责教材汉语部分的编写，并在课堂进行演示和操练。(Griggs，1948)“二战”时期汉语教材的基本特点是强调听说及面对面交际能力的培养，不注重汉字的教学。教材内容和强度都非常适合强化训练班的需要。

1948年耶鲁大学的Henry C. Fenn与M. Gardner Tewksbury合编的《说中文》(*Speak Mandarin*)由耶鲁大学远东出版社出版。该教材把会话和阅读、写作课本分开，在起点阶段完全使用耶鲁拼音[①]教学，之后才出现汉字。《说中文》在修订再版时更名为《说汉语》，强调会话技能的培养，汉字完全是以耶鲁拼音的形式出现的。与之配套的阅读教材是柳无忌、李田意编写的“读中文”系列教材（1953年起陆续出版，60和70年代曾两次增订再版），包括《中国共产党文献选读》(*Selected Readings in Chinese Communist Literature*)、《现代中国文学读本》(*Reading in Contemporary Chinese Literature*)以及《读报手册》(*Chinese Newspaper Manual*)等等。

1948年赵元任的《国语入门》(*Mandarin Primer*)出版，这是“根据直接法原则编写的速成口语教材，同时体现了结构法的许多特点，适用对象是操英语的成年学生。全书汉字1772个，生词2200个，词的复现率为12次，课文总字数

① 耶鲁拼音是“二战”时耶鲁大学东亚系和美国汉语特别训练项目以及军事情报学院的负责人金守拙（George A. Kennedy）根据威妥玛式拼音法修改而成的，是最接近英语发音的拼音系统。金守拙出生于浙江莫干山的一个传教士家庭，自认为母语是汉语。他是美国学者中较早开始对中国语言做系统、深入研究的知名学者，也是“二战”时期汉语教学最重要的组织者之一。

为 26000 字。……《中国话的文法》就是从《国语入门》中的语法体系发展而来的”（盛炎，1987：110）。教材采用国语罗马字标注发音并突出了汉语口语的鲜明特点，彰显了语言教材的趣味性和幽默感。

1963 年起“德范克系列”教材（DeFrancis Series）陆续出版，在汉语教学史上意义重大（参看盛炎，1989）。60 年代，《国防教育法案》开始施行，为满足冷战期间国防系统对外语人才的需要，美国政府拨款全力扶植从中小学到大学的汉语项目。德范克（John DeFrancis，1911—2009）应祖炳民教授之邀到西东大学专职从事汉语教材的研究和编写工作，这在美国汉语教学史上是极为罕见的。他仅用 6 个月就完成了初级教材的编写，西东大学因此得到了美国政府更多的财政资助，使其在之后 5 年里陆续编写并完成了共计 12 册的系列教材，由耶鲁大学出版社出版。“德范克系列”教材从难度上包括《初级汉语》《中级汉语》和《高级汉语》，从编写内容上可分为以下四个部分：“含初、中、高三个不同等级的罗马字版口语会话课本；含初、中、高三个等级的汉字版口语会话课本；与初、中、高三级会话课本配套的阅读课本，其中初、中级读本各含上、下两册，高级读本仅有一册；第 12 册为整套教材的索引。”（陈东东，2013：25）

该系列是美国最早使用汉语拼音和简体字的教材，同时也是一套字本位的教材。编者只列字不列词，强调字与字的不同组合并借此体现汉语的特点，通过字与字不同组合的多次再现强化学生的记忆。作为结构法的代表性教材，该系列教材的出版使汉语教学领域第一次有了适合从中等教育到高等教育所有水平的学生使用的系列汉语教材（陈东东，2013），不仅培育了西方一大批汉语爱好者和汉学研究者，而且对美国 20 世纪 70 至 80 年代汉语教学的发展产生了广泛的影响。它是以一人为主来编写一整套满足各个年龄段和不同汉语水平学生学习要求的系列教材的代表。数十年来，该教材在美国的中小学及大学的各类学校中得到了广泛使用，在一定程度上开创了教材编写的新途径。

20 世纪 80 年代末，中文教师学会对当时美国各大学教材使用情况的调查显示（Wang，1989）：使用最普遍的初级汉语教材依然是“德范克系列”教材，45 所回复调查问卷的大学中有 10 所使用该系列教材；其次是商务印书馆 1981 年出版的《实用汉语课本》，有 9 所大学使用，该教材最大的特点是听说读写同步进行，同时列出汉字和汉语拼音，而不是设计出听说和读写两套教材；此期间使用率排名第三的是耶鲁大学的 Henry C. Fenn 与 M. Gardner Tewksbury 编写的《说中文》，有 7 所大学使用。由普林斯顿大学陈大端教授编写、哈佛大学出版社出版的《中文入门》（*Chinese Primer*，1994）有 4 所大学使用；该教材开始阶段完全采用国语罗马字拼音，随后在听说内容的基础上学习认读汉字，课文就是听说部分的汉字形式，另外还有阅读和写作练习作为汉字课文的补充。（任友梅，2003）

综上所述，20 世纪 80 年代美国大学汉语教学使用的主要教材中，除《实用汉语课本》外，其余都是听说领先，读写随后，听说和读写分开的教材。

三、美国汉语教材的成熟期（20 世纪 90 年代初期至今）

20 世纪 90 年代初，一、二年级使用的汉语教材比较多样化了，其中有 80 年代使用广泛的《说中文》以及同样著名的“德范克系列”教材。中国大陆编写的课本，特别是北京语言学院（今北京语言大学）编写的教材大量涌入美国高校，比如《实用汉语课本》的使用就相当广泛。赵元任的《国语入门》已经淡出了人们的视野，伦敦大学佟秉正和宝拉（Pollard）的《中文口语》（*Colloquial Chinese*）在美国被广泛接受，普林斯顿大学的陈大端等人编写的《中文入门》也广为使用。（Light，1993）

高年级教材方面，1992 年哥伦比亚大学李端端、刘瑞年合编的《变化中的中国》（*A Chinese Text for a Changing China*）[①] 出版，这本教材较早地反映了改革开放给中国社会带来的各种变化，令人耳目一新。该教材结构严谨，包括课文提要、阅读前讨论、自学生词、生词表、课文正文、阅读后提问、阅读技巧（包括修辞技巧、语篇知识等等）、词汇与句型、语法知识以及丰富多样的课后练习等等。

1997 年，西雅图华盛顿大学的罗杰瑞教授（Jerry Norman）回顾美国汉语教材的发展历程时概括指出，由于尼克松访华彻底改变了中美关系，70 年代中期，美国已经可以看到由中国提供的教材了。虽然这些教材充满了政治色彩，描述了美国学生所不了解的生活，但很多老师依然认为课文内容反映了中国的实际情况，应该教授这些教材。美国高等院校逐渐开始使用中国大陆的教材，尽管师生对教材内容都不熟悉，教材也没有录音或其他辅助材料。20 世纪 70 年代末，当

① 《变化中的中国》共出版过三个版本，分别是：*A Chinese Text for a Changing China*（1992），*A New Text for a Modern China*（1998），*Reading into a New China: Integrated Skills for Advanced Chinese*（2010）。

一些教师准备放弃使用这些教材时，大陆的第二代教科书开始出现了。新教材[①]与政治的关系已不那么紧密，教材内容的呈现方式也有了改进。这些教材在90年代中后期还在美国高校广泛地应用着。其时美国大学依然缺乏适合美国学生需要的、符合美国教学理念的、商业化的、包含现代视听材料的组合教材。那时使用的教材在外表上和内容上普遍比较缺乏趣味性。（Norman，1997）

也正是在1997年，《中文听说读写》完成了定稿。从编写过程上看，这套教材最初是在印第安纳大学1993、1994年的暑期班开始酝酿和编写的。由于来自各学校的教师在暑期不受学期中各种杂务的干扰，又集中在同一个教学单位，比较有利于合作编写教材。从草创到1997年定稿，教材的编写经历了数年的时间，定稿之前，所有编者在暑假里集中用了一个多月时间完成了教材的编写工作（那时各位老师都没有参加暑期班教学）。其后的第二版、第三版也是在北京连续集中编写了三个暑假才完成的。与前面谈到的几种有代表性的教材不同，《中文听说读写》既不是为满足传教与经商的需要，也不是为了一所大学的教学需求、一场战争的急需、一项政府新政策的资助与召唤而编写的。它不侧重文言和读写，也不仅仅侧重听说能力训练。《中文听说读写》是为一般美国大学及其暑期项目在和平环境下的教学活动而编写的听说读写四项技巧并重的综合教材。两册教材均通过学生的视角展示美国的大学生活以及对中国社会和文化的观察和认识。课文涵盖了日常最基本的交际功能、最常用的汉字和生词以及汉语的主要基础语法。教材包括课本、练习册、汉字练习簿、教师手册以及光盘，近些年还推出了网络教学资源。《中文听说读写》教材出版之时适逢改革开放后汉语教学在美国蓬勃发展、一大批新教材应运而生之际，能在大学一、二年级的教材市场长期占有60%左右的市场份额，这是一个了不起的成绩，背后的原因值得研究和探讨。

如果说《中文听说读写》在一定程度上代表了近二三十年来美国汉语教学在低中年级教材编写上取得的重要成果的话，那么几乎与之同步，在中高年级和华裔班教学方面产生了重要影响的教材应首推普林斯顿系列教材。该系列教材是周质平教授与其汉语教研室的老师们合作编写的，从20世纪90年代开始，历经多年陆续完成，并由普林斯顿大学出版社出版和再版。周教授与各位编者在每本教材的前言中都充分阐述了对汉语教学的现状、教材编写规律、教学对象的特点以

① 这里所说的“新教材”包括外文出版社1980年出版的《基础汉语课本》（*Elementary Chinese*）和商务印书馆1981年出版的《实用汉语课本》（*Practical Chinese Reader*）。

及教学方法变化的明确认识，可算是关于语言教学和教材编写的短篇论文，在一定程度上折射了20世纪90年代以来美国汉语教学的发展历程。

普林斯顿系列教材的编写原则、具体内容以及编写特点与《中文听说读写》多有不同，详见表4-3所示。（除单独标注的教材之外，其余均由普林斯顿大学出版社出版。）

表4-3 普林斯顿系列教材（中高年级）列表

教材出版时间	教材名称与编者	教材内容与形式特点（根据每部教材的序言整理、编写）
1992年	《现代汉语中级读本》（*The Intermediate Reader of Modern Chinese*）周质平、赵德麟	以美国大学的校园生活为背景，在内容上追求话题的争议性与趣味性。繁简字并列，汉语拼音和国语罗马字兼收，配有录音带。
1993年	《现代汉语高级读本：中国知识分子的自省》（*Advanced Reader of Modern Chinese: China's Own Critics*）周质平、杨玖、赵德麟	以"妇女解放""现代化"以及"自由与爱国"为主要内容。课文以类别而非以长短编排。文体由小说转向论说文，内容由抒情性的叙述转向争议性的评论。强调语言的稳定性比时效性更重要。对课文做了改编。
1993年	《人民日报笔下的美国》（*Newspaper Readings: The USA in the People's Daily*）周质平、王学东	以《人民日报》发表的对美国社会的评论编写而成，反映了当时的中国媒体对美国社会方方面面的认识。角度与主要谈论中国话题的一般教材不同，容易引发学生的争论。
1995年	《华夏行》（*A Trip to China: An Intermediate Reader of Modern Chinese*）周质平、赵德麟	以美国学生的眼光观察中国社会，希望以个人日常生活中的经验反映当时中国社会多样并存的面貌。作者强调的编写原则依然是内容为语言教学服务。
1996年	《中国的危机与希望》（*China's Peril and Promise: An Advanced Reader of Modern Chinese*）周质平、王学东、杨玖	课文文体涵盖了杂文、小说、传记和评论。话题涉及近代中国知识分子所关心的重要话题。编排尽量照顾到文章长短、难易。选文有删节。
1997年（第一版）2011年（修订版）	《中国啊，中国》（*Oh, China! An Elementary Reader of Modern Chinese for Advanced Beginners*）周质平、林培瑞、王学东	美国出版的第一部大学华裔专用教材。以华裔学生初次接触中国社会的感觉（惊叹、困惑等）为内容，强调华裔学生应学习正式的词汇、表达方式，以提高其汉语水平。批评了当时盛行的"能力教学法"（proficiency approach），强调基础教学的重要性以及语言教科书的针对性。

（续表）

教材出版时间	教材名称与编者	教材内容与形式特点（根据每部教材的序言整理、编写）
1999年（第一版）2016年（修订版）	《文学与社会》（*Literature and Society: An Advanced Reader of Modern Chinese*）周质平、王颖、王学东	将高年级对外汉语教科书的选材由短篇小说转向当代中国和近代思想史的介绍，从而丰富了汉语教学的内容，使学生对近现代知识分子所关心的话题能有直接的了解。
1999年（第一版）2011年（第二版）	《新的中国》（*A New China: Intermediate Reader of Modern Chinese*）周质平、杨玖、张家惠	以当时的中国与改革开放前的中国做今昔对比，表现了中国社会的进步以及中西差距的缩小，对中国少了些批评，多了些理解，体现了编者在教材编写立场与原则上的一次重要改变。强调基础训练的重要性，对专业汉语教学与教材，比如“商业汉语”提出了批评。在排版上首次采用文本与生词同页互见的方式。内容更适合在中国的暑期班或者有过留学经历的学生使用。 2011年的第二版除对课文的内容有所更新、对错误有所更正以外，排版不再繁简并列，而是把繁体字置于简体字之后。
2001年（第一版）2011年（修订版）	《事事关心》（*All Things Considered*）周质平、夏岩、吴妙慧	一般中高级教材普遍存在跨度太大的问题，风格各异、文体不同的当代作家原著在难度上超出了学生的语言水平。对此，编者降低了三年级教材的难度，以实现低中年级与高年级汉语教学的平缓过渡。
2005年中文语言项目印发	《中国古典短篇小说选读》（*Readings in Classic Chinese Short Stories*）周质平、杨玖、夏岩、曾心怡、陈欣欣、刘帆	为应对高年级汉语学生的快速增加，普林斯顿大学开设了“中国古典短篇小说选读课”，选冯梦龙编写的“三言”11篇，辅之以英文翻译和词汇表。这是结合了语言和文学教学的新尝试，也是由现代汉语过渡到古代汉语的桥梁课程。学生借助英文翻译和词汇解释了解故事内容，上课以汉语进行讨论，并学习一些常用词汇和句型，激发出对中国文史的兴趣。
2006年（第一版）2011年（修订版）	《无所不谈：现代汉语高级读本》（*Anything Goes: An Advanced Reader of Modern Chinese*）周质平、魏华慧、安琨、王蔚	继《事事关心》之后的又一本以新闻时评为主题的高级现代汉语读本。编者特别提出了高年级汉语教学和教材受到注意的程度远远不如低年级的原因。课文做了必要的增删。

（续表）

教材出版时间	教材名称与编者	教材内容与形式特点（根据每部教材的序言整理、编写）
2008年	《当代中国电影选读：中国侧影》（*Readings in Contemporary Chinese Cinema: A Textbook of Advanced Modern Chinese*）周质平、王蔚、杨玖	电影教材既可“寓教于乐”，练习听力，又有助于了解中国人的生活习俗，是理想的语言教材。以往教材多把电影对话全部列出，加上生词、句型的英文解释和翻译，编成电影读本，但问题是电影语言多过于复杂，学生难以掌握。此教材只为每部电影各写一个“梗概”（依情节写成的短文）和“读后”（就电影的主题发表议论），同时摘录部分对话，并做生词与句型的注解。水平高的学生看过“梗概”与“读后”之后，即可进行讨论；而水平较低的学生可先由对话入手，各取所需。这是对电影类视听教材的编写所做的全新尝试。
2010年	《中国社会百态》（*A Kaleidoscope of China: An Advanced Reader of Modern Chinese*）周质平、王晶玉、杨玖、魏华慧	为适应“高年级教材在文体上需要多样化，在内容上要反映当代中国的实际”的需求而编写，选材从国家大事到日常生活都有所涉及，有意把反映当代中国社会百态的材料都选编在一起。
2014年	《文学中的现实》（*A Reflection of the Reality: Selected Readings in Contemporary Chinese Short Stories*）周质平、于丽萍、杨玖	第一次以文学作品结集作为高年级教材。强调教材应突出一般性，内容宜宽不宜窄，再次批评了过于强调单一交际功能（比如商务、医学）的教材与教学取向。提倡“通才”式的汉语语言教学，反对“专业”或“职业”式的汉语语言教学。

普林斯顿系列教材的成功经验与《中文听说读写》不尽相同。它以内容的趣味性和争议性为导向，强调在不同观点和看法的碰撞、交锋中进行语言教学。教材更多关注的是话题内容，这与该系列主要是中高级而非初中级教材有关。如果说《中文听说读写》更重视反复推敲琢磨与精雕细刻的话，普林斯顿系列教材则更追求内容上的与时俱进，以及对中国社会和汉语教学的变化所做的深入、及时而快速的反映。

第三节　美国成功汉语教材的特点与编写模式

笔者认为《中文听说读写》的成功与其本身具有的以下特点有关。

第一，教材适用对象明确。某册教材供哪个年级、哪个学期使用，完全是按照美国大学一般学期的长度、每周上课的时数、该年级学生日常生活的真实情况编排的。作者没有试图把教材编写成国际通用教材（虽然该教材目前也在加拿大、澳大利亚以及欧洲的部分学校使用），很好地突出了教材的针对性。

第二，从编者的教育背景与专业方向来看，他们各有所长，但又普遍具有丰富的美国高校教学经验，有比较语法、比较文化的明确意识，同时具有较高的英文水平。因此对美国学生学习中的重点、难点以及容易产生错误的地方均有准确的把握，对语法和文化知识的讲解更有针对性，教材的英文注释也非常准确。由数位来自不同大学、专业背景各异的教师共同合作编写教材具有特定的优势：中国大陆背景、中国台湾背景及美国本土背景的编者兼具，长于汉语语法、长于教学理论、长于中国文学与文化、长于英文写作的编者兼有，他们同时又都具有丰富的汉语课堂教学经验和跨文化交际的意识。如此组合，可谓强强联手，相得益彰。

第三，编者在课文编写、问题讨论方面的视角、思想观念和价值取向与学生比较一致。由于教材立足当下，贴近学生的生活实际，所以能够引起学生比较广泛的共鸣，比如，课文对男女朋友关系的描述，虽然语言极为简单，但仍不失风趣、幽默，使初中级教材在内容上也能妙趣横生、耐人寻味。教材鼓励学生各抒己见，尽量避免平铺直叙，尽可能在不同意见的争论中呈现课文内容。

第四，成功的教材正如好的文章一样，不仅是写出来的，更是经过试用和反复修改千锤百炼而来的。编者们来自不同的大学，可以接触到不同的学生，随时收到各方反馈，同时也非常注意有针对性地搜集其他院校师生的意见，因此对需要修订之处有比较全面和清楚的认识，并愿意根据市场需求做出相应的调整。比如该教材最初是为大学一、二年级的学生编写的，后因考虑到高中参加 AP 中文考试学生的需要，在课堂活动、练习编排、生词数量等方面做了相应的调整和修改，使其应用范围更加广泛，从大学扩展到了高中。这对提高该教材的市场占有率起到了一定的作用。教材要照顾到方方面面的需要的确并非易事，但从宏观上看，每次修改都使得该教材的总体水平有所提高。

第五，不少成功的教材都是酝酿于暑期强化项目，或者最初是为暑期强化项目编写的。因这类项目课程密集，需要使用的教材数量比正常学期多得多，所以教材内容更需要多样化。另外暑期班也是教材实验的好场所，由于师生来源的多样化，学生需求和水平也相应地多样化，因而比较有利于检验教材是否适合不同大学使用，也更有利于教材的宣传，使其被不同学校采用。教师们在一段时间里面密切配合，协同工作，有利于讨论、更新教材的内容。由此可见，暑期强化项目不但是教学单位，而且是教材编写单位、实验场所和发散源头，同时还是教材编写的资助者和大用户。这也是近年成功的汉语教材具有的普遍特点之一。

第六，从教材内容本身来看，《中文听说读写》至少具有如下特点：(1)对语言知识的讲授做到了循序渐进、系统到位，语言材料及练习兼顾结构与功能，既体现了对听说读写各项技能的全面要求，又突出了对句型、句法等方面的基础训练。通过该教材的学习，学生能够在两年内打下比较扎实的汉语基本功。(2)强调教材内容的日常交际特点，重视口头表达，并同时体现文化差异。(3)在教学法的选择上，注重基础的听说法或直接法，试图通过大量的听说训练使学生正确发音和造句，并成功进行语段表达；同时注意结合语言教学领域较新的研究成果，比如任务型教学法。这种兼收并蓄的理念使该教材赢得了比较广泛的使用者。(吴星云，2010a)

普林斯顿系列中高级教材的总体特点是，编者以美国学生或者在美国生活、工作的学者的视角观察各种问题，追求话题的争议性与多样性。编者认为无论讨论与中国社会还是美国社会有关的话题，都是语言交际功能在中高年级教学中的体现，不是只有点菜、购物等日常生活对话才是交际活动，才是完成了交际任务。编者对中国社会的态度经历了从无奈、批评到逐步理解的转变，教材内容也逐步以今昔对比代替中外对比。选材从文学作品、议论文、名家名作逐步转向报刊时文、白话小说和影视作品，即在一定程度上经历了由经典的文学语言向生活化、多样化的语言转变的过程。对不同语言形式在汉语教学中的应用方式都有所探索。编者认为在不能兼顾的情况下，中高级教材的趣味性远比科学性和系统性更重要，而趣味性主要源于教材话题的深入程度、与中国社会实际的贴近程度以及对敏感话题不回避的处理方式，而与游戏等各种"课堂活动"的设计以及时新教学法的采用关系不大。教材重视在语言教学的同时以润物细无声的方式培养学生的人文精神。为了适应学生学习的需要，编者对汉语原作在语言上进行了不同程度的加工和改编。词汇、语法和语言知识的说明与练习均不强调系统性、连贯性与完整性，而是配合课文内容比较随机地出现。字形上，从繁简并列转为简体在前、繁体附于课后。注音上，从汉语拼音与罗马拼音并列转为只列汉语拼音。排版上，从先课文后生词转为一页之内课文与生词对应列出。普林斯顿系列教材的演变过程在一定程度上折射出美国汉语教学领域的发展过程。

以上我们至少看到了两种不同的成功的教材编写模式。第一种是不同学校、不同专业背景的老师基本上按照结构—功能为主、兼顾文化内容的思路共同编写的系统性和科学性较强且力求趣味性的教材。第二种是以主题—结构为主线，文化内容体现在主题当中，以主题凸显趣味性与争议性的教材。前者强调教材内容的稳定性，依靠使用者的反馈多次修改，精雕细刻，使教材日臻完善；后者则注意随着社会环境和学习者群体的变化不断推出新的教材，编者的思想认识也会随着时代的变迁而改变。这在一定程度上也反映了初中级教材与中高级教材在编写思路上的差异。这两种模式都值得业界同行在今后的教材编写中学习与借鉴。

第四节 成功汉语教材的经验对今后教材编写的启示

20世纪八九十年代，国内教材种类比现在少，编写方式并没有现在先进，但是国内有些教材，比如北京语言大学刘珣教授等编写的《实用汉语课本》在美国大学却占有较大的市场份额。现在国内汉语教材的种类更加多样化，编写方式更加灵活，印刷更为精良，与西方外语教学理论与实践结合得也更紧密，但在美国大学的使用率却没有提高，原因何在呢？从教材针对性的角度来看，国内汉语教材普遍难度较大，适合国内的学习者使用，却不一定适合课时较少、教学进度较慢的北美大学。国内教材通常针对所有外国学生，特别是在中国的留学生，其视角与在美国学汉语的学生有所不同。现在很多美国汉语教材的编写者来自国内相关大学和研究领域，他们把在国内所受的训练、教学与教材编写经验融入了美国本土汉语教材的编写当中，这在一定程度上也可看作过去国内教材的编者参与了现在国外教材的编写工作。教材种类的多样化使市场竞争比二三十年前更加激烈。美国本土教材使用的增加，也是美国汉语教学近三十年来蓬勃发展的重要标志。

教材特点是由教学体制、学生特点、教学时间、课程设置、学习目标等共同决定的。美国大学汉语教学一般都具有如下基本特点。

第一，一般采用综合课的方式进行教学，而不按照听说读写各项技能设课。每个年级每星期的授课时数多为3～6课时，每学期有13～15周教学周数（就学期制大学而言）。

第二，课程一般分成初级（大学一年级）、中级（大学二年级）、中高级（大学三年级）和高级（大学四年级）四级，有的大学有五年级和文言文班（针对已经在高中学过汉语或者在大学参加海外强化项目而提前达到了大学四年级汉语水平的学生），有些大学设立了普通班和华裔班双轨课程。

第三，精英大学和普通大学的学生在上课时数、学习时间、班级大小、参加海外项目的机会、学习资源、学习动力等方面可能有较大的差异。有些适合精英大学高年级使用的教材可能并不适合普通大学的学生。教材要兼顾不同学校学生的需要，才能取得理想的市场占有率。

第四，学生的母语一般是英语，他们普遍对西方文化非常熟悉，对亚洲文化的了解相对欠缺。由于英语是世界影响力最大的语言，就总体而言，美国人学习外语的热情、动力、紧迫感都与非英语国家学习英语的人有很大不同，不少美国人认为不学外语照样可以走遍天下。很多美国大学没有对外语学习的学分要求，学生不选外语课照样可以取得大学文凭，因此较难通过行政管理手段要求学生学习外语。由于语言的自然差异，一般美国学生认为学好汉语、日语这类语言比学好西班牙语、法语等等要花费更长的时间，声调、汉字等带来的学习困难是在学习那些与英语相近的语言的过程中不会碰到的。因此，即便是在有外语学分要求的大学，多数学生还是愿意选择与英语更接近、更容易掌握的外语来学习。在各种外语的竞争关系中，汉语需要展示独特的迷人之处，才能争取到更多学生。这与英语在中国人的外语学习中没有强劲竞争对手的情况形成了鲜明的对比。

第五，教材的视角要与学生取得某种一致，编者的文化立场和态度至关重要。课文内容应尽量避免明显的中国文化优越感、道德说教以及知识的直接讲解，应力求用民族相对主义（ethnorelativism）和多元文化主义（multiculturalism）的眼光来代替民族中心主义（ethnocentrism），把中国文化视为全球化大背景下与其他文化并存的世界主义（cosmopolitanism）的中国文化，一种既包含了语言文化知识又体现为一种认知视角的中国文化，而不应是“唯我独尊”的文化。编者的文化立场和态度越是开放和包容，越愿意以平等的口吻与学生交流，学生对教材的接受度就越高，教材对学生产生的潜移默化的影响就越大。

第六，编者应充分认识到英语与汉语在对译过程中的“不完全匹配性”，力求翻译和注释的准确，减少误导学生的可能性。

教材与汉语国际教育发展之间的关系是一种彼此依存、互相促进的关系。汉语教学逐步走向成熟、学生数量的增加势必会带来对教材需求的更高标准，从而促进教材编写数量、种类的增加和质量的提高；而高质量、多层次的商业化教材的出版和广泛使用势必会促进汉语国际教育的深入发展。如果每所大学都编写自己的教材，可能有益于满足特殊学生群体的需要，但也难免会带来教材发行和推广方面的困难，造成资源的浪费。就目前的情况看，作为教学理念、教学目标、教学内容和教学方法综合体现的教材，其质量的提高远比种类的增加更为重要和紧迫。

第五章　美国大学汉语教学中的语言要素教学

第一节　国际汉语教师在语音教学中的责任与任务①

笔者曾在电视上看到一些国际学生参加汉语演讲比赛、知识竞赛的节目，其中汉语表达流利、知识丰富、反应灵敏、多才多艺、对中华文化怀有深厚感情的参赛者不在少数。但就发音的准确度而言，有相当数量参赛者的表现还不尽如人意。在很多人看来，发音不准确、洋腔洋调似乎不算大问题，远不如内容表达、语法、用词等方面的表现重要，对评奖影响不大。笔者不禁为这些参赛者感到惋惜，他们天资聪颖，本具有把汉语学得更好的潜质，只是因为很少有人指出其发音的不足并加以纠正，所以其汉语水平得不到进一步提高。语音学习与词汇、语法学习不同，它较难靠日后逐步积累、自我纠正而提高，而是一开始就必须打下扎实的基础。上述情况让笔者联想到以往教学中几个令人难忘的事例。

曾有学生问我："学校旁边饭馆的苹果茄子特别好吃，老师吃过吗？""苹果茄子？从来没听说过呀。""太可惜了，您应该去试一试。"到了饭馆点这道菜，服务员果然回答说没有。待讲清原委，拿来菜单一看，才知道原来是"平锅茄子"。在这个例子中，声调错误是造成误解和交流障碍最主要的原因。

某天上课，讨论业余爱好问题。有位男生说："我的业余爱好是睡觉，特别是跟高山睡觉。"全班笑成一片，说话人一脸诧异："你们为什么笑？我的业余爱好真的是睡觉。"那位学生说着就打开了词典，原来他想说的是"摔跤"。一个韵母发音错误加上一个声调错误，造成全班师生的不知所云和哄堂大笑。

几天后练习反诘疑问句时，那位叫高山的学生说："我问我太太，你难道把我们的孩子生在麦当劳了吗？"同学们笑问："你太太为什么在麦当劳生孩子？"高山一脸无辜："你们为什么觉得奇怪？"再翻词典，原来他想说"left"，意思是

① 本节内容已用同样篇名发表于《国际汉语教学研究》2017年第4期。.

"把孩子留在、落在麦当劳了"，但他从词典的诸多义项里面选择了"剩下"的"剩"，然后把四声发成了一声，说出了"把我们的孩子生（剩）在麦当劳"的错句，造成了完全不能沟通的情况。这首先是由声调错误引起的，更深层次的原因是对字典义项选择不恰当以及中英文之间词义的不完全对应等等。

显而易见，上述几个颇具代表性的例子说明，由于汉语是声调语言，发音错误直接影响听话人对语义的理解。如果发音错误再与翻译错误、词义的不对应、表达错误等杂糅在一起，就会带来沟通上更大的障碍。在日常交际当中，最直接影响他人对说话人汉语水平做出判断的其实并非其词汇量、语法水平等因素，因为这些不一定马上能衡量出来，但发音好坏一听即知。发音好不但可以减少与他人交流的误会，还能够直接缩短与母语者的心理、情感距离，在一定程度上消除外语学习者在目的语文化中"他者"的感觉，让语言的使用者更容易融入中国社会。（梁霞、秦子寒、谭彦冰，2017）发音好、交流顺畅还有助于学习者积累正面的学习体验，使其受到更多鼓励，增加信心，从而激励他们把汉语学习高质量地坚持下去。

一、造成发音错误的原因

根据已有的研究，造成发音错误的原因除了公认的母语的负迁移之外，还有多种原因。比较有代表性的观点大致有以下几种。

程棠（1996）认为对语音教学不重视是造成问题的主因，具体表现为：第一，首先是教师要求不高，认为语音教学阶段很短，无法解决全部发音问题，差不多就行，因而没有把足够的精力放在语音训练上。既然中国人能说标准普通话的也不多，何必苛求外国人呢。第二，有些教师在教学中只求流利，不求准确。第三，因为声调不好学，加上有些学生已经有了比较顽固的发音错误，纠正起来难度太大，教师存在无所作为的思想，就放弃了。

林焘（1997）认为原因还有：学生掌握了基本结构之后，过早地把学习重点转移到了词汇和语法学习上，对纠正发音的问题缺乏重视；教学法和教材对如何进一步提高学生的语音能力重视不够；教师在教学中对声调、轻重音、语调教学重视不足等等。

关键（2000）认为，造成学习者发育错误的原因主要有三方面的薄弱：教学计划薄弱，语音教学尤其是声调教学缺乏层次性和有序性；教材薄弱，内容不够翔实、充分，引用郭锦桴的话就是“缺乏一部实用性强的以汉语声调和语调为中心的语言教材”；教学手段薄弱，多采用手势教声调是发音教学特别是声调教学中存在的主要问题。

张宝林（2005）认为，造成语音教学质量不高有多方面的原因：教学安排上，两周的教学时间太短，要求太高，缺乏循环复现；教学方法上，无论音位教学还是《汉语拼音方案》，都有不完善之处，传统的口耳之学也有不完善之处；学习方法上，学生对较难掌握的发音多以母语中相似的发音代替，形成洋腔洋调；思想认识上，教师和学生都存在对语音不重视的问题；另外还有学生人数增加迅速，教师人数不足，工作量重等原因。张宝林（2005）认为应加强汉语语音教学的基础研究，采用更新式的教学方法。

造成发音错误的上述原因都十分重要，但多是从教师的角度来看问题的。如果我们换一个思路，从学生的角度来观察美国大学的汉语语音教学，那么，造成其发音问题的原因恐怕还有如下几点。

一是高中阶段，每门课的成绩直接决定学生是否能升入好大学，因而牵动了无数学生和家长的神经。如果老师对发音和汉字的要求太严，会造成某些学生和家长的反弹，家长甚至会直接干预教学，而老师担心如果选课人数下降，长远来看可能影响自己的饭碗，于是只好做出妥协。还有老师认为中小学主要是培养学生的兴趣，如果他们真的对汉语感兴趣，到了大学可以认真地选修汉语课，因此大学以前的汉语教学对学生不必苛求。[①] 目前汉语学生呈现低龄化的趋势，从中小学开始学汉语的越来越多，上述问题的影响面越来越大。如果高中阶段的发音基础没打好，大学阶段就很难纠正过来。另一个重要原因是一些学生缺乏对汉语发音特点、声调的尊重，不能够充分认识到汉语发音的特点。[②] 第三个原因是以往中国人在汉语发音上对外国人特别是西方人有一种过分客气的态度，对其错误往往不好意思指出，怕伤和气，或者认为外国人学到这个程度已经不容易了。[③] 这与不少美国人对待外国人学英语的态度有所不同，相当多的美国人认为世界各国人都应该会说不错的英语，如果外国人的英语发音不好，他们会丧失听的兴趣和耐心。这与英美等国长期是世界强国，英语在世界上一枝独秀，英语母语者对自己的语言有种自信甚至骄傲的态度有关。

① 据与华盛顿大学（圣路易斯）学生尹韵琪的谈话。
② 据与华盛顿大学（圣路易斯）毕业生席佩斯的电子邮件笔谈。
③ 据与尹韵琪的谈话。

上面谈到的固然都是造成汉语发音错误的重要原因，但笔者认为另一个非常重要的原因是教师对改正学生的发音缺乏正确的认识、足够的坚持和不懈的努力。单独的语音教学时间也许不充分，但语音训练是一个长期不断的过程，是与词汇、语法、课文的教学相伴的、循序渐进的过程。单独语音教学阶段的结束并不应该意味着语音学习的结束，相反应该是一个新的开始。学生的错误应随着学习过程不断被纠正。学习者往往会套用母语的发音来学习外语，他们对声调重要性的认识远不如教师清楚。教师需要明确强调发音准确的重要性并提出教学要求，而不是听凭学生本人随意处理发音问题。汉语语音特点、规律的研究和发现一定有助于语音教学，但如果教师不在教学中有意识地、长期坚持学习和运用已有研究的成果，理论研究就很难对教学实践产生指导意义，因为学生本身很难主动学习语音理论并以此指导自己的外语学习。

既然教师的作用如此重要，那么影响教师改正学生错误的原因都有哪些呢？最常见的回答可能有下面几种。第一，学生本来已经很紧张了，再改错，他们就更害怕，更表达不清了，应该尽量让学生在轻松的环境中学习。鼓励为主，错误可以慢慢纠正，先培养兴趣，树立信心。第二，中国人发音也不是个个标准，何况外国人呢？有发音错误在所难免。上课时间有限，用大量时间来改错，教学任务完不成是更大的问题。第三，改错太多可能会让学生觉得教师太严格、太较真，让汉语学习难上加难，最终影响教师考评和选课人数。第四，教师从思想上认为，说话流利比发音准确更重要。

二、关于提高语音教学质量的讨论

至于如何解决语音教学中存在的问题，现有的研究主要有如下几个方向。

一是研究学生母语的发音特点特别是英语在语调和重音上与汉语的区别，由此推衍学生的发音困难或错误产生的原因，希望借此减少母语带来的负迁移，帮助学生更有效地改正发音，如林焘（1997）、桂明超（2000）等。二是对声调与语言教学的关系进行探索，比如余霭芹（1986）提出，对外国学生而言一声最易掌握，四声、二声次之，三声最难。赵元任（1980）认为对外国学生造成学习困难的是调域而不是调型。赵金铭（1987）通过对母语是声调语言的外国学生的调查发现，外国学生的常见错误是调域问题，从而证实了赵元任的结论。一些学者通过实证研究的方法在上述基础上对美国学生的声调习得做了大量的调查。比如沈晓楠（1989）认为，学生的常见错误主要集中在调域上而非调型上，一声和四声的习得难度大于二声、三声和轻声。王韫佳（1995）的实证研究得到的结论是调型错误和调域错误同时存在，二声最难，三声次之，四声再次，一声最容易掌握，并希望借此建立美国学生的声调学习顺序。笔者认为有些研究者的主张虽很有见地，但在教学实践中实行起来颇具难度。第一，有的结论建立在对个位数的学生群体进行调查的基础上，其普遍意义尚值得探讨。第二，学生在第一、二天的课堂教学中一般会学到“你好”“谢谢”“再见”“老师”“同学”这些课堂用语，从一声到四声、轻声都有涉及，不管哪个音难或容易，在最初阶段都是绕不开的。第三，美国大学课堂上的学生往往来自不同国家，一般美国学生与华裔美国学生、韩国学生、日本学生、印度学生等可能也大不相同。他们在声调上的困难与常见错误都有差别。三是讨论语音教学的理论基础、教学策略以及语音习得的模式，借此指导课堂语音教学的实践（李智强，2011、2017）；讨论语音知识的研究在外语学习与人际交流中的重要性，以及语音教学理论研究与语音教学实践相结合的必要性（Derwing & Munro，2005）。Derwing，Munro，& Wiebe（1998）通过实验表明了发音教学在改善学习者的发音过程中的有效性。作者强调，韵律或节奏（prosody）的语音教学对学习者自然产出的句子的发音的可理解性（comprehensibility）和准确度（accuracy）的帮助更大，文中讨论的两个实验证明这种强调韵律或节奏的语音教学也能显著提高学习者自主产出语段的流利度。四是课堂语音教学经验的总结和提炼（程美珍、赵金铭，1986）。

这些研究成果都为我们提高语音教学的质量、纠正发音错误指明了前进的方向。

笔者曾有机会仔细阅读了普林斯顿大学北京班、杜克大学北京班最近一二十年为语言项目设计的部分教师评价表。综合来看，学生对老师最不满意地方的并非老师的学识不够渊博、工作热情欠缺等，而是老师不纠正学生的发音以及不能有效地使学生参与课堂教学活动（包括不能提出有趣的问题和不知道怎样让学生更多地开口说话）。学生的反馈为我们的研究提供了一个不同的视角。认真学习汉语的学生不会认为老师纠正发音是在浪费时间，是无足轻重、收效甚微的，也不认为这会打击他们学习汉语的积极性（当然在具体教学中需要讲究方式方法）。相反，他们认为这是老师对工作负责、敬业、专业的标志。

由此引申下去，我们看看事业有成、用汉语工作的汉语学习者的态度。作为一个用汉语从事研究的人，俄亥俄州立大学安雅兰教授（Julia Andrews）至今仍记得几十年前在明德大学暑期中文学校老师每天下午为她纠正发音的情景。她腼腆，安静，不善言辞，声音小，在发音上没有天分，是老师每天坚持不懈地为她纠正发音的认真负责的精神，才使她走上了坚持汉语学习的道路，并最终能用汉语工作，成就了她在中国艺术史研究上的成功。（梁霞、秦子寒、谭彦冰，2017）

笔者曾对美国30所大学以及美国大学在华留学机构的语音教学情况做了简单的调查。调查的主要内容是：（1）各单位单独的语音教学时间大概多长？老师认为理想的语音教学时间是多少？（2）所用教材中与语音相关的内容是否够用？如果不够，如何解决？（3）学生发音的最大问题有哪些？是如何造成的？（4）各单位为了提高语音教学质量做了哪些努力？哪种形式比较有效？

根据收到的30份反馈，我们有如下发现。从语音教学的时间上看，大部分学校在3～5天（每天1小时，共3～5小时）的课堂教学中完成，少数学校用5～7节课完成，只有1所学校使用不同的教学结构。老师们普遍反映3～7课时的单独的语音教学时间足够了，因为更多的内容和巩固会放到生词、语法、课文的学习中，结合其他学习一起进行，不必再单独进行。学习词汇和句子并不是语音学习的终结，而是语音学习在语流中的开始。不同形式的发音训练应贯穿整个汉语学习的始终。关于所用教材提供的语音知识是否足够，老师们基本上都认为足够了。关于练习内容，多数人也认为足够了，有四五所学校的老师自己做了补充材料，主要是增加练习量。老师们普遍认为教材的语音部分只要起到一个引导作用就够了，语音教学的主要问题在于学生们的发音质量还是不够高，而不是材料不充分的问题。关于发音中的难点，老师们一致认为声调问题是美国学生发音最大的问题，另外还有一些英语中没有的发音，也给他们的学习带来了困难，比如ü，j，q，x，r等，这些英语中没有的音需要多多练习。老师们普遍认为每个学生听音的能力是有差别的，就像对音乐的感知一样，有些人辨音的能力强，有些人辨音的能力比较弱。但是教学实践证明，大量的语音输入、输出练习可以弥补这种不足。关于纠正发音的有效方式，各校普遍的做法是要求学生课前课后多听录音，对发音有问题的学生增加课外一对一的时间进行单独发音练习，每周至少半小时，持续时间从几个星期到一年不等；有的老师坚持让学生做录音作业，老师批改，并概括指出问题；有3所大学采用录音软件让学生听音，但是认为不如面对面直接互动的效果好。

由上述粗陋的调查可见，语音教学的研究结果与教学实践之间还是存在某种程度的落差的。

三、教学中纠正学生发音的有效方式

W. F. 麦基（1990：494）指出："在学生练习口头表达之前，最重要的是使他们形成正确的发音。这点最好在一开始就做到，因为学生每学一个词都会加深他的发音习惯，如果他一旦形成了错误的发音，将极难纠正。即使能纠正，也是很费时间的。如果最初他就能正确发音，那么在整个教学过程中他说的每句话都将有助于形成良好的发音习惯。"

赵元任（1980：157）也谈到语音教学问题，并认为在开始的两三个星期内学生需要把发音的所有困难都战胜了，要是开始不弄清楚，以后再学到文法，再增加词汇的时候，就会把这些发音一直搞错下去。一种语言里面单词很多，但是音用来用去就这么几个，每个音要用许许多多次。假如一个音用不好，那么就很有可能会读错成千上万个单词。

以上二位学者对发音重要性和规律的认识可谓入木三分，对我们今后的语音教学具有重要的指导意义。要在教学中真正解决好发音问题，笔者认为教师应做到以下几个方面：

首先，每位老师应从思想认识上明确意识到纠音、改错是自己义不容辞的责任。因为学生没有能力判断自己的发音对错，不能完全靠自己纠正发音，改错纠音的能力也是不少用人单位判别专业老师和非专业老师、经验丰富的老师和经验缺乏的老师的重要标准。要在第一节课上就清楚地说明汉语是声调语言，发音的准确程度直接影响汉语口语表达水平。要理直气壮地建立学生对汉语发音特点和声调的尊重，明确说明发音错误与其他错误一样，也是不能允许的，绝非无足轻重的。不要无原则地夸奖学生说得好，好处说好，该纠正的错误必须及时纠正。纠错如果得法，与鼓励学生并不矛盾。取得丰硕的学习成果才是对学生最大的鼓励。

其次，从原则上说，要做到有错必纠，坚持不懈。对顽固性错误尤其如此，而不能因为学生发音有"化石化"的问题而放弃，有时甚至要知其不可为而为之。"对初学者过多解释发音部位和发音方法就如同解释语法一样，学生常常听不懂或者懂而不会，寄希望于学生先听懂老师的解释然后学习语音，在一定程度上是老师的一厢情愿，远不如操练更为有效。除非遇到特殊难点必须解释时，老师才需要做非常简明的配合口型展示和手势的解释。”[①] 发音有更多机械的成分，不像语法等，我们可以探究后面的道理。发音更像一种“公理”，甚至可以说是没有创造性可言，所以并不需要过多解释为什么如此，只需要让学生掌握即可。

再次，因课堂教学时间有限，学生人数较多，要注意课上纠正和课下纠正相结合。对全班的普遍性错误和学生的特殊性错误的纠正要交错进行，区别对待，但都要坚持一改到底的原则。把新课的教学与发音教学紧密结合起来，在词汇、语法和课文学习中都插入改正发音的内容。纠正发音无处不在，要贯穿所有教学环节的始终。

最后，教学当中可以采用上课多领读、齐唱等方式，先入为主，给学生建立正确的发音习惯，坚持大量正确的语音输入，这在开始阶段尤为重要。还可以采用哼调法、正确和错误发音的对比法、单音纠正与在语流中纠正的结合法、留录音作业老师改正法、听录音模仿法、软件正音法、中英对比教学法、助教一对一的语音辅导法等等。对学生的顽固性错误，教师可采用夸张法凸显其发音的错误或者示范正确发音。另外，课堂上要注意，教师采用左手标调示意法，学生看起来才是正方向的（如果教师用右手，学生看起来是反方向的）。笔者认为，采用什么方法要因时、因地制宜，没有一定之规。在教学中起决定性作用的不是具体方法，而是师生的态度。

综上所述，笔者认为，教材中有关语音教学的章节材料内容是否充分、单独语音教学时间的长度是否足够、教学手段是否新颖、语音教学理论的研究是否深入都是非常重要的，但对学生语言质量起决定性作用的是教师对纠正发音所持的基本态度、在本体知识上的专业素养及教学经验。如果教师以认真负责、积极热情、严格耐心和持之以恒的态度纠正学生的发音，就一定能取得成效。从研究方向上看，还有进一步拓展的空间，包括成功的汉语学习者的语音学习经验探索，成功的有经验的教师怎样有效地把自己的经验转化成具有普遍意义的教学理论，以及现有的研究成果如何与教学实践相结合，等等。在目前汉语普及已经取得了很大成就的前提下，从长远看，培养高水平、高质量的汉语学习者显得更为重要，我们一定要在提高教学质量上多下功夫。

---

① 据与耶鲁大学张永涛老师的电子邮件笔谈。

第二节　汉语国际教育中词汇教学的特点、内容与方法[①]

“现代汉语用字大约 6700 多，其中 3700 多字占现代出版物上汉字出现率的 99.9%，其余 3000 多字只占 0.1%。”（张志公，1984：63）也就是说，现代汉语所使用的成千上万的常用词语都是由这 3700 多个汉字组成的。每一个词语的相关知识都包括概念上的词义、词的书写形式、词的口头形式、词的语法特点、词的搭配、词的语体风格（语域）、词的联想（如感情色彩与寓意）以及词的使用频率等（Nation，1990：31），这些都是二语词汇教学所涉及的内容。本节所指的“词汇”是个比较宽泛的概念，包括了汉语教材列在生词表和词语例释部分的几乎所有类别的词语和词语搭配，其中包括部分短语。

在汉语国际教育最近几十年的发展进程中，词汇教学及相关的本体知识研究一直不是广受关注的领域，这点从已发表的学术论文数量上可见一斑。据统计，国际汉语教学核心期刊《语言教学与研究》在 1979—1999 年的 20 年间发表的汉语词汇研究类论文共 104 篇，而同期发表的汉语语法研究类论文共 355 篇；同期该杂志发表的国际汉语教学研究类论文共 279 篇，专门讨论词汇教学的仅 14 篇，约占 5%。（张和生，2005：6）在 1999 年 8 月第六届世界汉语教学讨论会入选的 211 篇论文中，涉及词汇与词汇教学专题的论文只有 24 篇，约占论文总数的 11%，不但远远低于语法与语法教学研究的论文数（42 篇，占总数的 20%），也低于汉语教学理论方面的论文数（26 篇，占总数的 12%）。（张旺熹，2000）

据中国知网（www.cnki.net）2017 年 11 月刊载的对国际汉语教学另一核心期刊《世界汉语教学》近 10 年所发文章的“栏目浏览”统计，该杂志近 10 年共发表文章 713 篇，其中简讯 266 篇不计在内，共发表学术论文 447 篇。其中语法研究类文章 164 篇，占总数的 37%；汉语教学研究类文章 104 篇，占 23%；汉语研究类文章 67 篇，占 15%；汉语学习类文章 44 篇，占 10%；汉语词汇与词汇教学文章共计 24 篇，占 5%。这个比例与《语言教学与研究》在 1979—1999 年发表的同类文章的比例基本相同。据此推测，国内研究汉语国际教育的核心期刊在 1979—2017 年所发表的词汇与词汇教学研究的文章占全部发表论文总数的 5% 左右。

① 本节内容已用同样篇名发表于《国际中文教育学报》（2018 年总第 4 期）。

不但国内如此，美国汉语教学研究领域的情况也类似。据张正生（2015）统计，1966—2013 年近 40 年间美国中文教师学会会刊（*Journal of the Chinese Language Teachers Association, JCLTA*）发表的有关汉语结构各方面的论文共约 255 篇。其中讨论语法的 76 篇，占总数的 30%；讨论汉字的 48 篇，占 19%；讨论声调的 35 篇，占 14%；讨论词汇的 21 篇，仅占 8%。

不仅汉语教学领域如此，全球外语教学领域在 20 世纪 90 年代之前的相当长的一段时间内也普遍存在着对词汇教学重视不足的现象。正如国际著名语言学家、以色列海法大学的 Batia Laufer 教授所指出的，词汇学习是语言学习当中最重要的部分，人们有理由假设语言习得研究对词汇的关注无论在广度还是在深度上都不应比发音和语法少，但是直到 20 世纪 80 年代中期，现实还是与此相反。外语教学领域的一些经典著作和论文的内容就很好地说明了这一点。她举例说，Hatch，E. M. 于 1978 年出版的《第二语言的习得：阅读》（Second Language Acquisition: A Book of Readings）列出并摘录了这一领域的约 100 项研究成果，其中大部分是关于构词法和句法的，仅有几篇文章涉及错误分析时一般性地提到了词汇错误，但没有一篇是特别讨论词汇问题的；Scarcella，R. C. 和 Krashen，S. D. 于 1980 年出版的《二语习得研究》（*Research in Second Language Acquisition*）是洛杉矶语言习得研究论坛的论文集，该选集后半部分的题目是“二语发展的若干方面”（*Aspects of Second Language Development*），包括了交际能力、韵律以及句法研究的发展，但是没有词汇部分；Dulay，H.，Burt，M. 和 Krashen，S. D. 于 1982 年出版的《第二语言》（*Language* 2）被描绘成“二语习得方面最全面的课程文本”，也没有谈及如何处理词汇，好像词汇不是二语习得的一部分。（Laufer，1986）Laufer 的评析可谓一针见血。

从国际二语教学实践上看，词汇的“主要角色是给语法、语音和听说读写等知识能力的训练做陪衬；在设计课程和教学大纲的时候，词汇通常不是遵循一定的原则并贯穿始终的考量维度”（储诚志，2007：356）。具体来说，词汇的主要作用就是为句型操练提供替换的选项并配合话题和交际内容的需要。20 世纪 80 年代末 90 年代初以后，随着二语教学实践的发展，西方学界逐渐认识到词汇学习有其特殊规律，需要系统学习；同时一股新的理论潮流也产生了，认为语言形式的适度直接教学（form-focused instruction）有利于语言学习。在词汇教学方面，Nation 于 2001 年提出，词汇也需要一定程度的直接、明确的学习，而不应只是在交际活动中附带地学习，另外认知语言学的兴起也对词汇教学的发展起到了巨大的推动作用。（储诚志，2007：359-360）

一、词汇教学未受到应有重视的原因

那么，是什么原因造成了词汇教学在汉语教学领域未受到应有的重视并且未取得令人满意的结果呢？综合来看，学界对词汇教学存在着以下几方面的错误认识。

第一，认为词汇不像语法那样有规律可循，容易抽象概括并上升到理论。（Laufer，1986）"语汇本身是一个开放性的系统，每一个词语几乎都有自己的个性，共性不那么多，不便于进行系统的教学。"（胡明扬，1997：158）由于词汇知识没有语法那么强的规律性、解释性、类推性和再生性，因此有人认为词汇教学的效率没有语法教学的高。

第二，认为词汇数量太大，学习过程伴随外语学习的始终，很难通过课堂学习来完成；认为学习词汇不需要特殊帮助，主要靠生词表上的翻译了解词义，靠自学记忆即可基本掌握，忽视了两种语言中的词汇在语义及应用上不完全对应的特点。

第三，在一定程度上把汉语词汇教学等同于汉字的辨识与记忆，没有认真考虑在听说、搭配等方面如何加强词汇学习，如何在交际中正确地运用词语。

第四，认为词汇学习有捷径可走，先学某类词、集中学习词汇或者重点学某类词的效率较高，效果较好。词汇学习当然是有重点和难点的，但分类或集中学习词汇也许并不适合海外大学每天最多一课时的教学实际。

第五，认为在最初阶段，特别是对欧美学生的教学中，词汇没有语音（特别是声调）和汉字给学生带来的困扰和压力大，所以在一定程度上忽视了词汇教学，把大部分课堂教学时间都投入到语音、语法和汉字上去了。另外在初级阶段，不同语言词汇之间的不完全匹配性尚不明显，所以不会马上引起师生的关注。

第六，认为词汇教学的有效手段主要是老师的讲解，特别是中高级阶段对近义词（也包括语义相同，但适用范围、语体色彩等方面有别的"同义词"）的辨析和说明讲解，另外再加上造句练习就足够了，等等。

上述认识可能会造成教师在词汇教学整体设计和投入上的相对不足和不得要领。

二、汉语国际教育中词汇教学的特点

首先，在教学实践中有时很难截然地划分语法教学与词汇教学的界限。有时词汇教学也是语法教学，语法教学也是词汇教学。比如，美国大学低中年级使用最广泛的教材《中文听说读写》在第1册第4课中出现了副词“常常”，学生们有时会说“常常我十点上课”；第6课中出现了时间名词“平常”，学生会说出“我平常去打球”这样的句子。纠正词语使用错误时，一方面需要强调“常常”与“平常”在词义上的差别，“常常”表示事情发生的次数多和可能性高，“平常”表示一般的日子，是相对于特殊的日子而言的；另一方面还需要简单说明副词“常常”与名词“平常”在位置与用法上的一般区别。此时词汇教学在一定程度上也是语法教学了。又如《中文听说读写》第1册的编排，也许是因为词汇量不大，所以重点词语与短语没有单列，而是与语法合而为一了。第2册词汇量增多，因此就把只影响语句局部结构的词语放到“词语与短语”（Words and Phrases）一栏中了。再如第2册第17课语法栏目中的“一向”与“一直”的辨析，笔者认为归入“词语与短语”一栏亦可。而第18课“词语与短语”一栏中列有“在……基础上”和“跟……有关系”，这两条列入语法解释亦无不可。还有第1册第1课出现的“姓”“叫”“是”等，对刚开始学习汉语的学生来说，作为生词或语法点教学皆可。

其次，词汇教学的内容很多时候不是一个词的全部用法，而是具体语境下某词的一个义项。（万艺玲，1997）学生一次课能准确掌握某个词语某一个义项的用法已属不易，特别是在初级阶段。课堂上不宜对义项较多的词语展开全面介绍，结合该课语境就事论事即可。因学生语言知识有限，脱离了具体语境很难全面掌握一个词语的多项用法。某词的另一义项出现在课文中时，需把该词语作为生词再做介绍。比如，学生之前学过“这是他原来住过的宿舍”，这里的“原来”是“起初，没有经过改变”的意思；当后面的课文中出现“他今天没来上课，原来是生病了”，这里的“原来”表示“发现了真实情况”的意思，那就需要把“原来”作为生词再学习一遍。多词同体异音的情况出现时也需要分别学习。例如，学生已经学过“看得见”“听得懂”中“得”作为助词的用法；等课文中出现“我得去考试了”的“得”的副词用法时，就需要把“得”作为生词再做介绍；待课文出现“我得到了一个礼物”的“得”的动词用法时，还需把“得”作为生词再做介绍。作为外语学习者，学生学会了“得”这个汉字和一种词义，不等于自动掌握了“得”的其他同体异音词，当“得”第二次和第三次作为生词出现时，老师需要把之前学过的同体异音词做个提示和小结。

再次，在教学实践中，词义辨析的对象不仅仅是汉语词典和语法书上谈到的近义词范畴，而是比较宽泛的概念，辨析的单位包括整个词语和义项两类。（郭志良，1988）“严格地讲，近义词应该指那些词义部分重合或相近的词。但现代汉语词汇中，除了词义部分重合或相近的词语外，还有一些意义有联系的词语，特别是那些有相同语素、相同词性的词，留学生非常容易用错。这些意义上有联系的词在对外汉语教学中也宜作为近义词辨析的对象。”（刘缙，1997：18）笔者认为，凡是对某外国学生群体来说容易弄混、用错的词语都应包括在辨析范围内。二语学习者的词汇使用错误有时比语法错误还要普遍，甚至对沟通交流的影响更大，绝不能掉以轻心。

最后，词汇学习不等同于汉字学习。词汇知识包括本节一开始提到的 8 个基本方面，词语的掌握和运用包括听说读写四项语言技能的获得，因此不能认为学生听写对了就掌握了词语的用法。

三、词汇教学的基本原则和注意事项

第一，教学中需要明确告诉学生两种语言里大量的“对应”词语都没有完全对等的翻译，相当多的时候，“对应”词语之间都只有部分义项的重合或近似。教师要帮助学生建立正确的思想认识。

第二，解释词义和说明用法时，原则上应尽量采用目的语，把解释说明变成学生提高听力水平、巩固已知词汇的途径之一，但要考虑到学生的汉语水平、学习经历以及所解释词语的难度等因素。有些语义抽象的词语，像“抽象”“精神”等，很难用浅显的目的语或图片、动作等描述，此时采用学生母语亦无不可。解释所用语言务求简单明了，可将所学旧词带进新词语的说明中，但要避免再出其他新词。解释可配合具体语境中的实例，难解释的词语要多举例，之后要对例子进行简要归纳和总结。

第三，课前预习和上课检测，特别是听写，对词汇学习具有十分重要的作用。有老师担心听写会给学生造成太多学习压力，影响注册人数或者占用太多课堂教学时间。根据笔者过去 30 年的教学经验以及与华盛顿大学（圣路易斯）、杜克大学暑期在华项目以及普林斯顿大学北京班学生的交谈，学到四年级以上的、

汉语学习效果较好的学生几乎都表示，虽然他们曾经抱怨过预习生词、准备听写占用了不少时间，但也都承认，没有听写环节，他们就不会自觉听录音、跟读，并预习生词、记住汉字，上课就不可能直接进入词汇讲练阶段，课堂教学的效率就会受到影响。

第四，对词汇口头形式的说明可与书面形式（写在黑板上或打在投影片上等）一起展示，同时作用于学生的听觉和视觉比单纯作用于一种感官的效果更佳，更有利于加深学生的印象。

第五，词汇练习是通过将课堂的重点在不同语境中多次重复，运用新词的语段练习、下课之后的巩固练习、分级读物的阅读练习等听说读写并进的方式共同来实现的。应尽量不做单纯的造句练习，因为没有语境，学生很难真正掌握词语的用法；另外，没有规定、限制的造句会带来学生选择非本课学习的义项进行造句的问题。教师可将生词、语法点等依学生水平编入设计好语境的句子中，使其在练习新词的同时自然地复习旧词。比如，学习“要不然”这个词语，比较不理想的教学方式是在领读、齐唱之后，解释一下意思，或者再给一两个例句，然后老师就让学生用“要不然”造个句子。因为没有语境，有的学生不知如何回答，或者虽然回答了但没有附带练习其他生词。如果老师设定一个语境，效果会好很多。如：“这儿的冬天很冷，所以________。”（画线部分是最近学的新词）学生回答：“这儿的冬天很冷，所以我要再买一件大衣，要不然可能感冒。”老师也可以用提问的方式练习，如：“你想找什么样的房子？”学生回答：“我不想找离大马路太近的房子，要不然会特别吵。”这样可以避免学生不愿意用新词和回答过于简单或雷同的问题。

第六，词汇教学应尽量与语法教学、课文教学和交际能力的培养相结合，以达到互相促进、共同提高的作用。比如，语法点练习中所给的句子应用学生最近或本课学过的生词编写而成，当然也要考虑到学生的接受能力与汉语水平的个体差异；老师提出的与课文内容相关的讨论题也应有意识地把生词编进去；老师在课上说的每句话都要考虑在词汇的难易程度上挑战学生的极限；要求学生用指定的生词复述课文，回答问题，写作文。总之，词汇练习无处不在，伴随着课堂教学的每一个环节。

第七，教师要掌握好近义词辨析的原则，一般不要主动把个人认为容易与本课某一生词弄混的词语（特别是学生没学过的词语）带到课堂上进行同义词的辨析。比如，某课出现了“逐步”一词，老师认为“逐步”与“逐渐”容易用混，就大讲其差别；但学生还没学过“逐渐”，不懂是什么意思，于是老师又花时间把“逐渐”先解释了一番，这种做法是不可取的。一般在下面几种情况下需要辨析近义词：一是一篇课文中同时出现了两个或者两个以上容易用混、用错的词语，比如“引起”和“导致”，“下跌”和“下滑”，“取悦”和“讨好”，等等；二是学生在课堂或者作业中用错了的一对或一组词语，特别是具有普遍性错误的词语，比如把“继续”当成了“持续”，用混了“维护”和“维系”，等等；三是学生主动向老师提出相关问题的时候，比如学生询问“保存”和“保留”有什么不同时，老师不能回避；四是复习当中需要把一段时间内在不同课文中学过的近义词进行梳理、辨析和归类的时候。

第八，教师在课前需认真备课，对于学生有可能提出的词汇问题，要认真查好词典，考虑好如何用浅显的语言解释清楚并准备好例句。如有词典上查不到的近义词语，需要跟平行班的同事讨论，以达成基本共识，避免出现不同班级老师有不同解释的情况。例如在周质平等编写的三年级教材《事事关心》（2011 年版）的第 2 课“租自行车”中出现了生词“万一”，同书第 6 课“防盗和防火”中出现了生词“一旦”。学习“一旦”时，有学生问“一旦”与“万一”是否一样。由于缺乏准备，曾有老师说两个词是一样的：“‘万一发生了交通事故’和‘一旦发生了交通事故’都表示可能性很小的假设，没什么不同。”接着又有同学问：“‘他一旦坐下来打游戏就能打一天’和‘他万一坐下来打游戏就能打一天’一样吗？”老师就不知如何自圆其说了。老师至少应该知道：“一旦”（副词）还可以表示不确定的时间，在句中是“假如某个时间他坐下来打游戏的话，就会打很长时间”的意思，“万一”（连词）没有这个用法；“万一”往往用于假设出现不如意或负面的事情，“一旦”则没有这个含义。预估学生可能提出的问题、认真查阅工具书和集体备课，是解决这类问题的有效方法。

第九，在教科书的选择上要注意生词表的质量，应选择母语注释部分质量较高的教材。比如“参观”，生词表中的注释一般是“to visit”，这样学生就会说出“我去北京参观我的朋友”这样的句子。如果注释改成“to visit（a place）”，就会大大降低学生发生错误的可能性。再如，当“面临”和“面对”同时出现在某课的课文中时，生词表中的注释若能显现出“面临”和“面对”的简要不同，则是比较理想的。配合了目的语解释的、列出了搭配词语的、有重点词语例释的中高级教材是比较好的，比如有的教材列出了同是本课出现的“具有”和“拥有”分别可以搭配哪些宾语。使用这样的教材既可相对减少课上解释和说明的时间，又可在一定程度上避免由于教材的词语解释不够准确、细致造成的误导，同时便于学生自学。

第十，词汇学习可围绕一定的话题中心进行，教师应有意识地引导学生把课文内容以及与该话题有关的词语包括短语放在一起学习。比如，在学习互联网对现代人生活影响的《网毒猛于虎》[①]这课时，教师可有意识地把相关词语汇集起来，如“窗口、病毒、页面、点击、软件”等等，这样既便于学生联想掌握，也便于他们进行语段表达和相关专题的讨论。又比如在学习李安电影《饮食男女》时，近结尾处有“醉了、疯了、胡说、不要脸、休想、造孽”等，都是表示对别人强烈不满的词语或短语，教师可引导学生结合电影情节集中学习并做对话练习。当然对话练习所涉及的词语数量和难度应符合学生的语言水平。

另外，不同母语的学生对同一词语的难度感觉可能有所不同，有人认为发音难的词语较难掌握，有人认为在书写上笔画多的词语较难掌握。从语法上看，一般各语言之间名词的对应性比较强，动词和形容词居中，副词、介词等比较难学。从语义特征上看，一般抽象词语比具体词语难学。在用法上，限定性强的词语、惯用语、有特定文化内涵的词语、多义项词语等难度较大。教师在教学中对不同难度的词语不应平均分配时间，应抓住重点、难点，多做说明和操练。在低中年级尽量不给学生选择，说哪些词语是非重点，不用学习，不需要记忆，因为低中年级教材所列的词语多是根据词频和汉语水平词汇大纲编写的，是与学生的日常学习和生活最密切相关的基本词汇。如果一开始学习学生就有一部分不能掌握，那么后面的学习就难以在此基础上推进了。

四、词汇教学的具体步骤与方法

从学生的角度看，到底什么是学习词汇最有效的方式？英国诺丁汉大学著名外语教学专家 Norbert Schmitt 针对日本人学习和巩固英语词汇的策略（共40个选项）做了一个取样广泛的调查（Schmitt，1997）。在600位被调查者中，初中生、高中生、大学生和成年人各占四分之一，调查结果见表5-1、表5-2：

① 取自周质平、魏华慧、安琨、王蔚（2011）《无所不谈：现代汉语高级读本》（*Anything Goes: An Advanced Reader of Modern Chinese*），Priceton and Oxford: Princeton University Press。

表 5-1　日本人学习英语词汇调查一：最常用和最不常用的学习策略

学习策略分类	排名（共 40 项）	发现词义的方法	百分比	巩固词义的方法	百分比
最常用的学习策略	1	查双语词典	95%		
	2/3			口头重复 重复书写生词	76% 76%
	4/5	根据上下文猜测词义	74%	学习拼写（规则）	74%
	6	向同学询问词义	73%		
	7			大声朗读生词	69%
	8			上课记笔记	64%
	9			学习单词发音	60%
	10			使用生词表	54%
最不常用的学习策略	36			使用身体动作	13%
	37	查找第一语言同源词	11%		
	38			学习中使用同源词	10%
	39			利用语义对应关系	9%
	40			教师检查词卡是否有错误	3%

表 5-2　日本人学习英语词汇调查二：帮助较大和帮助较小的学习策略

学习策略分类	排名（共 40 项）	发现词义的方法	百分比	巩固词义的方法	百分比
帮助较大的学习策略	1	查双语词典	95%		
	2/3			大声朗读生词 重复书写生词	91% 91%
	4			把词义与同义词 / 反义词联系起来	88%
	5/6			连续性学习 学习拼写（规则）	87% 87%
	7	让老师提供释义 / 同义词	86%		
	8			上课记笔记	84%
	9	分析图片 / 动作姿势	84%		
	10			口头重复	84%

（续表）

学习策略分类	排名（共 40 项）	发现词义的方法	百分比	巩固词义的方法	百分比
帮助较小的学习策略	36			图片展示词义	38%
	37			学习中使用同源词	34%
	38			关键词方式	31%
	39			图片演示词形	22%
	40	略过生词	16%		

上述调查虽不是针对汉语教学的，但笔者相信词汇学习过程是有共同规律可循的，调查数据对于整个外语词汇教学包括汉语词汇教学都是具有一定启发意义的。第一，学生非常习惯通过查双语词典而不是目的语词典了解词义。第二，他们一致认为，重复朗读、重复书写、连续性学习、运用生词表、通过同义词和反义词等等是学习巩固词汇行之有效的好方法。换言之，他们不认为词汇学习有什么捷径可走。具体到汉语词汇教学，笔者认为教师可从以下几方面着手。

首先，在生词的展示方式上，可通过听写进行，初级班可根据学生程度听写词语、短语或短句，中高级班可听写短句或一般语句。教师应控制好听写的时间长度，50 分钟左右一节课的话，听写最好控制在 5 ～ 7 分钟之内，达到让学生课前认真准备的目的即可，不宜过长。低中年级可通过先由教师领读、学生齐读、再个别点读的方式学习生词发音，改正发音错误。如有必要可同时展示图片、实物或者生词卡，建立语音、词义与词形的有机联系。通过多次重复，把词语的正确信息“植入”到学生的头脑中。

其次，讲解说明词义和用法时，一般仅限于本课出现的义项，尤其是第一次出现的词语或者对低年级的教学。如果学习中碰到了以前学过的词语，但在本课中出现的是不同的义项，就应该作为生词再次介绍。“讲词义，包括词的基本义、引申义、比喻义，以及词语的感情色彩、时代色彩、社会文化背景所赋予词语的文化色彩等等。讲用法，包括讲词的使用范围、语气轻重、语体色彩，以及经常使用的场合、习惯搭配等等。”（李泉，1991：35）上述观点全面地概括了师资培训中对教师在词汇知识与教学上的总体要求，但在具体的教学环节中，通常不需要也无法兼顾所有方面，特别是初中级教学阶段。说明词义和用法时需要根据语境，结合上下文采用直接演示法、翻译法、语素说明法、近义词、反义词解释法等等；同时给出搭配并领读、齐唱搭配好的短语，然后给出用搭配词语（如果有的话）写的例句，也就是把词语与相关搭配作为一个整体教给学生。学生做练习时不要超越所列搭配词语的范围，以免因搭配不当出现表达错误。学生第一次接触某一生词时，老师最好不做扩展，以免造成学生的混乱。

再次，如有必要，做近义词辨析。辨析有两个（或多个）词语之间的辨析，也有两个（或多个）义项之间的辨析。比如："一直、一向""进步、提高、改善""偶然、偶尔"等等都是学生常用混的词语。辨析的着眼点可以包括词性的不同、词义的差别、适用对象的不同、褒贬色彩的不同、语体风格的不同（口语、书面语及正式与非正式的不同）以及搭配的不同等等，可将简明扼要的解释说明、恰当的例句、归纳总结与大规模的操练巩固相结合。

最后，有时教材中列为重点词语的也可当作语法点，多重复，多练习。比如《中文听说读写》（第 2 册第 6 课）中出现的"到底、根本、难怪"等词语使用普遍，教师需要对其词义、语境、感情色彩等做进一步的说明，就完全可以将其作为语法点来讲解与练习，同时要在高频词和与学生母语对应性不强的词语上多花时间。单个词语学完之后，一定要有意识地将其带入到语句和语段中使用，带入到生活对话、专题讨论等自然的语境中。教师应有意识地把甲生词用在同课学习的乙生词或者丙语法点的练习当中，只有通过引导，学生才会有意识地随时运用所学生词，不断加深记忆。教师提问的时候要规定学生必须用哪些词语来回答，否则学生的回答难免避重就轻，停留在使用初级阶段掌握的简单生词上。

下面以一个具体词语为例，说明词汇教学的一般方法。如美国大学高年级教材《无所不谈》第 5 课出现"足见"一词，课本上给出的英文解释是"suffice to illustrate"，同时列出了几个例句。因为是高年级教学，老师备课时首先需要考虑怎样用简明无误的汉语解释词义。各种词典上的解释通常是"肯定可以看出来，不难想见"等等，但从语用的、学生更容易理解的角度，我们也可以概括为："足见"一般被看作动词，按其词性，似可英译为"to sufficiently illustrate"，但是在实际使用时，"足见"通常引导一个分句，可理解为"evidently"或者"There is sufficient evidence that..."。否则，学生很可能根据词汇表上的英文翻译而造出"他的迟到足见他对这次会议不重视"这样的句子来。用汉语可解释为：前面句子说的情况完全可以说明、证明"足见"后面这个小句说的是对的。然后老师要准备两三个例句，注意例句的难度应切合学生的语言水平，太容易了达不到练习的目的，太难了学生听不懂，又带来了新的生词。比如可以说：

（1）手机在给生活带来便利的同时，也带来了一些问题，足见手机是一把双刃剑。（画线部分是前几课或本课学过的生词，下同。）

（2）现在很多城市都希望举办选美比赛，足见美女经济的影响很大。

讲完这些例句，老师再重申归纳一下：每个句子中前面的小句都是表示一个情况，“足见”后面是说前面的情况很清楚地说明后面的结论是对的。然后给出包含了最近学过的新词的前句，让学生用“足见”说出后句，或者用含有最近学过的新词编写的问题提问，让学生用“足见”回答，进行操练。注意对不同水平的学生应准备难易度不同的句子。比如：

（1）这几年网络犯罪率越来越高，足见________。

（2）人民网上有很多网友留言，支持取缔色情网站，足见________。

（3）最近有十几位专家来我们学校做调查，足见________。

如果学生用“足见”说句子没问题了，即可加大难度，要求他们用“足见、制定、法规、处以、罚款”等生词讲一段话，说明对政府打击黄色网站的看法。

简而言之，词义解释要简明易懂，使用说明应配合语境并列出搭配词语，将新词语与搭配词语构成的短语视为整体一起练习，以减少学生任意搭配带来的语病。练习要注意多次反复巩固，教师应时刻带着生词提问、操练，养成学生随时运用所学生词、不断积累的习惯。在教学安排上应突出重点，注意区别对待高频词和低频词、与学生母语对应性较强的词和对应性较差的词。口头和书面测试都应把新词语的使用数量和质量作为衡量成绩高低的标准之一，而不鼓励学生为了在作业和考试中取得好成绩而回避使用难词、新词，这样才能保证词汇学习的效率和质量。

第三节　汉语国际教育中语法教学的原则、内容和方法

在把汉语作为外语的教学活动中，语法教学基本上一直处于核心地位，这一点在已发表的学术论著的数量、课堂教学时间的分配、汉语国际教育专业研究生课程的设置、教材内容的编排、作业以及考试内容等方面都有体现。这与语法作为知识体系的特点有关：具有较强的结构性和规律性，相对容易抽象概括出具有普遍意义的规则和公式，以及具有语音和词汇所不具备的解释性、类推性和再生性。语法还是组织词汇的手段和影响语音轻重、节律的重要因素。因此，语法教学具有的重要意义是不言而喻的。

然而，自 20 世纪 70 年代交际教学法产生，信奉此法的研究者们认为，第二语言的习得与第一语言的习得过程相同，因此第二语言的语法也可以无意识地自然习得（Dulay & Burt，1974），特别是 Krashen（1981）提出监控模式理论之后，语法教学的作用一度受到挑战。Krashen 认为，有意识地学习语言有别于无意识地习得语言，有意识地学到的语言内容不能转化为无意识的语言能力，因此语言应通过自然的接触语料来习得，而不应通过正式的学习获得。上述观点得到了不少专家学者的支持，例如 Skehan（1998）和 DeKeyser（1998）都认为，偏重介绍语法规则的语法教学只能使学生获得陈述性的知识，却不能培养其正确使用语法形式的过程性能力，因为二者储存于大脑的不同部分，发挥着不同的作用，二者之间不能自动转换也不能相互作用。

“普遍语法理论进一步证明了正规语法学习并没有必要，因为人生来脑中就有普通语法原理，接触了第一语言语料后，人就给普遍语法原理赋予了第一语言的参数值，就生成了第一语言的语法。同样，接触了第二语言的语料，人就自然生成了第二语言的系列参数值。因此，第二语言的习得是普遍语法与第二语言输入相互作用的结果。”（戴炜栋、陈莉萍，2005：92）

针对上述观点，不少学者从理论和教学实践两方面提出质疑，并论证了语法教学的必要性。第一，有些研究者认为，注意是语言学习活动中的一个必不可少的条件（Schmidt，1990），有意识地学习与无意识地习得并不是相互矛盾的，而是相互促进、相互影响的关系，通过学习获得的知识是可以自然地转化成习得知识的，况且学习与习得的界限并非泾渭分明，在目的语环境中不仅有习得过程，也有学习过程（Ellis，1994）。第二，学者们发现，虽然语法习得的顺序不

能改变，但是显性语法教学（explicit instruction）却可以加速某些结构的掌握。（Pienemann，1984）第三，交际法教学强调意义的交流，但对语法形式、语法输出的重视不足，因此在实践中教学效果并不理想。（Swain，1985）第四，之前数十年的课堂教学的实践证明课堂上的语法教学对第二语言的习得产生了很大的影响，虽然课堂教学不能改变二语习得的顺序，但却能够加强习得并能提高学生的二语水平。（Larsen-Freeman & Long，1991）第五，无论是对习得来说还是对学习来说，语法指导都是有效的（Norris & Ortega，2000），它一直占据外语教学的核心地位，以后仍然如此（Ellis，2006）。因此，近二十年来语法教学的重要性又再次得到了肯定，并在国际外语教学中得以体现。

密歇根大学知名外语教学专家 Diane Larsen-Freeman 指出，在语言教学领域没有一个术语像语法这样模糊不清。它可以指心理语法（mental grammar）、规定性语法（prescriptive grammar）、描述性语法（descriptive grammar）、理论语法（linguistic grammar）、参考语法（reference grammar）、教学语法（pedagogical grammar）以及教师语法（teacher's grammar）。她的定义为："语法是一个由有意义的结构与句型组成，并受具体语用条件制约的系统。"（Larsen-Freeman，2009：521-522）本节所谈的语法范畴是比较宽泛的，包括了汉语教学中的语素、词语、词组、句型、句群和语篇；本节所论及的语法概念主要指的是教学语法。

Larsen-Freeman 在讨论语法范畴与概念的同时，还提出了语法教学的一般规律。她认为，首先，虽然语言学家认为语言是同样复杂的，但对学习某一特定外语的不同母语的人来说，这种复杂的表现形式是不同的。例如俄语教师在教授以英语为母语的人时，需要花很多时间讲授屈折的词法变化和复杂的口语。美国国防语言学院把俄语视为挑战级别很高的第三类语言。笔者注意到，根据同一标准，汉语与日语、阿拉伯语被划为对美国人来说最难学的第四类语言，要让学生基本掌握第四类语言，教师所花的课堂教学时间要比第一类语言（法语、西班牙语和意大利语）的课堂教学时间多三倍，比俄语、希伯来语等语言的课堂教学时间多一倍。（温晓虹，2012：330）其次，有一个隐性的假设，即在某种程度上，语法复杂性所带来的学习挑战会根据学习者起点的不同而有区别。比如在其他方面难度相当的情况下，说葡萄牙语的人在学习西班牙语语法时，会比其他以非罗曼司语言为母语的人要容易。笔者认为这在汉语教学中也有体现，如对日本学生、韩国学生而言，量词是个很容易理解的概念，但对于美国学生来讲却并非易事，逐个记忆量词对他们来说是个很重的负担。再次，由于学习是建立在已有知识的基础之上的，对某种语言的已有知识会影响另一种语言语法的学习。例如在汉语教学中，笔者认为，美国学生对英语副词的使用习惯很容易导致其汉语学习中副词位置的错误，这种影响是根深蒂固的，需要在教学中不断提醒和纠正。

另外，世界不同地区的语法教学的方法是有差异的，对不同母语的人来说，语法的复杂性含义不同，而且教学传统也不相同。据调查，与美国师生相比，哥伦比亚的教师与学生对显性语法教学和改错的效果抱有更强的信念。（Larsen-Freeman，2009）

具体到汉语语法教学的任务、意义和发展历程，刘珣教授做出了精当的概括："语法教学是对目的语的词组、句子以及话语的组织规律的教学，用以指导言语技能训练并培养正确运用目的语进行交际的能力。不掌握目的语遣词造句的规则，就难以正确理解和表达。语法教学一直处于第二语言教学的中心地位。从最早的语法翻译法到听说法、认知法，都十分重视语法规则的教学，但具体做法不同。语法翻译法以语法教学为中心，语法是语言教学的主要内容，强调记忆语法规则；听说法用句型操练代替语法教学，强调用机械的刺激—反应—强化养成习惯；认知法则重视对语法规则的理解和运用。其共同的缺点是过多地依赖语言的结构形式，脱离了所表达的社会文化内容（语义）和社会交际原则（语用），局限于句本位而忽视了话语的教学。其结果不仅不利于对语言的运用，而且对语法规则的描述也是不完整的。另一方面，随着功能意念研究的开展、交际教学法的兴起，在强调应用的同时又放松了对语言结构准确性的要求，一度忽视了语法规则，把语法教学和交际应用对立起来。以克拉申的学习与习得理论为基础的自然法，几乎完全否定了语法教学的必要性。经过多年反复探索与争论，目前大多数教师和学者还是认为语法能力是语言交际能力的重要组成部分。"（刘珣，2000：365）

可见，汉语国际教育中语法教学的地位的提升与最近几十年国际二语教学中语法的受重视程度、变化过程具有一定的一致性，所不同的是，二者在时间上不是完全同步的，前者稍微延后一些。

特别需要指出的是，绝大多数罗曼司语言在语法上的相似性比较高，以法语为母语的人觉得学习西班牙语语法并不需要花费大量时间精力，以西班牙语为母语的人认为葡萄牙语语法学起来并不吃力。很多二语习得理论是建立在印欧语系各语言之间的，对我们汉语教学的指导意义应具体分析。笔者认为，对于跨越不同语系的二语学习者来说，语法形式的意义远大于在同语系内学习的二语习得者。因此，可能在对西班牙语母语者的英语教学中不需花大量时间进行语法教学，在课堂上可多做各种交际活动，并能取得成功的经验，但这也并不意味着教授英语母语者汉语时不应彰显语法结构教学的重要性。这是由语言之间的差异性决定的。

汉语国际教育中的语法教学简单来说有两种最基本的形式。一是专门的语法课，通过理论讲解与相关实例向学生全面系统地介绍汉语的语法规则与特点，从而提高学生的语言能力和语法知识水平，并为相关的教学与研究打下基础。这样的课一般是为汉语本科学历生、汉语与汉语国际教育方向的研究生以及进修教师开设的。二是通过对课文中出现的结构和句型进行解释、举例与概括，配合大量的操练，使学生能够在相关语境中产出正确、有意义而且恰当的句子、句段以及语篇，从而实现交际的目的。这是一般二语教学对普通学生常采用的教学模式。美国大学汉语教学普遍采用的是第二种模式。

一、汉语国际教育中语法教学的基本原则

第一，在教学实践中有时很难截然划分语法教学与词汇教学的界限，有些内容作为词汇教学或者语法教学皆可，需根据教学对象的情况、课程的总体安排、当天教学内容与难点的多少、对学生出错可能性的预估等来确定。例如《中文听说读写》第 1 册第 18 课出现的被动句很明显应作为语法来处理，这是毫无争议的；但第 4 课出现的动词“想”在教材中也被列为语法条目，笔者认为当作词汇教学亦无不可。

第二，教学中应有意识地突出汉语特有的结构与句型特点，比如“把”字句的语义与语用要求、涉及补语用法的句子、“了、着、过”的用法、副词的位置、量词的用法、方位词的用法、离合词的使用等，都是在英语中找不到对应结构或者与英语语法差异很大的内容，学生不但掌握起来相对困难，而且使用时的错误也比较多，语法教学应在这些难点上多下功夫，对各语法点不应平均分配时间。

第三，教师对汉语本体知识包括语法知识掌握得越详尽、越深入越好，像《语法讲义》（朱德熙，1982）、《实用现代汉语语法》（刘月华、潘文娱、故韡，2001）等专业著作，《“把字结构”的语义及其语用分析》（张旺熹，1991）、《句

型研究与对外汉语教学——兼析“才”字句》（赵淑华，1992）以及《关于对外汉语教学中的补语系统》（吕文华，1995）等较重要的汉语语法与教学方面的研究论文，都是教师们应该认真学习的。但在普通二语教学中，教师不宜按照个人兴趣在课堂上大讲语法，或者直接展示自己的相关研究成果，因为这不是对研究生的专题讨论课，学生的语言水平也尚未达到全面领会的程度，而且即便了解了意思也很难应用到交际活动中。能在语法教学中有意识地做到知而不言或者知而少言，是汉语教师成熟、有经验的标志。教学中不应追求把一个较复杂的语法点在一堂课上全部讲深讲透，应根据课文中出现的用法就事论事。比如语法点“了”，在《中文听说读写》第1册第5课第一次出现，语法解释、说明、练习部分只围绕“了”在课文中表示“事情的发生或动作的完成”这部分进行，学生能把课文中出现的“了”的这种用法掌握了，就算达到教学目的了。“了”作为语法点第二次出现是同书第8课，即在罗列一系列已经实现的动作或者事件时，“了”只需出现在这个系列的最后一个动词上，而不是出现在每个动词后面。“了”第三次出现在同书第11课，用于句末，表示状态的变化或者意识到了新情况的发生。教材的这种安排既充分体现了教学语法的特点，也考虑到了学生的接受能力，是一种比较切合实际的安排。教师在教学中依此设计进行即可，最好不借题发挥，尝试把自己了解的“了”的全部语法功能一次性地讲解给学生。

第四，语法教学在语言技能培养方面应坚持口头形式与书面形式的结合，因为有的学生认为口头练习效果明显，有人认为书面练习效果更好；在语言各要素之间应有意识地将语法教学与发音和词汇教学紧密结合，在语法练习中要有意识地重复学过的生词并改正错误的发音。同时认识到所有这些都是为交际任务服务的，学习语法本身并不是最终目的。

第五，初级、中级和高级阶段各有其语法教学的任务。初中级的任务是帮助学生掌握最基础的汉语语法，使学生能够运用句子和句群进行交际活动；高级阶段需要对初中级阶段所学的语法进行细化和深化，对初中级所学语法进行一定程度的概括、总结和升华，使学生能够运用语段和语篇进行交际活动。具体来说，“初级阶段，也就是所谓基础汉语教学阶段，所讲语法为形式语法，讲究句法结构，掌握汉语的句型、词序，是一种语法模式教学。中级阶段（二年级上学期）所讲语法侧重语义语法，注意句中成分的语义关系及语义搭配，因此词汇的意义（包括词汇意义和语法意义）及使用这方面的教学，占据相当的位置。高年级阶段（二年级下学期）所讲语法侧重语用功能语法，着重语用的选择和词语的应用，目的在于表达得体”（赵金铭，1996：75）。美国大学的汉语教学时数远低于国内，因此上述语法教学任务在海外汉语教学中一般需要延后完成，比如上面所谈的国内二年级下学期完成的语法教学任务，在美国可能要到三四年级才能完成。

第六，具体语法项目的选择应体现实用性，具体表现为：句型应具有常用性，应是使用比例较高、使用范围较广、当代社会生活中常用的句型；同时还应具有规范性、典型性、概括性和稳定性，另外也是学生比较容易用错的。不应选择地方色彩太浓厚、说话人的个性色彩太强的，因教学时间有限，只能选择教学效率较高的、更具一般性的句型教授给学生。（卢福波，2005）笔者认为，对初中级的学生来说尤其不宜选择口语色彩太浓的，比如，地域色彩较浓的动词重叠形式“瞅瞅”或者书面色彩较浓的“倘若”和“大抵”，都不大适宜作为语法点进行操练，因为它们不是使用比例较高、适用范围较广的当代生活用语；而“看看、假如、大致”这几类词就比较合适，因为是比较一般的、更具普遍性的表达方式。

第七，在语法点的解释和说明上应尽量使用目的语，但在低中年级教学中解释与学生母语中无对应关系的语法结构，比如给一年级的美国学生解释“把”字句的用法（《中文听说读写》第1册第15课语法点）时，使用学生母语是相对简单的办法。老师应尽量让学生课前预习书上的语法说明，同时把很难用目的语做解释的地方用英语打在投影片上以引起学生注意，从而尽量减少老师说英语的时间。用极简明的语言解释之后，老师需要举例说明语法点的形式特点、所表达的语义以及使用的条件和场合。“完整的语法教学绝不仅限于语言的结构形式及其规则的教学，语法教学的内容还应包括语言形式的表义功能、语言形式运用的条件和限制，乃至语言形式使用方面的文化规约。”（李泉，2003）上述内容完成之后，教师需对例句进行归纳和重复说明，以呼应和强化最初的解释，最后进入练习阶段。

二、美国大学课堂语法教学的具体步骤与方法

第一，教师需确定课堂教学应选择哪些语法点，哪些是语法点中的重点。美国大学的汉语教学在一定程度上是以课本为基本导向的，因为它是教学目标、教

学内容、教学重点与教学方法等的集中体现。经典教材的编者通常都对汉语本体知识、学生母语及母国文化、教学方法、词频和语法大纲等有比较深入的了解，一般在设计中都考虑到了哪个学习阶段应出现哪些与学生水平相一致的语法点，哪些语法点是学生普遍感觉比较难学或者容易出错的，而不是编者随意安排的。因此，教材所列的语法点是确定课堂语法教学内容的最重要依据。但有经验的教师往往不局限于课本的语法设计，因为教学对象存在明显的水平差异。比如同是三年级的学生，有的学校学生水平普遍高些，学习进度快些，多数学生参加过海外项目的学习；有些学校学生总体水平低些，学习进度慢些，多数学生没参加过海外项目的学习。另外各校的教学时数不同，比如某些大学二年级每周有 5 课时大课，外加小课和一对一课；有些学校二年级每周仅 3 课时，没有小课和一对一课。因此，即便采用了相同的教材，课上能够教授的语法点数量和练习时间仍会有所不同，教师还需根据学生水平做出适当的调整。

就总体而言，多数初中级教材，例如《中文听说读写》一、二册在编写过程中虽不是“语法开路”，而是“课文开路”，写课文从最基本的人际交流方式入手，但还是自然带出了最基本的语法结构。像动词“是”，副词“不、也”，人称代词“我、你、他”这些，都是在最早的一两课就出现了的。后面的课文内容涉及的交流层次逐步提高，语法点的“基本性”也就逐次降低了。到了二年级结束，汉语的重要语法点就差不多都已涵盖并开始向词语表达方面转移了。高年级教材则与此不同，如美国使用较广泛的普林斯顿系列教材主要是话题导向的，因此较难兼顾语法点的相应安排，语法的随意性往往比低中年级的教材更强，系统性与科学性偏弱，语法在出现顺序上是跟着话题走的，而没有主要考虑其难易程度，也比较难照顾到语法点分布的均衡性和全面性。老师要根据上述情况做出相应的调整，适当地增加或者减少课堂语法点教学的数量。语法点的选择是一个相对的过程，是在与本课其他语法点和重要词汇的比较中产生的，一般没有什么绝对的标准。

第二，教师在根据确定的语法点备课时，首先需认真阅读教科书上的语法条目说明（一般低中年级的是用英语或者学生的母语写的），确定本课该语法点应讲多少以及讲到什么程度，以免出现老师在课上的说明与课本不统一的情况。教材上的语法条目说明可以为缺乏经验、刚刚入行的教师提供最初步的本体知识培训。然后教师需要考虑如何用一两句易懂的汉语清楚无误地向学生做出解释并准备例句。如果语法点本身比较难，例句应使用尽可能简单的词语表达浅显的语义，千万不要再制造任何其他难点干扰学生对语法的理解。如果语法点本身相对容易理解和掌握，教师可在例句中有意识地编入本课生词或者之前学过的词语，以达到在学习语法的同时重复练习词汇，使例句符合学生语言能力的目的。对高年级学生来说，如果例句所用词语都是低年级的，就会给人不像高年级的句子的感觉，从而降低教学的效率。笔者不太赞成从语料库找大部分例句的方法，因为语料库中的句子虽然可能是比较典型的、多样化的、来自母语者的自然语言，但里面的句子一般没有照顾到学生之前学过哪些词语和语法点，达不到有意识地重复所学生词的教学目的。例句和练习设计还要考虑到同一班级学生的水平差异，能够做到难易结合、有梯度，才能保证让每位学生都不感到太容易或者太难。

第三，需按照每个语法点的难易程度合理安排教学时间。语法教学难易度与学生母语息息相关，如前所言，量词的概念对日本学生来说不是什么困难，对越南学生来说与母语几乎是一致的，但是对英美学生来说却是学习的难点。（邓守信，2004）定语法难易度的原则包括：结构越复杂，难度越高；语义越复杂，难度越高；跨语言差距越大，难度越高；越不易类化者，难度越高；语用功能越强，难度越高。（邓守信，2003）

第四，教师要把句型结构清晰地呈现给学生，可以用文字概括，还可以结合图表和公式一起展示。最好不用省略号，结构公式越具体、显性程度越高，就越能起到吸引学生、促使其注意的作用。含不确定因素的公式学生不易理解。比如，学习“……是……+ 可是 / 但是”这个句型，有的老师认为教材上有语法解释，于是给学生两个例句之后就让学生做练习。学生没有从老师的例句中概括出省略号到底表示什么，就会说出“我明天去是我明天去，可是会晚一点儿”这样的句子来。如果老师不用省略号，而是把语法结构归纳为“adjective/verb + 是 + adjective/verb + 可是 / 但是”，学生会觉得更明确，出错的概率会有所降低。一般好的教材会把公式归纳得比较清楚、准确。如教材未做归纳，老师需认真查找相关工具书或与同事讨论，根据例句做出准确无误的归纳，否则可能会误导学生。

第五，语法点的讲解和练习要有层次性，从简单的解释说明、对比分析（如有必要）和例句入手，通过跟读、齐读、点读等方式多次重复，进而把范句作为整个的语言组块“植入”到学习者的头脑中。在学生对语言定式有了印象之后，再通过替换、变换、扩展等相对比较机械的步骤巩固正确的结构概念，这样可提高学生对语法结构掌握的准确度，相对降低其自行组装整个句子的难度。（温晓虹，2008）之后过渡到给学生前句让他们说后句、给语境说全句、用语法点回答提问，然后到有意识地运用语法点于句段的表达中，复述并讨论课文相关内容，最后到运用语法点自由会话、写作文，实现由简到繁、由浅入深的表达过程。

下面以普林斯顿大学出版的四年级教材《无所不谈》第1课中的“宁可……也不……”为例，说明课堂语法教学的基本内容和方式。

教材上的注解是：“宁可……也不……，would rather...than...”，在课文中出现的句子是：“宁可累死，也不闲死。”编者列出的两个例句是：（1）我宁可去做乞丐也不做这种骗人的事。（2）我宁可嫁给一个穷人也不要嫁给有钱的老头儿。此处编者没有提供明确的结构公式，而是使用了省略号，也没有提供相应的汉语解释。因为是高年级课堂教学，教师在备课时需首先考虑如何运用一个公式准确概括这个语法结构，如何用简单明了的汉语向学生解释清楚该结构的形式、意思和使用条件。

“宁可”是副词，后面一般跟（谓语）动词，再加上宾语，没有宾语也可以；“也不”后面的结构一般与“宁可”后面一致。这个结构所表达的语义是：有两种情况可供选择，通常都指不好的，但必须选择其中之一。“宁可”后面是选择的结果，“也不”后面是主语认为不希望选择的项目。在使用中需注意这两种情况都是不好的，但主语选择了一般人认为更不好的，借此强调其特别不喜欢另一项目的态度。它与“与其……不如……”都可表示选择，但后者更表示一种客观的选择，而前者更强调一种主观的态度。把这些理清楚之后，教师就需要准备例句。例句应鲜明、典型地体现语法结构的意思，应从简单到复杂的都有，以照顾不同接受程度的学生的需要。设计操练应从易到难，例如可以先给前句让学生说后句，其后再给语料让学生用规定结构“改写”，接下来老师提问让学生用该结构回答，然后设计话题，预期学生能把含有该结构的句子用在成段表达当中。在学生水平够高的情况下，教师要有意识地把这课需要掌握的生词、短语加在句子中，以挑战学生语言水平的最高极限，并保证学生说出的句子符合四年级学生应有的水平。如果完全没有生词，就会出现“我宁可没有钱，也不去工作”这样只有二年级学习水平的句子。

在课堂上，首先需要把“subject + 与其 + verb + object/complement，不如 + verb + object/complement”这个句子结构以醒目的方式写在黑板上或者打在投影片上，标出“宁”的声调在这里是四声，而不是以前学过的“安宁”的“宁”的二声。然后简要说明结构表达的意义：有两个选择，都是不好的，但必须选择其中一个，“我”愿意选一个一般人都更不喜欢的、更不好的，用这个强调“我”特别不喜欢自己不选的那个项目的态度。比如可以用课文中的句子说：“我宁可累死，也不闲死。”然后进一步重复强调“累死”和“闲死”都是不好的，但是如果必须选择一个，“我”愿意选择一般人认为更不好的“累死”，来强调“我”特别不喜欢“闲死”的态度。因为这个语法结构较难，所以应加强输入，先带学生把课文中的句子作为范句齐唱两遍，建立初步的语块印象：“宁可”要跟“也不”一起使用。然后多举几个例子，并通过问答互动来确认学生弄懂了这个结构的语义。比如可以用本课的生词编写下面的例句：

（1）这位记者宁可贷款买房，也不要父母的资助。（画线部分是本课生词，下同）

（2）这两口子宁可去办离婚手续，也不愿意说对不起。

（3）他宁可住在贫穷、落后的地方，也不住在富裕、发达的地方。

针对上例（1），老师可以这样问学生：“记者觉得贷款好还是用父母的资助好？”如果学生大体知道“两个都不好，一般人会觉得用父母的钱比自己借钱好一些，可是记者觉得自己借钱比用父母的钱好”，就可以确定学生了解了这个结构的语义和语用了。如果学生理解起来有困难，老师解释之后，可以再给个例句，再确认一下，要保证学生有足够的正确输入，才能过渡到下一个环节。

接着进入操练阶段，可先采用老师说前半句学生说后半句这种比较容易的方式进行：

（1）她宁可住在单位分配的小房子里，也不________。

（2）他们宁可选择去法院解决问题，也不________。

（3）我宁可靠自己奋斗，也不________。

接下来可以让学生用新语法结构“改写”句子：

（1）我愿意自己带孩子，不愿意让父母把孩子带到外地。

（2）他们觉得分手也比每天吵架好。

然后可以提问，让学生用语法结构来回答，例如：

（1）你愿意跟生活态度消极的人一起工作吗？

（2）你愿意跟特别喜欢时尚、特别爱花钱的人结婚吗？

最后过渡到最复杂的——让学生在交际活动中运用语法结构参与讨论，实现语段表达：

（1）一般的美国人认为贷款买房好还是存钱买房好？为什么？比较传统的中国人呢？

（2）有人认为如果有了孩子，即使两口子关系不好也不应该离婚。你觉得呢？

在操练过程中，学生可能会说出类似“我宁可吃好吃的中国饭，也不吃美国饭”这样的错句来，因为他认为这个结构就是表示一般的选择，此时老师需再强调该结构的语义。还有学生会说出“宁可我自己带孩子，也不让父母把孩子带到外地”这样的句子来，老师需要纠正：在这个结构里主语应放在句首，而不放在副词“宁可”的后面，然后再让学生巩固练习一下。每个重点语法点的解释、操练时间大约应控制在 5 ～ 8 分钟之内，时间太长会使课堂节奏显得松散，学生的注意力容易转移。

总之，语法教学是国际汉语教学的核心内容，无论信奉何种教学理念，都不能无视如下简单的道理：只有掌握了相应的语法结构才能完成交际任务。只有建立在对语法结构的学习和掌握基础上的交际活动才能提高学习者的语言技能。语法教学中应坚持结构形式、结构意义和使用条件的合一,三者缺一不可。对学习汉语的成年美国学生来说，显性的语法教学比隐性的语言习得，更容易取得明显的教学效果。虽然语法学习十分重要，但并不意味着老师应在课堂上花大量时间讲授语法知识，而应尽量做到“知而少言”，就事论事，在必须解释的情况下坚持用尽可能简明的语言把语法点的意思和使用条件说清楚。例子的难度应以不再制造语法点以外的难点为限，同时考虑适当加入本课及前课生词，以求实现让学生在学习语法的同时兼顾学习和巩固生词的目的。操练时间应大大多于讲解和例句说明的时间，并本着由易到难、方法多样、尽量避免枯燥乏味的原则进行。老师要准备不同难度、长短不一、有语境的、供练习使用的句子，以满足不同语言水平的学习者的需要。在语法练习的过程中也要注意纠正学生的表达错误和发音错误，以达到综合提高语言教学效率的目的。无论在哪个年级的课堂教学、课外活动和考评中，都应把有意识地要求学生使用新语法点作为必不可少的重要内容。

第四节 对汉字教学的再认识①

从总体上看，在美国大学的汉语教学中，简体字越来越占优势。据美国中文教师学会所做的调查（Li，Wen，& Xie，2014：26-27），在答复问卷的168个语言项目中，大约52%的项目只要求学生认读简体字，仅4个项目（2%）要求学生认读繁体字，27%的项目要求学生能够认读繁简两体，11%的项目允许自由选择一体，只有2个项目（约占1%）繁简两体都不用，只用拼音。对汉字书写方面的要求也呈现了与汉字认读类似的模式：57%的项目只要求学生写简体字；3%的项目只要求学生写繁体字；只有9%的项目要求学生会用繁简两体书写，远低于要求用繁简两体认读的27%的比例；24%的项目允许自由选择一体书写，远远高于认读自选一体的11%的比例。也就是说，在书写形式的选择上，各项目给了学生更大的自由度和比认读略低的要求。也许这是因为书写比认读难度更大，对其他学生没有直接影响；而认读牵扯到教师是提供简体还是繁体或者两体的教材和试卷，以及教师上课选用哪一体写板书、做投影片、批改作业的问题。

从四项语言技能的关系上看，95%以上的项目都选择了听说读写并重的综合训练模式，但具体做法不同，见表5-3（Li，Wen，& Xie，2014：27-30）。

表5-3 一年级非华裔班的四项语言技能的训练模式

回答选项	占比	回答计数
四项语言技能综合训练、同步进行	84.5%	142
听说领先，汉字读写随后	10.7%	18
汉字读写领先，听说随后	0.6%	1
其他（请具体说明）	4.2%	7
回答此问题的		168
略过此问题的		48

选择听说读写并重，但听说领先，汉字读写随后的项目（10.7%）中，有近80%的在听说教学开始一个月之内或一个月左右就加入了读写教学。因此，可以

① 本节内容已用同样篇名发表于《汉语国际教育学报》（2018年总第4期）。笔者在本文写作过程中曾通过电子邮件、面谈等方式征询过下列老师与成功汉语学习者的意见（排序依姓氏音序，任职单位以通信、面谈时的情况为准）：葛国瑞（Gregory Gilligan，美国在华商会），顾利程（西北大学），贺天舒（杜克大学），席佩斯［Bryce Heathley，华盛顿大学（圣路易斯）毕业生］，何谷理［Robert Hegel，华盛顿大学（圣路易斯）］，贾小科（博顿大学），李坤珊（杜克大学），李智强（旧金山大学），刘帆（耶鲁大学），刘乐宁（哥伦比亚大学），牟岭（耶鲁大学），史有为（退休前：日本明海大学），孙朝奋（斯坦福大学），王蔚［华盛顿大学（圣路易斯）］，杨君（芝加哥大学），朱永平（圣母大学），在此一并致谢。文中所有不当之处都由作者本人负责。

说美国大学汉语教学听说读写四项技能的综合训练基本上都是从最初阶段就同步展开了。采用听说训练模式领先的项目中，在会话教学中加入读写教学的具体时间见表 5-4。

表 5-4 采用听说领先模式的项目读写教学延后的时间

回答选项	占比	回答计数
一个星期以后	11.1%	2
两个星期以后	33.3%	6
一个月以后	33.3%	6
两个月以后	16.7%	3
一个学季以后	0.0%	0
一个学期以后	5.6%	1
其他（请具体说明情况）	0.0	0
回答此问题的		18
略过此问题的		198

从词汇掌握的角度来衡量，就总体而言，94% 的学生的汉语听说水平是高于或者大体相当于其读写水平的，只有 6% 的学生的读写水平高于听说水平。学生在听说和读写方面掌握的词汇量的多少如表 5-5 所示。

表 5-5 一年级非华裔学生的词汇量在听说和读写方面的不同

回答选项	占比	回答计数
学生听说的词汇量明显大于读写的	22.8%	38
学生听说的词汇量某种程度上大于读写的	35.9%	60
学生听说的词汇量与读写的大体相当的	35.3%	59
学生听说的词汇量某种程度上小于读写的	4.8%	8
学生听说的词汇量明显小于读写的	1.2%	2
回答此问题的		167
略过此问题的		49

据笔者所知，美国大学几乎没有为以汉语为外语的本科生专门开设汉字课的，汉字认读和书写教学一般都包含在综合课之内。虽有学校开设了书法课，但通常不属于语言教学的范畴，甚至没学过汉语的学生也可选修。一般汉语教师多

在学生刚开始接触汉字时，简单介绍汉字的一般特点、偏旁部首、汉字笔画并稍加示范，不会逐个“教”每个汉字的写法。因为大学一年级使用较为普遍的《中文听说读写》（*Integrated Chinese*）等教材都有配套的汉字练习册，其中详细介绍了每课每个生字的书写笔画。学生按照练习册提供的笔画顺序，课后逐个描摹、重复练习即可。面向华裔学生的汉语课在读写训练所用时间的总体比例上或许比非华裔汉语课多些，因为绝大多数华裔学生在选修汉语课之前都具备了一定的或者相当高的汉语听说能力，相当多华裔学生选修汉语课的主要目的是为了提高读写能力。那么大学生通常采用哪些方法学习、记忆汉字呢？

印京华（2003）曾就上述问题在美国明德大学暑期中文学校进行了为期 3 年的问卷调查，调查对象覆盖了低、中、高年级来自不同大学的学生。为确保准确性与普遍意义，调查对象不包括华裔背景的学生、小时候在中国常住并接受过汉字教育的学生，以及母语属汉字文化圈（日语、韩语）并在小时候接受过汉字教育的学生。调查共 6 个问题，收集有效答卷 193 份，是迄今为止同类调查中参与学生人数较多、学生来源较为多样化、持续时间较长、比较全面的调查。其统计结果如下所示。

第一个问题为：“在汉字学习过程中，什么最费脑筋（困难）？”66% 的学生（128 人）认为汉字的书写最难，远远超过认为汉字发音最难（41%，79 人）和汉字字义最难的人数（17%，32 人）。

第二个问题为：“你采用什么方法记忆汉字的写法？（可选多项）”选择“反复书写”的占 91%（175 人），绝大多数学生认为这是最普遍的记忆方法；选择“知其部件”的占 77%（148 人）。在回答哪一种方法最有效（只可选一项）时，选择“反复书写”的占 32%（61 人），选择“知其部件”的占 24%（47 人），选择“手工自制生词卡”的也占大约 24%（46 人），无人选择“计算机化生词卡”。

第三个问题为：“你用什么方法来记忆汉字的发音？（可选多项）”77% 的学生（149 人）选择“反复看与汉字对应的拼音”，77% 的学生（148 人）选择“反复诵读”，选择“利用声旁”“手工自制生词卡”和“聆听录音”的分别为 65%、59% 和 47%。在回答“你认为记忆汉字发音最有效的办法是什么？（只可选一项）”时，25% 的学生（49 人）选择“手工自制生词卡”，另有 25% 的学生（48 人）选择“反复诵读”，还有 24% 的学生（47 人）选择“反复看与汉字对应的拼音”，只有 19% 的学生认为“利用声旁”是最有效的。

第四个问题为:"你尝试过哪些方法来记忆已学汉字的字义?(可选多项)"选择"利用汉字所处的词语及上下文"的占80%(155人),选择"偏旁部首"的占78%(150人),选择"手工自制生词卡"的占62%(120人),选择"联想"的占60%(115人)。在回答"你认为记忆字义最有效的方法是什么?(只可选一项)"时,选择"手工自制生词卡"的占29%,选择"利用汉字所处的词语及上下文"的占28%,选择"偏旁部首"的占27%。

第五个问题为:"你使用计算机来帮助记忆汉语字词吗?"76%的人选择"从不",16%的人选择"很少",7%的人选择"时常",仅有1人选择"总是"。

第六个问题为:"你知道汉字基本笔画的名称吗?"96%的学生(185人)选择"不知道",只有8人选择"知道",且选择"知道"的人多数只说出了几个笔画的名称。这说明多数汉语教师不重视笔画的作用,学生头脑中也基本没有这个概念。

显而易见,学生普遍采用了看似比较"笨拙"的方法学习和记忆汉字,多数教师似乎也不认为笔画、笔顺是学生掌握汉字的有效手段。至于造成这种情况的原因,笔者同意印京华(2003)的看法,巧妙的学习方法一般需要更多的认知型技能。利用有关汉字结构部件(包括声符和义符)知识来帮助记忆汉字的形、声、义就属于认知型技能。虽然这些技能是学生特别缺乏的,但传授这些巧妙方法所需的知识和对此类技能进行的训练,都是初级阶段的学生难以掌握的。笔者进一步认为,了解和掌握这些知识技能对于每周上课时间一般不超过5课时的美国初中级学习者来说,很可能比死记硬背汉字更加复杂和困难,因此上述"笨拙"的学习方法就顺理成章地成为大多数学生的首选了。

以上调查报告虽然完成于十几年前,但据笔者最近二十年来在华盛顿大学(圣路易斯)、普林斯顿大学北京班和杜克大学北京班的直接经验来看,情况大致还是如此,所不同的是随着书写工具的改变,打字所占的比例逐渐增大。

二、汉字教学的发展历程

汉字教学曾经历过曲折复杂的发展历程。本小节将通过对各历史时期的教材内容、汉语教学状况调查报告以及私人回忆录等相关材料的梳理,勾勒出汉字教学的发展轨迹,以期发现对今后有启发的经验教训。

教材对汉字认读和书写的处理方式,往往反映了当时学界对汉语教学的目的、汉字的重要性以及汉语学习的总体认识。裨治文（Elijah Coleman Bridgeman）是美国第一位来华传教士，1841 年其在澳门出版的《广东方言读本》（*A Chinese Chrestomathy in the Canton Dialect*）是美国人编写的第一部汉语教材，也是美国人在中国写作完成的第一本练习广东方言的实用手册。该书以简易语句的形式提供练习，每页分为英文、汉语、拼音三列（顾钧，2013）。该书侧重口语练习，但也向学习者提供了每个语句的汉字形式。

1842 年传教士卫三畏（Samuel Wells Williams）在澳门出版了其汉语教材《拾级大成》（*Easy Lessons in Chinese*），这是已知较早的由美国人编写出版的有意识地介绍汉字结构、特点以及读写方式的教材。

私人回忆录是了解学习者个人汉语学习过程和经验的重要视角。美国现代中国学奠基人、哈佛大学费正清（John King Fairbank）教授回忆说，20 世纪 20 年代去英国留学时，曾使用翟理思（Herbert Allen Giles）的《汉语书面语进阶练习》（*Progressive Exercises in the Chinese Written Language*，1923）自学汉语。这本自学手册通过逐词逐句的英文译文帮助初学者通晓简单的古文语句，但未谈及汉语声调，只介绍了部首，并列出了 214 个部首。在根据字形和结构记忆了部分部首和汉字之后，他逐渐认识到，较复杂的汉字是由简单的汉字组合而成的，通常，左半部分是部首，比如表示口、手、水、土等相关事物，而右半部分会提示这个组合如何发音。他与其他学习者借助专门的发音词典查找汉字，学会发音。他甚至在公交车和地铁上也抓紧时间翻阅汉字卡片，以便逐个背下汉字，提高阅读水平。（费正清，2013：27）直到 1936 年，芝加哥大学顾立雅（Herrlee Glessner Creel）教授依然坚持使用《孝经》做语言启蒙教材。那时学者多研究古代中国，且多不能直接使用汉语从事研究。（费正清，2013：134-136）

费正清的回忆在一定程度上反映了第二次世界大战前美国汉语教学的特点：重视汉字的阅读、书写以及文言文，轻视听说，教学目的是培养从事研究的汉学家，汉字学习在很大程度上是与听说相脱节的。

第二次世界大战的爆发使美国一夜之间需要大批掌握汉语的军人开赴亚洲战场，与中国军人进行面对面的交流。因此无论是军方还是民间教学机构，都强调以口语训练为首要任务。强调口语能力强化训练的“战争教学法”与美国大学传统外语教学以培养阅读能力为主的原则发生了根本性的背离，并影响到了第二次世界大战后和平时代的汉语教学。如，由耶鲁大学芳亨利（Henry C. Fenn）与都礼华（M. Gardner Tewksbury）合编的《说中文》(*Speak Mandarin*）在第二次世界大战后使用较为普遍，该教材就是把会话和阅读、写作课本分开，在起点阶段完全使用耶鲁拼音教学，之后才出现汉字。(Fenn & Tewksbury，1948）该系列教材修订再版时更名为《说汉语》，强调会话技能的培养，与之配套的阅读教材是柳无忌、李田意编写的《读中文》系列教材（详见第四章的相关论述）。可见20世纪五六十年代的教学仍旧采用听说领先、语文分流的模式。

1963—1968年陆续出版的"德范克系列"(DeFrancis Series）教材包含了初、中、高三个不同等级的罗马字版口语会话课本、三个等级的汉字版口语会话课本以及与之配套的三个等级的阅读课本。这是美国第一套使用汉语拼音标注发音并使用了简体字的教材。(陈东东，2013）此后二三十年，该教材一直是美国使用最普遍的汉语教材。

由上述可见，从第二次世界大战爆发到20世纪60年代，大学汉语教材采用的是各类拼音标注的会话课本与汉字版阅读课本分开编写的模式。教学设计不是听说读写四项技能同步推进，而是语文分流的；同时，简体字和大陆版汉语拼音已伴随着"德范克系列"教材步入了大学课堂。

20世纪六七十年代，专业领域的综述报告往往体现了当时汉语教学的宏观特点及其在整个外语教学领域所处的地位。Wrenn（1968）在《美国的汉语教学现状》(Chinese Language Teaching in the United States：The State of the Art）中明确指出，汉语对美国人来说存在着书写系统的困难。由于汉语的书写缺少对口语的依傍，所以美国学生学了两三年后在书写方面可能还是形同文盲。这首先是由于汉语自身从本质上就比其他欧洲语言难于书写，其次是汉语与西方语言之间没有西方语言内部具有的那种近似性。学习与英语类似的语言的学生有可能做到听说读写并进，但学习汉语时其认读与书写能力可能不会随着听说能力一起自然地提高。也就是说，汉字学习的问题源于汉字的多维度构造及其先天存在的与西方语言之间的巨大差异。

20世纪70年代起学界对汉字教学的认识发生了变化，Tiee（1974：145-149）根据认知语言学发展理论明确提出了尽早开始学习汉字的主张。他首先讨论了在美国教授现代语言的基本方法，指出需要较早明确语言书写系统（汉字系统）的重要性。汉语有词素和音节，与拼音系统的文字完全不同，因为汉字的图形符号携带着其语言的原始特点和历史印记，了解其象征意义能够帮助学习者增强其语言学习能力。采用罗马语系音标来标记汉语，原本是为了使母语为拼音文字的学习者更快捷、方便地了解汉语发音系统，如花较多时间在这些西方化的"文字"上，就会推迟学习汉字的正常过程。当看到真正的汉字时，反而会使学习者认为是另一种不同的语言，字的外形与发音似乎没有关联。另外，大部分汉语学习者都是成年人，在学习过程中有得到书面参考资料的心理需求。因此，尽早开始汉字教学有益无害。这是将认知语言学理论与汉字教学实践相结合，明确提出改变汉语教学总体框架，呼吁听说读写同步进行的重要研究成果。

20 世纪 80 年代末，Wang（1989）曾对美国开设汉语课程的 45 所大学展开问卷调查，发现 1981 年出版的刘珣教授等编写的《实用汉语课本》已成为当时仅次于"德范克系列"教材、在汉语教学领域使用率排名第二的教材了。该书最大的特点是听说读写同步进行，同时列出汉字和汉语拼音，而不是将听说和读写分开。与此相一致，多数学校的汉语教学已转变为听说读写同步，在授课伊始就引入汉字教学了。面对部分教师认为汉字难写，不宜在初学阶段介绍的观点，Wang（1989）认为延迟汉字教学并未带来更佳的学习效果，不如在汉语教学伊始就介绍汉字，最晚不应迟于学习开始后一个月。这样做是因为：首先，汉字难学，所以应尽早开始学；其次，初始阶段的语法相对简单，词汇有限，学生有更多的时间来学习汉字；最后，此阶段学生好奇心强，对学习汉字充满渴望，教师不妨因势利导。

20 世纪 90 年代，Norman（1997）提出，学写汉字是需要时间的，但其困难被夸大了，汉字并没有人们想象得那么难以掌握。由于现代汉语依然受到古代文学等的影响，中国的知识阶层依然会在书写中用到文言文，所以学习两年古汉语对于全面掌握现代汉语也是必要的。学好汉语共需六七年，且其中需在中国留学一两年。可以说到了八九十年代，从教材编写的实践到学界的普遍认识都反映出，汉语教学已基本走上了听说读写并重的轨道。

美国中文教师学会 2014 年发表的调查报告显示，美国 95% 左右的大学已采用了听说读写同步或者几乎同步的教学模式（Li，Wen，& Xie，2014），简体字在教学中逐步占据了主流地位。

由上可见，汉语教学经历了这样的变化：第二次世界大战前的汉语教学重文轻语，为培养研究古代史的汉学家服务；第二次世界大战爆发后的汉语教学重语轻文，大力提倡口语教学，这种将听说与读写分开的强化式战争教学法模式一直持续到20世纪60年代。70年代随着语言教学理论的发展，中美建交后中国大陆课本进入美国高校，学生人数的增加以及学习目的的变化等，汉语教学走上了语、文合流的道路。改革开放后，汉语教学经历了一个逐步但稳定持续的发展过程。第二次世界大战结束后，汉语教学整体的发展轨迹与对汉字教学重视程度的提高密不可分。在某种程度上，汉字教学的加入把汉语教学从第二次世界大战时的"急学先用"带上了后来的"正规专业外语教育"的途径，听说读写的同步发展为培养高水平的汉语人才提供了可能。

三、汉字教学面临的挑战和应对的策略

20世纪80年代以来美国的汉语教学虽然发展迅速，但也面临严峻的挑战。据相关部门2015年公布的数据，2009—2013年开设汉语课程的大学数量增加了84所，选课总人数小幅递增了2%（详情参看 https://www.mla.org），但原本已开设了汉语课程的很多大学却出现了注册学生人数与巅峰时期（2007—2009年）相比有所回落的现象。据此，是否应降低教学要求，特别是降低对学生最感困难的汉字书写方面的要求以维持注册人数的稳定？另外，计算机和手机的广泛使用、新输入方法的便捷性（例如语音输入转化成汉字）使得手写在日常生活中有逐渐被打字和语音输入代替的趋向。既然中国人手写的机会都大为减少了，究竟还要不要坚持海外汉语教学听说读写并重的原则？最后，美国学生能有多少机会以书面形式同中国人交流？如果机会不是那么多，是不是不如省下时间，让学生多练习口语？究竟应该对学生在汉字学习方面提出什么样的要求，才能使我们既不降低汉语教学的质量，又不会因为标准太高而失去生源，同时还要顺应时代特点，这是汉语教学面临的重大挑战。

汉字教学涉及形音义等诸方面，一般地说，其"目标是通过教授汉字基本的笔画、笔顺、部件和基本结构，培养学习者汉字的认读和书写能力。具体而言，就是培养学习者的汉字能力"（李泉，2017：446）。而汉字能力，指的是用汉字进行记录、表达和交际的能力，包括五个方面：（1）（书）写；（2）念（字音）；（3）（辨）认（字义、词义）；（4）（称）说（使用已知的有关汉字形音义的知识来称说未知的字形，内容主要是笔画名称、数量、位置关系，部件的名称、数量和部件之间的结构关系，同音字或形近字）；（5）查（工具书）。（施正宇，1999）"念"也可归入语音教学；"说"的重要性相对次要；"查"因有了网络资源，人们

普遍采用拼音或语音输入，通过手机软件、计算机词典等进行查询，传统的部首查字法的使用率大为降低，“查”更加快捷了。因此，本小节讨论的主要是汉字的书写，兼认读问题。

1. 对现有应对策略的审视

第一，降低要求是不是有助于留住学生？笔者认为这取决于学生的学习目的、动机和学习体验等诸多因素。学习汉语的大学生大致有如下基本动机：（1）主要是为了满足外语学分的需要。这部分学生有些已经拥有了学习经验，如在高中学过汉语，甚至在华语区生活过，有些华裔背景的学生在上大学之前已对汉语听说甚至读写有了相当程度的掌握，有些是汉字文化圈的学生，如来自韩国、日本。这些学过汉语的学生多数已经历了最初汉字学习的困难，或者在汉字学习上已没有特别的困难。为学分而学习的学生中没有学习经验的可能会在最初阶段感到有些困难，需要教师多加关注。（2）主要出于对中国语言、文化和社会的兴趣等非工具型动机。如因好朋友或者男女朋友会说汉语，或者只是想尝试学习一门感兴趣的新外语。这部分学生总体上没有太多汉语基础，但有较强的好奇心和学习动力，正面的学习体验和学习成果是他们坚持语言学习的重要原因。（3）有明确的工具型动机，学习的目的是到中国学习、从事与中国相关的工作等。这部分学生至少在最初阶段动力很强。教师如能以自己的热情和专业知识让学生学有所获，他们就可能继续学习。毫无疑问，有些学生会中途停止学习，但降低标准不一定能保证留住学生。

正如斯坦福大学孙朝奋教授所指出的，据美国现代语言协会发布的统计数据（Looney & Lusin，2018），大学汉语注册学生总人数近年增长放缓，有些学校甚至出现人数减少的情况，这与美国整个外语课程注册人数减少的大环境具有相当的一致性，并非汉语教学所独有。近年随着小学到高中开设汉语课程的学校的大量增加，有些学生上大学之前已具备了相当高的汉语能力，甚至通过了 AP 中文考试。部分大学承认 AP 中文学分，并规定凡是通过了大学内部相关外语分级考试并达到了一定等级后，即可在大学免修汉语课而获得汉语学分，这也可能影响了大学低年级汉语学生的注册人数。[①] 另外，随着中国留学海外人数的大量增加，

① 内容来自孙朝奋教授 2017 年 10 月 14 日在圣母大学召开的“第三届语言学与汉语教学国际论坛”的发言及其 2018 年与笔者的面谈。

美国在华企业雇佣中国留学回国人员的可能性大大超过雇佣会汉语的美国人的可能性。这或许也是影响学生注册人数的一个原因。因此，注册学生人数的减少不一定与汉语尤其是汉字难学直接相关。降低对汉字教学的要求，不一定能起到鼓励学生坚持学习和增加注册人数的作用。

第二，学生时间有限，少花时间在耗时较多的汉字认读与书写上，才能让学生有更多时间练习听说。这对课堂教学来说是适用的，但对学生课后学习来说却不一定。这是基于这样一种假设：学生每天有固定的自学时间来学习汉语，他们如果不用写汉字，就可以把部分时间挪用到听说上。其实这样做可能只是减少了他们课后学习汉语的总时间。华盛顿大学（圣路易斯）著名中国文学教授何谷理指出："任何一种语言的听说读写四项技能都是相互促进的关系，对成年人而言更是如此。汉语读写水平的提高会促进其听说能力的增强，而听说水平的提高自然有助于读写能力的发展。"[①] 显而易见，听说与读写的关系并不是此消彼长、"邻之厚，君之薄也"的关系，而是"荣辱与共"的关系。因此笔者不赞成将听说与读写对立起来的指导思想。

第三，没有一定的注册学生数量做保证，项目的教育资源就会减少，就更难培养出高质量的学生，因此应尽全力留住学生。诚然，学生的数量与质量是紧密相关的，增加学生数量就总体而言势必有利于提高总体的教学质量，也可创造更多的教师岗位。但学习中总会有淘汰现象，如果过于担心学生有畏难情绪，从而降低教学标准，有可能带来学生人数看似暂时没有减少，但教学总体质量降低的后果，最终会导致能够真正应用汉语的学生人数减少，总体教学效果不理想。因此在考虑注册人数的同时，还需兼顾学习质量以及汉语教学的长远发展。笔者曾有下面的经历：某大学的日语项目为吸引学生选修日语，一年级只要求学生掌握几十个字（与其同系的汉语项目要求学生在一年级会听说读写 700 个生词），而且只要学完两年的日语就算符合了取得日语专业毕业证书的语言要求。这样做之后，该日语项目非但没有比同系要求较高的汉语项目吸引到更多的学生，注册人数反而在持续下降。因此，学生注册人数的多寡是复杂因素相互作用的结果，而并非只是要求高低和学习难易度的问题。从长远看，良好的学习效果才是真正有志于学好汉语的学生坚持学习的重要动力。

第四，中国人现在多用计算机、手机打字或者语音输入，要求外国学生练习

① 内容来自何谷理教授与笔者 2016 年的面谈和电子邮件笔谈。

书写汉字并无必要，如果一开始就允许学生打字，即可大大降低汉语学习的难度。诚然，汉语母语者现在多用键盘输入，书写工具的改变最终有助于学生更好地掌握汉字，但这不代表完全不需要手写，也不能证明小时候练习手写的过程能够跳过。时至今日，美国小学多未放弃对学生手写英语、西班牙语等的要求，一般一入学就练习手写字母、单词，到了四五年级才允许逐步增加打字的比例。就如同有了计算器，人们可以通过机器进行运算，但不等于小学算术就可以不学了，至少要等到学生有了基本的数字概念，可以做简单的加减乘除运算之后，教师才允许学生使用计算器做功课和考试。因此，在汉语学习的入门阶段先要求学生手写，待其掌握了一些汉字之后再允许其打字是符合语言学习的共同规律的。

第五，现有汉字教学的基本原则与方法是否适合北美的实际？是否有需要调整之处？比较有代表性的原则与方法至少包括下面几种（李泉，2017：446-447）。（1）主张汉字教学从基本笔画入手，之后到独体字，然后分析合体字，化繁为简，最后把字和词的教学结合起来，如李培元、任远（1986）。（2）认为汉字教学科学性不强，随意性大，其输入受制于语法点，应开设专门的汉字课，加强汉字的定量定性研究等等，如王碧霞、李宁、种国胜等（1994）。（3）主张汉字教学遵循以下原则：先认读，后书写；先教可做部件的独体字，后教合体字；先教笔画少的，后教笔画多的；对象形字、指示字、会意字、形声字适当做些说明，以帮助理解和记忆，如吕必松（1995）。（4）认为汉字教学应采用多项分流、交际领先的原则，包括：输入与输出的分流，即对汉字的认读和书写在总量和掌握要求上的分流；输入时识记字义和识记字音的分流；输出时拼音与汉字的分流，如周小兵（1999）。（5）主张语和文先分后合，初期汉字应按自身规律独立教学；强化汉字教学，字与词教学相结合；把握汉字的构成规律和基本理论，利用汉字的表义和表音功能识记汉字；按笔画、部件、整字三个层次，从笔画、笔顺、部件、间架结构四个方面进行教学，重视对比，加强复习，通过书写识记汉字，如刘珣（2000）。（6）主张抓紧笔画和部首的学习，降低学习汉字的难度；汉字检测不放在每节课开始，而是放在下课前，以免造成学生的紧张和反感；汉字检测的积分应采用递进的方法，即前期的考试和测验的比重低些，后期重些，以鼓励学生逐步适应汉字学习的过程，如俞志强（2001）。（7）认为汉字教学不应处于被动地位，要发挥其主动作用，如万业馨（2009）。首先，需要让学生对汉字符号体系的特点有总体把握，使其了解汉字以形声结构为主体，从而掌握学习规律；其次，帮助学生了解汉字语素义与词义之间的关系。书写教学要本着笔画从少到多、构形从简单到复杂的原则，用笔顺规则引导学生有序地练习。

上述种种汉字教学的思路大体可归纳为以下四个方面。

（1）应本着由易到难、循序渐进的原则进行，先教笔画少的，再教笔画多的，先笔画，再部首，再整字。从道理上说这无疑是非常正确的。问题在于汉字书写学习的难易度与会话教学内容的难易度并不一致："你好、谢谢、再见"等是口语交际中应用最多、往往第一课就要学习的最常用词语，但这些字并不容易写；"丁、厂、刀"这些容易书写的汉字可能不会出现在前几课的课文中。教材中汉字出现的顺序多与其使用频率有关，与其书写笔画的难易度无关。因此，在听说读写合一的教材与课程当中，教师很难按照先易后难的顺序教授汉字。学生的反馈也证明这种想法不一定符合其学习体验："留学生多数希望采取先整字然后归纳分析的教学步骤，与我们惯常主张的由独体到合体、由部件到整字的程序相悖。学生需要获得对整字的形音义的完整概念，在此基础上再进行层次分析，理解其结构原理，或许他们感觉这样更为系统和清晰。"（石定果、万业馨，1998：48）笔者十分赞同史有为先生的概括："从认知角度看，有两类汉字认知方式：正认知——由部件到整体，逆认知——由整体到部件。初学者一开始都是逆认知。积累到一定程度，才可能开始正认知，或正认知才有成效。之后，这两种方式会交替进行。"[①]

（2）主张先帮助学生认识汉字的某些规律，掌握理据，以此指导学习。这是一种理想的学习方式，困难之处在于：其一，对规律的概括是否准确，比如依据"六书"解说简化字的字源、造字规律，恐怕结论不一定都准确。再如汉字中形声字占了绝大部分，但是形旁和声旁都很难准确地告诉学生某个汉字的意思或者发音，只能给出大略近似于该字的字义和字音，这会让学生觉得难以把握。其二，即便正确地归纳出了规律，对初学汉字的学生来说又太过复杂，比他们直接用笨办法记住汉字更费时费力。其三，这些道理用汉语解释学生听不懂，用学生的母语解释又有违尽量采用目的语教学的原则。正如 McGinnis（1999）所指出的，超过 50% 的学生表示死记硬背是学习汉字认读和书写最有效的方式，但学

① 内容来自笔者 2018 年与史有为教授的微信交谈。

习汉字结构的效果并不明显。笔者认为汉语教师应充分了解相关的汉字知识，增强自身修养，但有些知识并不适宜直接传授给汉语水平还不高的学生，偶尔用于启发思维、活跃课堂气氛、增强趣味性尚可，希望通过汉字知识的系统讲述提高初中级学生的汉字水平的方式未必有效。

（3）主张开设单独的汉字课。从海外教学的时间安排上来看，因每天最多只有一课时，似乎难以实现。由于离开课堂环境后学生在课外较难有机会练习口语，却可在家练习汉字，因此宝贵的课堂时间绝大部分还是留给听说训练更为合理。虽然学生觉得汉字难学，可能需要更多的学习时间，但作为本科生的公共外语课，学生未必会对单独的汉字课感兴趣。

（4）主张语和文分开，或者认读与书写分开，以降低学习难度。这种思路可谓用心良苦，但因绝大多数教材和课程的设计都是听说读写同步进行的，所以在教学中分开是比较困难的。另外，如果初级班不学或者少学汉字，到了中高级班积累下来的汉字越来越多，而中高级班的课业量比初级大，课时却有所减少，可能更难有时间补上初级阶段少学的汉字了。对学生的调查反馈也证明了上述结论："留学生多数赞成汉字和汉语教学同步进行，以免增加负担，即随文识字，而不是各行其是，另搞一套脱离语言课实际的汉字教学内容。单独设立的汉字课也宜考虑与语言课的协调问题。"（石定果、万业馨，1998：48）

2. 对汉字教学的再认识

学生掌握汉字不够理想这一状况除了汉语与英语的书写系统差异巨大之外，还与部分教师总是试图通过"教"一些规律和方法以帮助学生掌握汉字的指导思想不无关系。如果不"教"，汉字教学应遵循哪些基本原则呢？我们至少有两个参照系，第一个是母语者小时候学习汉字的经历。母语者上小学时一般已经具备了相当程度的汉语口头表达能力，接触过简易的汉语儿童读物，看到过大街上各类汉语广告、路牌等等，但小学一二年级的学生依然需要每天用田格本十遍甚至数十遍地抄写汉字。尽管如此，考试时也还可能写错字。虽然每天有语文课，小学生在最初阶段仍感到默写汉字是个不小的负担。直到上完小学三四年级，有了相当数量的汉字积累后，再碰到新字，就不需要多次重复地抄写，而是越来越能够做到过目不忘了。这主要不是因为其学习了特殊的汉字读写方法，而是每天重复练习，熟能生巧，对汉字的基本特点了然于心的结果。这些汉字的理据，学生们不一定都能用语言概括出来，但仍旧达到了从量变到质变的过程。所不同的是，汉语母语者小时候学汉字时可能动脑子的成分更少一些，而外国成年学习者的主观能动性更强一些。

第二个参照系是成年汉语母语者学习英语的过程。很多人都是从中学甚至大学才开始学习英语的，每星期几小时课。先学习简单课堂用语，然后进入课文学习。第一课的生词可能包括 cap（帽子）、map（地图）、one（一）、lesson（课）、China（中国）、this（这）、is（是）等等。学习者普遍感到背英文生词难于上青天，教师虽指出了其规律，可没有积累的学生很难领悟。大家上课时用汉字给英语生词注音，下课再把学过的有限的生词逐个背下来。期中考试时一共只学了几十个生词，经过在小黑板或草稿纸上无数次的练习、默写，最后记住了。学过几年英语之后，才逐渐体会到某个发音可以拼写为某个或某几个字母，但这不是唯一对应的，同一种发音可能有几种不同的拼写形式，例如 meat 和 meet 就是发音相同但拼写不同的一组例子。试想，如果一开始教师就给学生们开一门英语拼写规则课，专门介绍前缀、后缀、发音与拼写规则的关系，是不是大家的英语水平就会提高较快呢？笔者认为，这样的做法帮助有限，学生只有通过继续学习，接触并记住大量词汇，然后逐渐发现规律，加上教师的归纳和总结，才会觉得生词不像最初那么难以掌握了。从母语到外语学习，背、记语言的书写形式都是初期学习阶段必不可少的过程，只有在长期练习的基础上方可熟能生巧。

“手写汉字与键盘输入是完全不同的体验。键盘输入是根据拼音转换，所得到的是可视的图像目视，是相对被动的学习方式，不容易记住汉字的细节，更像一种观赏。手写是更积极主动的，更像一种‘创造’，记忆效果更佳，也更容易引起学生兴趣。”[①] 学生会用拼音靠计算机的联想打出汉字和句子，并不代表他在阅读中能够认读这些汉字和句子。因此在汉字教学的初始阶段，我们应把重点放在鼓励学生进行循序渐进的记忆上，通过每天坚持不懈的练习，日积月累，从而达到掌握常用汉字的目的。因为“如果学生只学习听说，不学习汉字认读和书写，其汉语就会停留在初中级水平，无法达到高级水平，因而也就很难在完成课程以后坚持自学。一旦离开汉语或者学校环境，他们已经具备的口语能力也会很快地丧失。汉语、汉字确实是难学，但每一种外语要想学好都非常不容易”。[②]

① 内容来自笔者 2018 年与史有为教授的微信交谈。

② 内容来自笔者 2015 年与美国在华商会主席葛国瑞的当面交谈。

3. 汉字教学的步骤和方法

笔者认为汉字教学的基本步骤和方法可归纳如下。

（1）坚持对学生提出预习要求，坚持每次学习新课时的听写。虽然这会给学生造成一些压力，但千万不要因为汉字难学，教师就表现出“心亏气短”的态度，不敢提出应有的要求，这会增加学生学习的疑虑。如下课前听写有可能造成学生上课不专心，甚至对教师所讲内容“熟视无睹”，忽略口语练习，一直忙于准备听写。一上课就听写比较理想，但学生的课前准备时间更长，更容易使学生产生畏难情绪。教师可酌情处理。听写不仅可以检查学生汉字的书写情况，同时可以通过听教师的发音，以及让学生在听写中标出汉字的声调，检查学生对汉字字音的掌握情况，也是听力训练的一种方式。由于听写内容一般都是短语（一年级最初阶段）和句子，因此在一定程度上也能检查学生对字义、词义的掌握，只有听得懂才能写得对。同项目同年级的教师对学生在汉字方面的要求最好基本一致，如果有的课前听写，有的课后听写，有的要求掌握一部分生字，有的要求掌握全部生字，有的要求学生标出汉字的声调，有的不要求，就势必会造成学生互相攀比、跟教师谈条件、批评抱怨等情况。如果各位教师自始至终的要求基本一致，就可相对减少教学管理中的问题。学生养成习惯后就会跟上教学的节奏，习惯成自然。

（2）一年级应先要求学生手写汉字，既可满足其好奇心，又可在最初阶段帮其建立良好的学习习惯。因为对学习和掌握汉字来说，“打字远没有手写有效”[①]。二年级以后再允许汉字计算机化输入，将手写与电子输入相结合。掌握汉字的写法之后，学生可以打字来完成某些作业（包括作文），但听写和考试仍要求学生手写汉字。

（3）教师批改学生作业时要做到字迹工整，不写连笔字，以免造成辨识困难。对学生写得好的汉字作业尤其要多加鼓励，使学生有动力坚持学下去。对作业中的错误之处，教师一定要要求学生改过来，下次的作业里先把错字改对，再写两遍交给教师。否则对于教师改正的错误，学生很可能根本没看，或者草草看了一眼，很难记住，以后还会重犯。有些学生在打字中因为同音字太多，造成了输入错误，教师也应注意纠正。看教师写板书对学生掌握汉字有潜移默化的影

① 内容来自笔者 2016 年与华盛顿大学（圣路易斯）毕业生席佩斯的笔谈，其汉语水平已接近母语者水平。

响，比看投影片上打好的汉字效果更佳。

（4）注意分散教授汉字，以降低学生的学习难度，提高学习效率。比如一课课文计划用 5 课时完成，比较不理想的安排是：第一天学生词，要求学生全部掌握；第二天学语法；第三天学课文；第四天做练习；第五天进行课堂讨论、口头报告等等。比较理想的方式可以是：第一天学习 1/3 的生词，要求学生会写，再学与这部分生词相对应的语法和课文；第二天学中间 1/3 的生词、语法和课文；第三天学习后 1/3 的生词、语法和课文；第四天一边做练习一边顺便把整课的生词、汉字都练习和复习一下；第五天要求用这课所学的生词、语法写作文并做口头报告等等。这样学生每天的学习内容都包括生词、语法和课文，教师都可以结合听说引导读写练习。汉字学习是循序渐进的过程，应尽量避免某天记汉字的负担很重，而某天又几乎没有负担，听说读写分离，最终影响学习效果。利用课堂时间做汉字练习的游戏，往往效率不高，不太适合成年人，因此应有所控制，不宜占用太多的课堂教学时间。通常汉字掌握得比较好的学生，语法、阅读一般也都比较好。

（5）有些在当代社会使用率很低的汉字、词语，包括汉译人名、地名等，有时不可避免地会出现在高年级教材中，教师课前应告诉学生不用记这些词，以减轻学习负担，突出重点。比如“小厮、蚱蜢、覆盆子、蜈蚣、彝族、伦敦”等等，要求学生能看懂这些词在课文中的意思即可。

（6）据笔者 2016 年对美国 10 余所高校汉语教师的邮件调查，目前各学校比较普遍采用的汉字教学方法和步骤如下：在刚开始学习汉字时简单介绍基本笔顺和偏旁部首，然后让学生课后用汉字练习册练习。待有了若干积累之后，简单介绍汉字造字规则以及形、音、义的关系。上课偶尔穿插汉字趣闻故事，增强学生的学习兴趣。注意限制“讲”汉字知识的时间，避免把汉语课变成汉字课。从学生的角度来看，采用最多的方法依然是卡片记忆以及多次反复的书写练习。笔者连续教了二十年高年级毕业班的学生，谈及学习体会时这些学生的认识相当一致，都认为只有经历了最初相当长时间的机械记忆过程后，到了三四年级他们背记汉字的效率才能明显提高，而且能够手写的汉字明显印象更深刻。他们普遍感谢项目最初对他们的严格要求，把汉语学习变成了他们大学生活的重要组成部分，使他们在大学毕业时不但能够与中国人进行比较“高级”的口语交流，而且能够借助网络电子词典等“工具书”阅读汉语报刊和中等难度的文章，并每周完成一篇 800 ～ 1000 字的有一定思想深度、涉及社会生活不同方面、用几十个本课所学生词写成的作文。衡量一个汉语语言项目的优劣，不但要看学生数量，还应看有多少学生完成了最高年级的学习，并能够真正运用汉语。

四、结论

作为汉语教师，我们对汉字知识的掌握越全面越深入越好，但在教学实践中，特别是对初学者不宜花太多时间在课堂讲授相关知识，而应在学生掌握了一定数量的汉字之后再做提纲挈领的归纳和总结，并以此促进其对汉字读写的掌握。汉字不但是汉语学习的难点，也常被视为一种妥协的工具。纵观汉语教学的发展历史，我们不难发现，当汉语教学发展比较迅速和顺利时——主要标志是注册学生人数相对较多、增加较快时，教师对学生的汉字学习要求就相对理直气壮一些，标准就高一些；当学生人数有下滑的趋势时，有些教师首先想到的妥协方式就是降低学生对汉字的要求（当然对不同的学习者，如对大学生、中小学生以及旅游者可有不同的要求）。应该看到，学习任何一门与母语差异较大的外语都是一件艰难的事情，教师的任务是通过学习成果使学生感受学习过程的乐趣并获得继续学习的动力。认识到汉字教学和汉语总体教学之间“荣辱与共”的关系十分重要。在当前一些学校汉语课注册人数有所下降、手写汉字受到计算机化冲击的情况下，我们应该在承认书写工具的进步有益于学生汉字学习的前提下，认识到初级阶段不放弃手写内容的必要性。如果片面降低汉字教学标准，希望借此留住学生，从长远看很可能事与愿违，并导致汉语总体教学水平的滑坡。

第六章　美国大学的汉语课堂教学

第一节　美国大学汉语课堂教学概观

2006 年秋季，美国现代语言协会（Modern Language Association，MLA）认定全美共有 661 个高等教育机构开设了汉语语言课程。在 51582 名注册学生当中，50455 人（占 97.8%）是大学本科生。2009 年注册学生人数增加到 60976 人，2013 年增加到了 61055 人，本科生的比例一直稳定地保持在 98% 左右。据美国中文教师学会 2012 年的调查，接受调查的单位中，19%（40 个）开设了硕士课程，13%（27 个）开设了博士课程。（Li & Zhang，2016）由于高等教育机构中本科生选课人数和本科生项目都具有压倒性优势，因此本章的讨论主要集中于对本科生的汉语教学。

一、美国校园文化的若干特点及其对汉语教学的影响

本科生汉语教学主要是在美国大学校园展开的，部分学生参加了海外长短期留学项目。Schrier（2011）对美国公共教育系统、校园文化的特点及其对汉语教学可能产生的影响做了提纲挈领的论述。美国教育系统十分强调个人与他人以及社区关系的发展。从公立学校的发展史即可看出，最初设立学校是为了服务社区的。美国致力于给每个人平等的教育机会。具体特点如下：

第一，考试成绩不是招收学生的唯一标准，比如大学、研究生入学考试要求的 SAT，ACT，TOEFL，GRE 和 GMAT 都是录取的一项指标，但远不是全部。教育系统希望接纳尽可能多的学生接受教育，而不是仅面向精英。一般从研究生院才开始加强对学生的学术要求。因此，课堂上的学生可能来自不同的国家，有着不一样的学习动机。汉语教师只有先了解学生需求并使所教课程最大限度地与学生的需求取得一致，才能达到较好的教学效果。

第二，并不是所有美国学生都已具备了英文（或者他们的第一语言）的读写能力，这对汉语的汉字教学、读写能力训练等会有一定影响。笔者认为上述情况与美国是移民国家，学生的母语不一定都是英文以及强调教育的普及有关。另外，相当多的美国大学生缺乏对语法概念和语法术语的了解，汉语老师对此应有所准备。

第三，各教学机构相对独立，受当地政策的影响较大，而很少受到国家机构的直接监管。基础教育中从高中教科书的使用到是否参加某些科目的统考，都由本地教育委员会决定。所以汉语教师应了解当地的教育制度，并合理调整教学目标和方法。笔者认为认识到这点相当重要，即美国相当多大学都是私立的，在招生、预算、人员聘用、机构设立、课程设置、测试标准等方面都是相对独立、各行其是的，基本不受政府教育机构和行业学会等的制约。

第四，美国教育体制中，家长有各种重要的责任和权力，在中小学包括参与学校管理和课堂教学活动，辅导学生的功课和监督其他课内外活动等。对此，汉语教师应有所了解，并表现出一种开放和愿意配合的态度。与家长的联系有助于得到来自家长的理解与支持，这是汉语教学发展成败的关键。笔者认为，家长对大学的管理和教学活动的参与不像中小学那样直接，但是教育机构会把学生和家长视为自己服务的对象，视为学校的“上帝”，而没有中国传统观念中的“师道尊严”。所以，汉语教师应准备好以自己的知识、才智满腔热情地为学生和家长“服务”，在心理上准备好应对可能出现的困难和挑战。

第五，在学习过程中，美国教育强调创造性。也就是说，学生可能会在独立思考之后提出不同意见，甚至会质疑老师的权威性。所以汉语教师不应把自己视为权威，在回答学生问题时应更热情、积极，多鼓励学生提问，强调教学设计的互动性。笔者认为，在具体的汉语课堂教学环节上，教师尤其应避免以自己讲授为主的教学方式，时刻注意调动学生的参与意识并对学生的各种反应保持敏感。千万不要认为只有自己“讲课”才是传道授业，学生的参与和互动同样是学习的重要方式。

第六，美国教育希望学生能全面发展。除了学习专业知识，老师也鼓励学生参与各种课外活动。如果汉语学习需要占用课外时间，跟学生的其他课外活动有冲突时，需要妥善处理。笔者认为，新手教师还需注意，如学生因跟随学校运动队等外出比赛，需要请假时，只要学生能够出具相关证明，教师也应尽量配合学生的活动安排，不应认为这是不务正业、主次不分等等。

二、汉语教学标准的设定与分班考试

近二三十年来，各语种外语教师和行政管理人员都提出了建立统一的外语测试标准的重要性和迫切性。目前最常被提及的标准是美国外语教学委员会（American Council on Teaching of Foreign Languages，ACTFL）发布的关于语言内容和水平的两个标准。即内容上的5C标准——交流（Communication）、文化（Cultures）、联系（Connections）、比较（Comparisons）、社区（Communities）以及口语能力测试OPI（Oral Proficiency Interview）标准。由于5C标准很难量化，而且未与课程设置相结合，多数大学的教学依然是以教材为导向的个人语言技能和语言文化综合技能并进的教学模式。OPI则因为要请人做专业口语能力测试的成本太高而需求有限。（Li & Zhang，2016）

笔者认为，这些测试标准之所以没有被普遍接受可能还有如下原因。第一，普遍标准的制定有时无法体现汉语的特殊性，有些其他语种测试中不存在的问题，在汉语测试中存在。比如汉语是声调语言，声调错误势必造成口语表达质量的低下。这在口语能力测试当中没有直接体现。属于同一语系的语言在语法、构词上比较类似，学生学习起来比较容易。因此，不同语言的学习时间、教学要求都很难统一。第二，美国大学特别是精英大学，大部分是私立的，另外各州都有独立的教育法规，统一的语言标准对大学缺乏实际的约束力。第三，标准制定得是否科学，特别是是否体现了语言形式（比如语法结构等）的特点也是非常重要的。5C标准是语言表达内容的标准，却不能准确体现学生语言本身的水平与能力，与其课堂所学没有直接的联系，因此目前很难作为统一的标准。

据美国中文教师学会2012年的调查，大学中文项目中有约68.9%（167个项目中的115个）是通过某种形式的测试把学生依照语言水平安排到合适的年级的，约31.1%的项目（52个）不进行任何测试。采用OPI标准的仅占7.2%（12个），采用非OPI标准进行口语能力测试的占25.1%（42个），采用纸笔书面形式考试的占36.5%（61个），采用网上考试的占19.2%（32个），采用其他方式的占21.6%（36个）。某些项目采用一种以上的方式进行测试。32个采用网上测试的项目都提供较多样的汉语课程，其中，100%（32个）提供至少两年的非华裔汉语课，至少90%的项目提供三年级汉语课程，至少68%的项目开设了四年级课程，绝大部分开设五年级课程的学校提供网上汉语测试。这很可能说明设立网上考试是因为该项目有较多学生参加测试，分级情况也比较复杂。随着汉语项目规模的扩大，采用网上考试的项目也会相应增加。（Li，Wen，& Xie，2014：33）

由于开设汉语课程的美国大学中，60% 左右都选择了《中文听说读写》（*Integrated Chinese*）作为大学一、二年级的教材（一年级用1、2册，二年级用3、4册），所以相当多的大学都根据教材内容设计学习成果考试并依成绩分班，而不采用能力测试的标准。笔者据此推断，一般来说，一年级（初级）的标准就是完成或者基本完成《中文听说读写》1、2册，学习了大约 640 个生词、100 多个语法点，接触到了 100 个左右的话题（含交际任务）。二年级（中级）的标准就是完成或基本完成《中文听说读写》3、4册，新学了大约 660 个生词、200 个语法点和重点词语、100 个话题（含交际任务）。当然，有些项目因为课时少、学生学习动力相对不足等原因，可能完不成上述教材的全部内容。另外有些大学选用了其他教材，如《新实用汉语课本》等，在难度上与《中文听说读写》大体相当。高年级因学生背景更加复杂，教学时数差别更大，教师对教学特点的认识更趋多样化，教材使用情况比较分散（见本书第四章教材部分的相关论述），因此难以量化。通常以完成本大学两年的汉语课程为标准，允许学生升入三年级（中高级），学完三年级的升入四年级（高级）。近年因开设汉语课程的中学数量大增，还有不少学生参加了海外项目以及周末中文学校的学习，所以有些学生在大学二、三年级就完成了四年的学业要求。为满足这部分学生以及具备一定汉语基础的华裔学生继续学习汉语的要求，有些比较大的中文项目开设了五年级甚至六年级的汉语课程。在此基础上，不少大学也更希望自己的汉语项目能够提供与其他学科交叉的课程，从而吸引学生参与，使汉语不仅仅是一门公共外语课程，同时还成为一个比较全面的专业。

可以预见，在近些年内，绝大多数美国大学依然会采用以教材为导向的学习成果测试（achievement test）方式，而不会采用难以量化或者要付费用请专人完成的统一外语标准测试。

三、汉语课堂教学模式的历史与现状

Ebary（1964）指出，“二战”前，包括汉语课在内的有关亚洲研究类的课程都处在简单、随意的阶段，即使像哥伦比亚大学这样的名校，提供的课程也是非

常简单的。因为学生、教师都不多，汉语教学往往只有一个班级，无论学生水平高低、背景、兴趣如何，都在同一班级学习，从而导致了种种不平衡。与其他西方语言一样，汉语课程需学3年，每周3课时。这些课程普遍偏重于语法和阅读，但并未把学过的所有语言知识通过写作来体现和完善。老师们会强调发音的重要性，但是没有通过较好的口语训练使学生能够在实际生活中真正运用汉语。作者强调了按照语言水平分班教学的重要性，认为教学中至少要分为初级、中级和高级班，不应混合编班。不同教育背景和学习目标的学生也应考虑分开，以提高教学成效。

"二战"前，学习者为了特定的目标学习汉语；"二战"后，学习东亚语言变成了美国的国家事业。汉语教学本身希望吸引到更多学生，政府的出资更能使汉语学习对学生的工作和事业发展有所帮助。为了快出人才，大学建立了汉语语言强化班，增加了上课时数，同时还新增了小班练习课的教学方式，帮助学生们有更多时间练习口语，实现互动。总之，因为特殊需求，"二战"期间创立了强化班的教学模式，突出了口语教学的重要性，建立了大班讲解与小班操练相结合的教学模式。

汉语教育第二个革命性的改变发生在20世纪50年代。之前大部分有关亚洲研究的课程都是研究生水平的，此阶段开始出现正式的本科生课程。这些课程不局限于语言课，亚洲地区的各种历史、文化课都被安排在其中了。可惜的是，学习亚洲学的前提条件里并没有语言课的要求，其主导思想是学习一个地区的历史文化不能因为语言基础的缺陷而受到阻止。也是从此时开始，有关亚洲研究的学位分布有了更细致的划分。一般本科四年的前两年，学生可学一些选修课，后两年可选择特定区域学习当地语言。如果想读研究生，本科后两年可专注于所学语言国家或地区的研究。博士阶段可结合已有知识进行更进一步的研究。

如本书第一章第二节中谈到的，美国大学的常规项目在汉语课程的设置上与国内大学有所不同。课堂教学一般不是按照语言技能分成听力、口语、阅读（包括精读、泛读、报刊阅读等等）、写作、视听说等等。美国大学最普遍的汉语课的类型是包含了听说读写四种技能训练的综合课，课堂教学又以听说训练为主要形式。有些大学实行双轨制教学，分设以一般美国学生为教学对象的标准汉语课和以华裔学生（一般听说能力远高于读写能力）为主要教学对象的华裔班课。还有些学校设立了大小班课。大班课的人数一般从8人到十几人乃至几十人不等，通常由学校汉语项目的师生比例决定。教学的内容包括听写与预习检查；介绍新生词、语法，并做初步练习；疏通课文文意，帮助学生理解课文基本内容；对课文涉及的相关话题进行简单的归纳和讨论；等等。课堂教学时间一般在 50 分钟左右，也有的学校每课时长达 75 分钟，但每周只有 2 ～ 3 次课。小班课的学生人数一般从 4 人到十几人不等。教学的内容主要不侧重新的语法、词汇等知识的介绍，而是对已经讲过的语言点、句型、词汇等进行反复操练，以求让学生达到熟练掌握并能在相应的语境下自动、准确地重现某一句子、句段的目的。小班课还可能包括对课文所涉及话题的深入讨论、对课文大意的复述等等。每节小班课的教学长度通常也是 50 分钟左右。大小班课的体制脱胎于“二战”时期的军队教学法。

以综合课形式设课的一个重要原因是，在美国，汉语课程只是学生需要学习的众多课程中的一门，其地位大约相当于国内的公共外语课。学生一般不专注于汉语这一门课程的学习，通常每天最多只有一节大课，至多还有一节小课。据统计，美国大学中不分讲解课与操练课的项目约有 70% 左右，讲练分开由不同老师担任的项目大概有 10% 左右，另有近 20% 的项目有些时候分，有些时候不分（具体数字见第一章第二节）。有些学校因师资不足、课时不够或者认为没有必要等因素不开设练习课，因此有效地利用每天最多一小时的课堂教学时间就显得至关重要。标准的课堂教学不同于课外语言活动和一对一的谈话练习。

除了标准的现代汉语课以外，文言文课在某些大学是以汉语、东亚研究为专业或第二专业的学生的必修或选修课程，往往有两种基本的形式。一种是传统的用英文翻译的方式教授文言文课，这种方式适合所有美国学生学习，无论其有无汉语基础。采用这种方式教学主要不是为了让学生直接学习文言文本身，而是以文言经典为内容，借助学生母语帮助其了解中国历史文化以及文学的内容。学习了这门课以后，某些学生或许会产生对现代汉语的兴趣，将来开始学习现代汉语课程。随着近二十年汉语学生人数的增加，用现代汉语教授文言文的学校越来越多，这是另一种教授文言文课的形式。用汉语授课的出发点是，在学生的汉语达到一定水平之后，学习文言文不但有助于学生提高其对古代文学、文化、历史的了解，而且通过现代汉语学习古代汉语，还有助于他们同时提高现代汉语水平。但是用汉语实行教学，对学生的汉语水平有一定要求，不具备较好汉语基础的学生便无法选课。因此两种教学形式面向不同的学生群体，有不同的教学目的和教学方法。

此外有些大学还开设了商业汉语、医学汉语等课程。在常规的汉语课程之外，到底需不需要开设所谓的专业汉语课程，这是一个在业内争议颇多的话题。主张开设这类课程的教师认为，有些同学已经完成了常规汉语课程的学习，只要能增加注册人数，吸引更多的同学继续学习，开设这类课程有益无害。在有些大学，比如华盛顿大学（圣路易斯），商业汉语课可以算作商学院的专业课程，但是其他汉语语言课不算。有些学生认为，选商业汉语课既满足了其学习汉语的需要，又得到了专业课的学分，何乐而不为呢？媒体汉语课往往也能引起学生的兴趣，因为许多学生对电影、网络文章有兴趣，这些材料更符合年轻一代的学习和欣赏习惯，他们期待这些课程能带来正规教材学习以外的乐趣。反对开设这类课程的教师认为，常规汉语课的内容适用于所有领域使用汉语的需要。只有汉语商用、医用和媒体之用，而没有所谓的商业汉语、医学汉语和媒体汉语。学生应脚踏实地学好标准课程，有了这方面的坚实基础以后，学生只要学习一些与自己从事的专业有关的词汇即可应付工作之需。汉语教学应追求一般化，而不应追求特殊化；教学内容应宽泛，而不应窄化。无论持哪种观点，冠以何样的名分，多数教师的共识是这些课都是一种语言课而非专业课，其侧重点都不在专业知识上，而是汉语语言教学的另一种形式，其教学原则和方法与常规汉语课程大同小异。

第二节 从专业期刊的变化看汉语作为外语教学的相关研究

谈到语言教学，很多人马上联想到的是教学法。20世纪的确是一个外语教育蓬勃发展的时期，是教学理论流派林立、异彩纷呈的时代。翻译法、听说法、交际法、暗示法、沉默法、自然法、全身反应法和情景法等先后出现，各领风骚。虽然新理论、新方法层出不穷，但教学效果上似乎并无显著差异，有些方法可能更适用于某一学习阶段或者某一特殊学生群体。从学生的角度看，就总体而言没有一种方法占有绝对的优势或者劣势。（陈东东，2008）由于教学理论在教学中并未起到决定性的作用，有些学者把关注的重点放在了课堂教学过程的研究上面。（王永祥，2016）

Casas-Tost，Helena & Rovira-Esteva，Sara（2015）以《中文教师学会学报》（*Journal of the Chinese Language Teachers Association*）为主要研究资源，总结并讨论了汉语作为外语教学发展的历史脉络。从1966年该刊创刊到2013年之间，汉语教学法的发展有很多历史性的改变。以这样的历史演变为蓝本，文章的作者概括了长期以来汉语教学中特别受重视以及特别不受重视的课题。

从1966年到2013年间，《中文教师学会学报》总共发表了745篇有关汉语教学法的文章，作者包括了507位来自不同国家的汉语教师。他们大致可分为“华人”（ethnic Chinese）和“非华人”（non-ethnic Chinese）两类。在学报发行初期，大部分研究文章是由“非华人”教师、学者撰写的，但从20世纪70年代开始，“华人”教师发表的文章数量开始超过“非华人”。这与这段历史时期对汉语教师的需求不断增加有关。发表文章数量最多的学术机构是俄亥俄州立大学和夏威夷大学。这是两所拥有汉语教学硕士和博士项目的大学，汉语学生的人数也比较多。全部文章中，有7%来自美国以外的、不以汉语为主要语言的国家，如日本、澳大利亚等；80%的文章来自美国国内。自80年代起，中国教师在这个学报发表的文章远远超过了其他国际背景的教师。这与1979年中美建交后两国交流的日益频繁息息相关。

汉语教学法方面的论文从研究方法上看，主要分为实地调查（primary, field research）和文献研究（secondary, desk research）两大类。两者所占比例分别为55%和45%，而且前者仍有上升的趋势。汉语教学法经历了从“描述性研究”

向“实证性研究”发展的趋势。也就是说，对汉语教学法的研究越来越贴近社会科学以数据为基础的方式。这些文章可分为“叙事性文章”（anecdotal articles）和“科学性文章”（scientific articles）。前者较短，后者较长并比较接近学术文章的规范。虽然该学报收录汉语和英文双语的文章，但只有15%的文章是用汉语发表的，85%的文章仍是英文的。笔者认为，这与文章作者多在美国任教，其专业训练大多是在美国完成以及在某些大学发表英文论文可能对评职称更有帮助有关。在汉语文章中，52%使用繁体字，48%使用简体字。现在使用简体字发表的文章当然越来越多。虽然汉语拼音尚未完全取代威妥玛式拼音系统和注音符号，但中国的语言政策使拼音越来越趋于占据主导地位。

虽然这些中英文文章涵盖了从语言到文化各个方面的话题，但文章作者关注最多、内容占比最大的是有关教学法的文章。有关教学法方面的话题主要为语言的变化（包括方言）、语言技能以及语言水平。从语言技能来看，汉语教学与其他语言教学不一样的是，除了听说读写四项技能训练之外，汉语还有文字教学。但在这段历史时期内，研究者对汉字教学的关注逐渐减少。而对汉字教学的关注主要来自非华人教师，华人教师多比较关注听说训练。具体来说，此阶段关于教学法的研究有如下特点：（1）从语言层面来看，16%的文章关注语用学，12%的文章关注语音学，10%的文章关注语义学。大多数文章都在讨论“把”“被”和动词重复的用法。“了”和“着”在助词中讨论得最多。（2）从语音上来看，很多文章着重讨论了怎么才能教好声调。（3）从语义上来看，大多数文章首先关注的是一些固定搭配的词组和专有名词的教学。另外，就教学法等方面来看，30%的文章探讨了课程设计和教学材料的运用，3%的文章分析了教学媒体工具。

总的来说，过去50年间，汉语教学法的研究明显从理论化的、描述性的研究策略转向了实证性的研究。但在这个发展过程中，对读和写的研究明显多于对听和说的研究。语言等级的标准化也没有引起充分的关注。对初中、高中阶段汉语教学的关注明显少于对大学汉语教学的关注。与此同时，对语言学习者不同背景的研究也很少见。

笔者认为，实证研究为汉语教学理论和实践的发展提供了一种有益的方向，但是实证研究并不能解决汉语教学的所有问题。有时有些研究对象很难量化，如学生对目的语文化的了解就是不能完全量化的。另外，有些研究取样太少，作者的“主题先行”意识较强，问题设计得也不尽合理，学生在回答过程中有时会

"配合"老师的意图，等等。在实证研究的论文铺天盖地之时，如何看待教师作为个人和群体经验的意义与实证研究的关系，实证研究是否比教师的长期经验更科学、准确，是我们应该认真思考的问题。我们在借鉴语言学理论和西方外语教学理论的同时，如何结合汉语的特点与教学实践，提出对整个外语教学有借鉴意义的教学理论和方法，而不仅仅是以汉语教学的成果为某些西方教学法理论提供注脚、增添一项证据，更是值得我们所有汉语教师深思的重大问题。

第三节　美国大学汉语课堂教学的一般特点

一、汉语课堂教学的作用与注意事项

对于在美国大学学习汉语的多数学生而言，通过与中国人交往而自然习得语言的机会并不多。即便有些学生有机会到中国留学，也多以暑假或短期学习为主，留学超过一年的在校大学生、研究生比较少见。所以，在美国的汉语教学一般只能以课堂教学为主。由于教师一般更倾向于使用比较规范的语言，教学内容涵盖由简单到复杂的多样的语言形式，因此无论是从发音还是到内容，学生在课堂上学习的语言一般都比在社会上随机听到的语言更具普遍意义，也更标准。课时越多，汉语的输入输出也越多，学习收益相对就越大。课堂上，教师的讲授时间及比较机械的操练时间与相对自由、尽可能真实运用汉语的时间随着学生对汉语掌握的程度而有所不同。一般而言，初级阶段的老师需要用英文解释和机械操练的时间相对长一些，自由、真实表达的机会更少些；进入高年级课堂教学阶段以后，用英文解释和机械操练所占的比例会相对减少，自由、真实表达的时间会有所增加。（刘润清，1993）

即使学生到了目的语环境中，也不能保证其汉语输入输出一定明显增多，因为有些学生倾向于与其他美国同学相处或在网上与其家人朋友用英语交流，因而丧失了与中国人交流的宝贵机会。我们也可以用大量中国人到美国后的表现来反证上述观点的正确性：他们喜欢与其他中国人同住，每天用汉语交流，以致来美多年，其英语水平并没有自动提高。从成功的汉语学习者的经验（见本书第九章）来看，具备了最初的学习基础，在美国学过至少一年汉语然后才到中国留学的学生，可能取得的进步更为明显。因此对成年人来说，与随机的、隐性的自然习得相比，有组织的、高质量的课堂教学从总体上看是更有保证、效率也更高的学习方式。

近年来，汉语教师培训谈及课堂教学时，往往会强调“以学生为中心”的理念，这对转变某些教师的课堂教学以知识讲解为中心的理念，无疑是大有裨益的。但所谓课堂教学“以学生为中心”，笔者认为指的不是学生按照个人好恶直接主导教学，因为教学目标的设定、教材的选择、教学进度和方法的确定、考核内容与标准的制定等，都是教师根据个人经验、年级教学大纲的要求以及对学生的了解做出的。“以学生为中心”指的是在充分考虑到学生的学习目的、需求、

动机、能力、基础等的前提下，努力调动学生的参与意识，激发其学习的积极性和主动性，强调学生语言输出（大量练习和运用目的语）的重要性等，最终使其获得最好的学习体验和学习成效，而不是让学生被动地听老师讲授其感兴趣的话题。

那么学生对外语学习的认识与教师对外语教学的认识有哪些相同与不同之处呢？ Kern（1995）对 180 位正在第一和第二学期学习的法语学生和 12 位加州大学（伯克利分校）的教师进行了调查，结果显示，学生和老师对语言学习的观念在多方面存在很大差异。学生对语言学习的看法比较乐观，70% 的学生认为他们能够把法语学好，其中 43% 的学生甚至认为只要每天学习一小时，最多需要两年时间，他们就能够讲出流利的法语。80% 的学生认为每个人都能学好一门外语。学生认为发音完美很重要，如果开始没学好，以后很难纠正的占 57%；认为发音正确非常重要的教师只占 25%，他们认为无论发音如何，鼓励学生敢于说出口才是最重要的。学生认为学习语法规则非常重要的占 25%，老师中没有人认为学习语法规则非常重要。学生认为说一门语言比理解更容易的占 30%；老师认为理解一门语言更容易，没人认为说一门语言比理解容易。学生认为学习一门语言时翻译是必不可少的，老师认为翻译没那么重要。学生强烈认为学习外语需要大量的重复所占的比例（74%）比教师（42%）高出 32%。近 40% 的学生认同或者非常认同学习外语在很大程度上就是学习新词汇，没有老师这样认为。美国人认为会说一种外语很重要，这种观点得到了近 50% 的学生的认同，而只有 8% 的老师认同这个说法。师生观点差异巨大。报告认为，学生对外语学习的很多理念并没有随着学习时间的推移而发生大的变化，是相对比较固定的。

笔者认为，如果师生对语言学习、语言教学的认识趋于一致，相对而言，教学的效果就会更好一些。反之，如果双方的认识差别较大，教学效果就会打些折扣。学生对外语学习的乐观态度可能与他们尚未完全掌握一门语言，不完全了解学好一门语言的困难有多大有关。在纠正发音方面，教师不应过分担心改正发音错误会对学生的自信心和学习动力产生太大的影响，如果最初没有改好发音，以后将越来越难改。教师认为理解语言比说更容易，这在一定程度上解释了为什么有些教师上课总是喜欢讲，没那么喜欢操练重复；学生认为会话远比理解容易，所以更倾向于通过反复练习而学会使用。因此，教师在课堂上应务必坚持精讲多练、不避重复的原则。学生认为语法规则重要也许是因为这与考试内容相关，也许是因为学生认为抓住规则能使学习更有迹可循。在当今外语教学课堂上，教师越来越主张尽可能多地使用目的语，而学生认为翻译仍然是必不可少的。或许学生是希望通过翻译确认自己对语法、词汇等的理解是正确的，通过翻译确认两种语言的对应关系。因此课后练习和考试中适当的翻译练习有时还是需要的。

综上所述，有组织的课堂汉语教学对绝大多数美国大学生来说是最常见、最切实可行、效率最高的汉语学习方式。课堂教学应充分考虑到学生的学习特点和需求，充分调动其参与意识。改正学生错误是教师义不容辞的责任，讲究方式方法当然是很重要的，但不必过于担心改错对学生的负面影响。必要的语法形式操练是必须坚持的，对学生而言，在一定程度上“会”比“懂”可能更容易，教师应尽量减少讲解说明的时间。目的语的使用、翻译练习有时也是需要的。

二、汉语课堂教学中听说读写的关系

多数美国大学都没有按照语言技能设课，最常见的是从低年级到高年级的听说读写综合课。每个年级的课时因教师资源、学生的学习需要、学校安排等而有所不同。课堂教学一般秉持听说为主、少讲多练、调动学生尽可能多地开口说话的基本原则。除了听写测验和考试以外，上课一般较少安排大段时间进行阅读、汉字书写和写作练习，因为这些学生可以在课后自行完成。听说读写的材料是基本相同的。也就是说，对同一篇材料，要求学生听得懂，说得出，看得懂，会写其中的汉字，并能够根据所学生词、语法点以及课文内容写出相关的作文。

听力的训练一般不采取让学生在课上大段听生词录音、课文录音以及看录像的方式，而是一般要求学生在课下完成。听力训练通过上课听老师的讲解、说明、提问以及其他同学的发言的形式进行，偶尔在课堂上做比较简短的听录音和看录像片段的活动。强调抓住一切机会让学生以多听的方式增加输入，而不是以多看的方式。投影片的内容最好以提示为主，而不是把本来需要学生听的部分变成看或者阅读。

会话是课堂练习的中心，课堂教学的所有内容都尽可能服务于这个中心。学生开口包括跟着老师齐说，完成句子，说出全句，用句子或者句段回答问题，参与课堂讨论、辩论，做口头报告，就同学和老师的观点提出问题等形式。老师最重要的工作就是要引导学生用所学的生词和语法点回答问题、参与讨论和做口头报告。在大学课堂一般不鼓励花较多时间做游戏以及进行角色扮演等活动，因为作为成年人，多数学生认为这样的活动有些幼稚、可笑，降低了教学效率。同时，老师在分组活动中无法对全班同学的练习情况进行监督，很难纠正学生的错误。所以，这类活动偶尔用于调节气氛尚可，作为经常采用的教学方法对成年人则未必得当。课堂教学主要是听说相结合的过程。

阅读方面的主要材料是课文和课后的补充材料，有些老师会再根据生词难易度和所学话题给学生提供其他阅读材料。低年级的课文比较简短，由简单对话过渡到短文；高年级的课文由报刊选读、文学作品、其他文体的应用文等组成。学生在阅读课文和补充阅读练习之后，一般需要回答检测阅读效果的小问题。低年级老师一般力求让学生把学过、阅读过的课文复述出来。高年级老师有时会要求学生阅读以后写读书报告，将阅读练习与写作练习结合起来。

写有两层含义，一是学习汉字的书写，二是真正意义上的写作练习。通常开始学汉语是写汉字、生词、短语、短句子，然后过渡到写段落、写短文。一般二年级要求学生写出 200 ～ 300 字的短文，四、五年级每周或者每课可以要求学生用本课生词和语法点写一篇 600 ～ 800 字的短文。有些学校要求一年级学生先学习手写，二年级再进入打字阶段；有些学校从一年级就开始允许打字了（相关讨论见本书第五章第四节）。多数学校要求学生在考试的时候要手写。有些教师采用让学生课前写作文，做好准备，课上根据作文做口头报告（不是念出来，而是讲出来）的形式，这是将写作与口头表达相结合的练习方式。

简而言之，凡是学生能够课后完成的练习都尽量不占用上课的宝贵时间，比如阅读和写作练习；上课主要做的是学生很难在课后独立完成的训练内容，比如会话练习。课堂教学坚持尽可能多地给学生语言输入和口头表达的机会。

三、汉语课堂教学的一般原则与技巧

语言课教学的核心就是通过简单的讲解说明配合上大量的操练让学生获得使用语言的技能，而不主要是学习某些语言知识。获得技能的含义就是学生在相应的场合下能把学过的词汇、句子、语段正确地使用出来，而不仅是知道应该使用什么。因此课堂教学技巧的核心就是精讲多练，让学生多开口说话；老师像一个交通警察，很多时候要做的工作就是指挥交通，控制学生说话的内容、长短，调动学生的参与热情，改正学生语言表达的错误。

Ellis（2005）在谈到外语课教学的一般原则时指出：

（1）教学需要确保学习者既具有丰富的语块表达能力又具有以规则为基础的全部技能。

（2）教学需要确保学习者的关注主要在语义方面：在关注意义的同时，也需要关注语用。

（3）教学需要确保学习者也关注语言形式，比如句型等等。

（4）教学需要在主要培养二语的隐性知识的同时也不忽视其显性知识。显性知识是可以言说的，隐性知识类似语感，是不能言说的。很多显性知识是在大量的有意义的交流中出现的。要有很多关注意义的交流才能培养隐性知识。隐性知识不能说明和归纳，但是可以运用。

（5）教学需要顾及学习者的内在大纲，包括学习的顺序、学习的节奏等等，像我们的课程大纲一样。

（6）成功的语言教学要求更多的二语输入。

（7）成功的语言学习要求更多的输出机会。

（8）学习中的互动机会是培养学生二语能力的核心。

（9）教学需要顾及学习者的个体差异。每个人的语言天分、动机、性格、学习背景、学习风格、学习策略等都是不同的。

（10）在测试二语学习者的语言能力时，需要检测自由状态下和控制状态下的产出。教师给出规定的语法、生词等等。一些判断语法对不对的填空题、多项选择题等等是控制状态下的检测。交际任务是自由表达，只要达到交际目的即可。

结合上述原则与汉语教学的实际，笔者认为汉语教师，无论是哪个年级的教师，教授大班课还是小班课，教授标准语言课程还是华裔班、商业汉语等课程，无论在国内还是海外任教，都应共同遵循的教学原则与教学方法包括：

（1）对学生要多鼓励，但是这与及时改正学生错误并不矛盾。改错包括改正语音、语法、词汇使用等各方面的错误。当然改错的方式可以灵活多样，根据学生的具体情况而定。实践证明，方法得当、改错及时的老师更能赢得学生的喜爱。可以采用随时改、选择重点改、归纳出规律地改等各种方式。无论是高年级还是低年级的学生都需要改错。如果学生有顽固性错误，我们宁可将其看作老师改得不够造成的，而不能放任自流。改还是比不改好。另外多鼓励并不意味着放松要求，严格要求与热情鼓励可以并行不悖。

（2）上课的节奏要快，以免造成学生注意力分散、精神倦怠等情况。轮换的间隔要短，节奏快的基础是教师对教材和所教授内容的熟练掌握、运用自如和充分准备。多问“你呢、为什么”或者用手势以节省提问时间。当然这不是说老师的语速要快，老师的语速要尽量自然，以接近中国人的正常语速为宜。

（3）把操练语法和课文内容的串讲、讨论结合起来。点面结合，夹叙夹议，既见树木又见森林，让学生体会到语法点和词汇都是整个课文内容的有机组成部分。语法操练和课堂讨论所占的时间比例要依据课文的难度、课文话题的可讨论性以及语法点的多少而定。对于语法点较多、较难的课文，教师应加大操练的比例；相反，对于生词、语法点比较容易掌握及话题更容易引起兴趣的课文，教师可以适当增加讨论的比例。

（4）操练方式可以多样化：领说、点说、齐唱，给前句说后句，给问题由学生用特定词语、语法回答，给情景让学生用所给的生词、语法点回答，用所给的词汇和语法点讨论等，各种方式可以交替进行，由浅入深。尽量不做简单的造句练习，因为简单的造句练习既缺乏语境，也不能保证一定能与学生学过的生词和课文结合。

（5）应注意到学生水平的差异，提问的问题要尽量贴近学生水平，不要在教学中主动夹带学生没学过的生词。凡是学生能回答的尽量由学生说出，老师不越俎代庖。老师一定要有耐心，给学生稍加思考的时间。不要学生稍有沉吟，老师马上代替学生回答或者做出更复杂的解释。

（6）老师的语音语调应有变化，不要太平；要尽量和颜悦色，以减少学生的畏惧心理。上课时老师要走动，要活泼，充满热情和朝气，要用关爱期待的目光看着学生。对上课看手机、不专心的学生，老师要走到他面前提问，以引起其注意。

（7）教师应注意发问的技巧，请学生发言的时候尽量先问问题后点人，以调动所有人的参与热情，集中其注意力；不要先点人后提问，让没有被问到的同学产生与己无关的感觉；也不要经常泛泛地提问众人，以免学生面面相觑，耽误课堂进度。效率较高的办法是直接用简单、明确的手势点人回答问题，以节省叫名字使用的时间。注意给每位学生均等的发言机会，而不是偏爱好学生。点人的时候不要有规律性地轮流点人，而应出其不意，让学生时时处于紧张、兴奋状态。

（8）不要让其他同学对学生的回答做出评价。避免“这个生词我们以前学过了，你怎么又忘了？不是刚考过吗？王五的发音比赵六好，赵六你得向王五学习”这类的表达。不要突出对某些学生的偏爱，不要强调或者表现学生在性别、种族、学校排名上的差别。比如，不要说“我们请男同学先说，我们请哈佛的同学说”，要尽量体现一视同仁的态度。

（9）学生的长句、语段等高级的表达方式的使用往往在最初都不是自觉、自愿的，是需要老师引导的。老师要尽可能有意识地把本课和以前学过的生词、语法点带到操练中，多次重复，引导学生反复使用，逐步改正学生避重就轻、一切从简的表达习惯。每堂课的最后可做总结性练习，让学生用学过的多个语法点、生词发表自己对某一特定问题的意见，以实现自然的语段表达。

（10）把听课、教学观摩看成是学习的最重要途径。笔者一般每年会听几十位来自国内外不同教学单位的老师的课，从中发现许多老师都有某种独到的教学设计。要正确面对批评，在批评中提高自己，不要第一反应就是防卫和为自己辩护。要建立听课后讨论和善意批评的机制。批评不一定意味着某人教得不好，而是因为每个人都有再进步的空间。如果要挑错，那么每个被听课的老师几乎都有解释得不妥当的地方、练习得不尽善尽美的地方。因此，听到批评时不要灰心丧气，也不要认为只有教得好的人才有资格指出别人的不足，或者只有领导才有资格点评老师的教学。同事之间的互相切磋，同样是提高自己教学水平的重要方式。

（11）避免把问题引向死胡同，不要期待学生回答出跟你预想的完全一样的答案。如讲到《草船借箭》一课，有老师提问“草靶子上到底有多少支箭？”有同学回答好多，有人回答几百、几千等等，老师都说不对。因为课文上有句话，叫作“万箭齐发”。老师就期待同学回答出这个课文中的句子：“有一万支箭。”这样的回答是机械性地照搬课文，既没有多少现实意义，也没有必要。笔者在教师培训中举了上述例子之后，老师们都捧腹大笑，觉得这种情况不太可能发生。随后一位老师在讲《聪明人、傻子和奴才》这课时就提问学生：“奴才吃的什么？”全班都想不出如何回答。老师期待的是课文中的句子：“吃得连猪狗都不如，一餐未必有一小碗。”同学们的反应一般是马上翻书，想找到相应的现成答案，这个问题显然不是个好问题。老师之所以上课问出了这样的问题，是因为上课紧张或者准备不够、经验不足，一时出现了断片儿的情况，手上忙着查找下面要讲的内容，就问出了不当的问题。

（12）教师要具有专业精神，即使是在工作压力大、个人生活碰到困难的时候，也万不可主动向学生诉苦："为了教你们，老师昨天备课备到两点半。"学生会认为这是老师能力不够的表现，很可能会想为什么学校不聘请更有经验的老师来工作，而不一定会同情老师。有时教师是"说者无心"，学生是"听者有意"。在与学生的交往中，教师一定要注意体现专业精神，而不要太过于个人化。

（13）关于近义词的辨析问题，每个年级的处理方式可能不同。到了高年级，汉语的基础语法已经基本学完了，词汇教学和词语搭配教学则成为上课的重点内容，比如动宾的搭配、状语和谓语的搭配等等。随着学生词汇量的增加，近义词的辨析也成了教学的重点。要解决好这个问题，一是要课前多准备。比如，一年级的学生可能会问"我吃了饭了"和"我吃过饭了"有什么不同；二年级的学生已经会问到"一旦"和"万一"有什么不同，"往往"与"常常"有什么不同，"其他、别的"与"另外"有什么不同；三四年级的学生可能会问"保留、保存、保护、保持"有什么不同，"下跌、下降、下滑"有什么不同，"取悦"和"讨好"有没有不同等等。准备不充分、经验不足的老师很难一下子解释清楚。二是知之为知之，不知为不知。老师在感觉当时无法一下讲明白时，可以告诉学生要回去查查词典或者与其他老师讨论，然后再答复学生。千万不要任意发挥，信口乱说，以免造成理解上的错误。三要先举例，后归纳。从语义的不同、词性的不同、适用对象的不同、感情色彩的不同、语法功能的不同、语体色彩的不同等多方面来概括总结。《应用汉语词典》（商务印书馆辞书研究中心编，商务印书馆），《1700对近义词语用法对比》（杨寄洲、贾永芬编著，北京语言大学出版社）可做参考。

（14）没有一种教学法是尽善尽美的，应博采众长，使各种方法都能为我所用。听说法、翻译法、直接法、应用教学法、任务式教学法等等都各有利弊，都有适用的对象或者教学阶段。教师要考虑到学生的水平和教学内容，交错使用，以期达到最佳的教学效果。笔者曾经在面试新教师时发现很多老师喜欢游戏法，认为这种方法轻松愉快，殊不知这可能是一种叫座不叫好的方法。课堂看起来很热闹，其实最后教学效果不一定令人满意，教师的评价成绩不一定高。我们宁可失之于严，也不可失之于宽，不能让学生感到无所收获，浪费了时间和金钱。

（15）使用PPT的正确方法。随着教学条件的改善和教学工具的日益多样化，许多老师喜欢上课用PPT，这是与时俱进、提高教学效率、丰富教学手法的需要。但是要注意，语言教学更重要的是人与人的交流。一堂语言课的好坏主要与教师的学识、个性、经验、对教材的掌握、对学生的了解、准备的充分程度密切相关，而与采取的图片、画面、音乐没有那么直接的关系。教学手段不是决定一节课成败的最重要因素。千万不要认为把教材内容搬到幻灯片上打出来就完成了备课的过程，给成年人上课也许不需要太多的图片告诉他们什么是旅馆、什么是毛巾等等。教师主要应该考虑怎样借助 PPT 减少在课堂上使用学生母语解释的时间，增加学生的开口次数。当然，适当地活跃一下课堂气氛也是必要的。PPT 可以用来解释学生难以理解的概念，提供练习的语境与场景以减少老师说话占用的时间等。应尽力避免把学生需要回答的内容都打在幻灯片上，否则学生在不需思考甚至完全不理解的情况下就能照着 PPT 念出答案。

（16）课堂讨论的方式。课堂讨论并不是高年级的专利，哪个年级都可以讨论，只是话题难度不同。讨论依然是有组织的课堂教学的一部分，不是聊天闲扯，所以老师必须有所准备，指导学生有针对性地进行讨论。讨论的本质就是让学生综合运用所学的语音、语法、词汇和自己的各种知识对某个特定话题发表个人的意见。老师主动把要用的语法点和生词写在黑板上，引导或者要求学生运用，要把讨论与语法操练结合起来，讨论的内容可以具体，也可以抽象。作为语言课堂教学最常用的方法之一，教师的提问与其从事其他各类教学活动所使用的语言一样，都具有输入性、互动性、工具性的特点。教师提问的目的可能包括下面几种（金传宝，1998：40）：

①检测学生课前预习的情况，引导学生回顾、重温已经掌握的语言知识。

②激励学生参与，增强其学习兴趣，引导他们用所学生词和语法点就某一话题进行专题讨论，实现由模仿向自由表达的创造性思维的过渡。

③判断学生对某方面知识的掌握程度，确认教学目标是否实现。

④控制学生的行为，掌控课堂节奏，通过师生互动或学生之间的互动调节课堂气氛。

⑤教学相长，听教师的教授是学习，听学生的回答对教师来说也是学习的过程，特别是汉语水平已经高到可以表达思想、可以与教师进行有意义的交流的学生的表达。

因为提问对教学十分重要，所以教师应具备良好的提问技巧，提问中要注意如下方面：

第一，老师不要太过主观、太强调个人意见，不要压制学生。即使要表达与学生不同的意见，也要注意方式方法，可以巧妙地表达。比如可以说“有一种意见认为，我的意见是……”，或者说“一般的中国人认为，他们这样想的原因是……”。引导学生争论是最成功的讨论，但是教师要控制好节奏，不要让一人占用太多时间，要照顾到各位同学的感觉，把不喜欢说话的人拉到讨论中。

第二，不要一下子问太难的问题，可以多做铺垫，层层深入。可以先问与课文内容直接相关的话题，比如在讨论《美国的选举制度与美国的民主》这课时，老师可以问“大选中，我们常常看到候选人做什么？”“揭隐私、挖疮疤、说粗话，给选民开空头支票。”“那当选以后呢？”“满足利益团体的要求，把承诺抛在脑后，继续说冠冕堂皇的话。”如果学生回答不了就要变换话题，更换答题人。因此，教师需要准备大量的问题。如果一个人备课想不出来，就需要集体备课，大家讨论。下课后把学生想到的好问题也收集起来。话题要具有开放性。讨论可以把复杂、抽象的问题具体化、生活化，也可以把具体的问题拔高、抽象化、哲学化。

第三，千万不要期待学生的回答与老师的预想或“正确答案”完全相同，要鼓励不同的思考视角。最成功的提问是从学生的回答里找到合适的切入点，将讨论引向深入。避免把问题往死里问，只要求学生机械地按照课文内容来回答的做法不可取。

第四，讨论的过程中也要注意纠错，包括发音错误、词语和语法点使用错误等等，不要对学生放任自流。但是纠错的具体方式可以视情况而定，可以打断学生发言来纠错，也可以等学生讲完以后一并纠错，可以见错就改，也可以抓住重点进行归纳和修改。

第五，课堂讨论的方式多种多样，可以交替进行。最常见的是一问一答式，老师提问，学生回答。还有学生互动式，即学生做口头报告，然后就报告内容向其他同学发问，或者由其他同学就报告内容向报告人提问。还有连环式，老师问一位学生问题，该学生回答之后提出新的问题，其他同学作答之后继续提出问题，等等。

第六，有些问题适用于高年级的任何一课，比如：“你认为作者为什么要写这个故事，他想告诉我们什么？”“如果你是文章中的某某人，你会怎样做？为什么？”“现在的情况与作者描写的有哪些不同，为什么不同了？”等等。我们以鲁迅的小说《故乡》为例来说明引导讨论的方式。如果直接问小说反映了中国当时农民的哪些社会问题，同学们可能会因为问题太大而面面相觑，不知如何说起。如果从同学们有生活体验的具体问题着手，讨论就比较容易进行，如可以问："你喜欢不喜欢见到小时候的朋友，为什么？""人比较喜欢跟自己社会地位差不多的人来往吗？或者不一定？""越有钱的人越小气吗？别人为什么这样说？""中国人的故乡观念比美国人更强吗？为什么？""人类对于别人苦难的态度是怎样的呢？""'我'能不能救闰土，为什么？"如果学生回答不了，就立刻转换话题，如："毕业多年后假如有机会碰到你上大学时最爱的人，你愿意不愿意参加同学聚会，为什么？"

再比如讨论到"讲价"的问题时，老师可以问："你认为讲价是中国文化的特点吗，为什么？""为什么美国人比较少讲价？""讲价是不是浪费时间？为什么？""随着大百货公司代替小摊贩，讲价会不会不存在了？为什么？""随着网络购物的发展，如果实体店慢慢消失，是不是讲价也不存在了？为什么？"不要一下子问得太难。老师要善于把抽象的问题具体化，把具体的问题综合化和抽象化。

汉语课堂教学中理想的提问应具有如下特点：

（1）课前要经过周密的设计，把本课课堂教学涉及的内容尽量都编成问题，力求以问带讲，凡是学生能回答的问题都由学生的口说出，以师生互动代替老师讲解。老师一般不主动占用上课时间特别说明自己对某社会问题的看法，除非学生提问。

（2）力求清楚、具体、准确地提出问题，避免模棱两可、语义含混的发问。提问后要通过观察确认学生基本听懂了问题，如果多数人没听懂，应降低语言难度，稍加解释。

（3）问题的难易度应兼顾学生的语言水平和认知能力，从语言水平上应挑战学生所能达到高度的上限。同时不应因为学生语言水平相对较低就认为其思维水平不高，问出一些不符合大学生认知能力的幼稚问题。一定要区分语言能力和认知能力的差别，问出"两全其美"的问题。

（4）按照事理逻辑和循序渐进的原则提问，先易后难，一般先提出紧贴课文内容的问题，然后扩展、深化，不要跳跃太大。

（5）照顾到学生的不同水平和不同兴趣，使大家都有话可说，鼓励全体同学的参与。提问之后留出几秒钟的思考时间，不要希望学生立刻回答，不要看学生一时没有答复就马上追问或者更换问题。除非发现问题实在太难，确实超越了学生的水平。问题可以是师生都知道答案的；也可以是教师或者学生其中一方知道如何回答的；也可以是之前双方都没有确切答案，需要思考讨论后得出不确定回答的。讨论的目的主要是为了练习语言表达，应鼓励学生畅所欲言。至于有些表达内容，老师可能一时无法确定是否完全符合客观事实，笔者认为这是无关紧要的。

（6）最理想的发问是老师就着学生回答中涉及的问题进行进一步的追问，鼓励学生澄清自己的意见，归纳个人的想法，组织好自己的句子；如果其他同学没听懂，教师可稍加解释和归纳。应鼓励同学之间互问，要求他们准备好问题再来上课，在课上形成同学之间不同思想的交锋，让他们认识到这是真枪实弹的交流，不是虚拟的聊天，从而激发其学习汉语的热情和兴趣。

（7）问答中的教师干预十分重要。例如当学生出现错误时，教师不应熟视无睹，而应加以及时的纠正，但不应让讨论中断太长时间，以免偏离了教学的主要方向。有时可以用再提问纠正学生的口误。学生回答用词准确，特别是运用了新词语和语法点，而表达内容又较深入时，教师应明确、积极地肯定其成绩，不要不置可否，更不要滥用表扬，使其丧失鼓励学生的作用。

（8）为了避免学生的回答过于简短并实现有意义的交际，教师应避免用是非问句提问。问题应具有实用性，可以是叙述性的，也可以是评价性的。对于高年级和汉语水平较高的学生，教师应提出一些具有分析性和综合性（比如归纳课文大意）的问题，以推高学生语言表达的难度。语言表达的简单和“低级”，有时是由于问题内容本身太过简单造成的。话题应具有开放性，便于学生从各个角度回答，同时培养学生探求知识秘密的兴趣。

（9）即兴提问与事先有准备的提问可以交错进行，提问可与学生的专题发言——口头报告交错进行。

四、大班课与小班课的特点与教学方法

有些大学的常年或者暑期项目的汉语课堂教学是以大小班的形式进行的。通常大班课具有如下特点：

第一，强调课前预习的重要性。学生必须准备好生词和课文，听过录音，对

课文大意有所掌握才能来上课。因此课上听写、简单的小测验就成了不可缺少的环节。近年来，翻转教学理论盛行，但是从本质上来说，这与汉语教学自“二战”以来的强化班训练传统，即强调课前充分准备，将所有可能课下做的事情都要求学生课前准备好，并无本质上的区别。

第二，领说、齐唱、点说是调动学生参与的重要手段，也是单位时间里参与说话人数最多的教学方法，最适合帮助学生建立正确的发音规范，逐步建立正确的句型模式，在不断重复、加深记忆的过程中帮助学生掌握正确的范句。

第三，从领说、齐唱、点说范句逐步过渡到“老师说前句，学生答后句”或“老师给用生词编写的句子设定的语境，学生回答”，最后过渡到“老师问问题，学生用刚学过的生词和语法回答”。

第四，老师带领学生或者以提问的方式带学生复述或者说出课文大意。

第五，老师就课文内容提出问题，学生结合课文内容和个人理解进行相关话题的讨论。上述过程可以交叉进行。

第六，老师总结、归纳所学内容，布置作业。

小班操练课一般具有如下特点：

第一，小班课就是学生从语言输入转入语言吸收之后的输出的过程。大班课已经讲过的内容，原则上小班课不再重复讲解说明，直接进入练习阶段。老师不再主动地解释语法内容，除非学生不懂，练习中出现了普遍性的问题。比如练习“与其 A，不如 B”的时候，多名学生搞不清楚说话人的意思到底是更想选择 A 还是更想选择 B，这时小班课老师才需要再次解释语法。小班课不对大班课的语法和句型进行有意识的扩展，除非学生主动问到，免得各小班课之间的教学内容不统一或者因为扩展耽误了应该操练的内容。比如有人问“这课学的‘毕竟’和以前学的‘究竟’有什么不同？”都是课文中出现的，老师应该给出解释：“‘毕竟’只用于非疑问句；‘究竟’在疑问句和非疑问句中都可以用。‘究竟’可做名词，如‘我去看个究竟’；‘毕竟’是副词，表示追根究底所得出来的结论，即使出现了新的情况，原来的状况也不容否认。”小班课老师没有主动讲解语法的责任，但是要做好被问到的准备。

第二，如果大班课老师在解释语法时出现了不准确的情况，小班课老师要注意不在课上有意或者无意地批评其他老师，而应单独与教学中出现错误的老师交换意见，并在不损害其他老师尊严的情况下在课堂上有所纠正。人非圣贤，孰能无过。作为一个团队，如果互相合作，大家都是好老师，可以取长补短；如果缺少合作精神，互相拆台，整个项目的工作成果都会大打折扣。

第三，小班课的时间主要用于生词、句型的反复操练（大班课一般已经做了初步的操练），以及与课文相关话题的深入讨论（大班课一般只做与课文内容直接相关的讨论，时间所限，较少延伸）。

大小班课的区别是相对的，也要视教学情况、学生情况而定，其特点并不是泾渭分明的。其最终目的都是最大限度地调动学生的参与意识，提高其语言表达水平。如果处理不当也可能造成衔接不理想、大小班部分教学内容重复或大小班均遗漏某些教学内容的问题。

五、汉语课课堂管理的原则与技巧

Schrier（2011）谈到汉语课课堂管理的原则时，指出教师应特别注意如下几点：

第一，设立明确的教室规则。规则一定是一致的，而且在一开学就要讲清楚。笔者认为老师应明确说明是否允许上课吃东西，因为这会影响课堂发言；是否允许看手机、看电脑、查电子词典等等。还有评分标准也要一开始就说清楚，学生成绩的累计情况应及时通报学生，以免等到学期末学生发现成绩不好时再去找老师理论，那时双方都没有挽回的余地了。

第二，保持亲和力，同时要立场坚定。从课堂流程（如问好），到仪态，再到声音等，老师都应该充满自信，使课堂活动顺利进行。笔者认为，教师一方面要对学生充满爱心，另一方面不能让学生主导课堂与教学活动。

第三，学会掌控课堂。对于不规范、不认真、扰乱课堂的行为，要及时地制止和正确引导，不应一味放任和纵容。比如有些汉语教师一上课先听写，再上新课。有些同学上课迟到，老师就等着，人来齐了才上课，这对按时来上课的同学来说是不公平的，浪费了他们的学习时间。老师应准时上课，因个人原因上课迟到的学生，需自己承担迟到的责任。如果有学生上课说脏话，老师应该制止，并转移话题，不要跟着哄笑等。

第四，在教育特别不听劝诫的学生时，教师应铭记自己的责任和身份，处理方式要合理。笔者认为在某些涉及校纪校规的问题上，例如长时间缺课、考试作弊、对其他学生造成精神或者身体伤害等情况，教师应及时报告本系负责人或学校有关部门，依照校规校纪处理，以免给个人工作带来不必要的困扰。

第五，注意与家长多沟通并共同解决关于学生的各类问题。笔者认为，这主要是针对中小学和周末中文学校来说的。大学中，老师与学生家长打交道的情况有限，一般限于校友、家长参观日，毕业典礼或者有突发紧急情况时。一般大学任课教师不直接与家长打交道，而是由校方直接联系家长。

具体来说，就是要在开学第一节课就为学生提供一份用英语写的（以免学生因语言障碍发生理解错误）教学大纲（syllabus），包括本课的特点、教学要求、教学目的、纪律要求（包括出勤、课堂纪律、考试纪律等）、教学进度、教学环节与步骤、教材、作业要求、考试次数与方式（口试、笔试、采访或研究报告等）以及评分标准等等。老师需要在第一天的课上向同学逐条解释清楚，之后教学大纲就成为师生双方共同遵守的契约。在师生对教学中的任何问题有不同意见或者发生争执时，教学大纲就是解决问题的依据。

除教学大纲之外，教师还应提供一份教学计划表，明确列出每天上课学习的内容、课后作业以及需要准备的任何事项。学生可据此做好课堂预习和课后复习，并预先知道听写、测验和考试的时间，以便提早准备。教学计划表和教学大纲可提供网络版或者纸质版。为了学生查看方便，最好提供两种版本，以免因电脑故障、停电、纸质版丢失等种种原因造成学习上的不便。

六、按照年级划分的低中年级与高年级汉语教学的特点与方法

1. 低中年级汉语教学的特点与注意事项

低中年级阶段的学生学习汉语时间不长，语言知识较少，语言技能水平相对较低。因此低中年级的汉语教学具有如下相关特点：

（1）语音、词汇和语法教学的内容基本围绕教材进行，不做或者很少进行扩展。

（2）教师要有意识地控制自己想用英文解释的冲动。虽然学生能听懂的汉语非常有限，但教师还是应尽量用学生能懂的目的语词语、句子，通过举例和问答达到解释说明的目的。不要图顺口、节省时间和一时的方便就放弃尽最大可能说汉语的努力。

（3）开始要采用小勺饲喂法，不要太求快求全，而应循序渐进，日积月累。

（4）因为学生正处于打基础的阶段，所以纠正学生的各种错误，特别是发音

上的错误显得尤为重要。学生一旦形成了南腔北调，到了高年级纠正起来更加困难。准确远比流利重要。

（5）坚持听说读写并重的原则，因为是对大学生的教学，不是对少年儿童或者游客的教学，尽量不给学生太多选择，如汉字读写太难，那就只学听说吧，以后积累多了，信心建立了，水平提高了，再学认读和汉字也不迟。殊不知，积累下来的未掌握的内容越多，越不利于学生今后的学习。放松要求不一定意味着注册学生人数的增加。

（6）因为学生的汉语学习刚刚起步，教师的引导作用显得尤为重要。教师的工作热情、正面的学习经验、较好的学习成果通常更能起到激励学生继续学习的作用。

（7）由于缺少知识积累，此阶段学生模仿、记忆和机械训练的成分更大，自由表达和发挥的成分相对较小。

总体而言，低中年级学生的上课时数较多，对汉语学习更有新鲜感和好奇心，学生汉语水平之间的差异较小，教学效果较为明显。与此相一致，各校使用的教材也比较整齐划一。由于此阶段学生的自学能力不够强，如果在低中年级停止课堂学习，他们比较难依靠自学将汉语水平提高到熟练运用的水平。

2. 高年级汉语教学的特点与注意事项

高年级汉语教学的基本任务简单地说就是发展、提高学生的语言综合运用能力、全面的语言交际能力，使他们能够在广阔的社会生活领域里，进行多层面的、较为深入的交际活动。也就是说，通过教学，学生能够使用相对高级的语言知识和获得的语言技能来表达复杂而深刻的思想内容。不是只有点菜、问路等日常生活会话才算交际活动，专题讨论也算一种交际活动。高年级汉语课的所学内容（包括文学和文化）都是为语言教学服务的，而不是说到了高年级语言课就变成文学、文化课了。从语体风格上看，高年级汉语教学更具书面色彩，课文形式也从低中年级的对话体转为经过改编或未经改编的文章了。

高年级汉语教学应该是低中年级所学语法的细化、深化和扩展，应着眼于虚词及连接词语的掌握，书面阅读中的常用词语、词语搭配（比如副词与动词的搭配）以及固定短语、固定格式、复杂句型的使用，多重复句的使用，语段篇章的扩展以及实用修辞手法的运用，等等。就美国大学而言，高年级的汉语教学始于三年级，算是个过渡阶段，比较典型的是四年级及五年级综合性的现代汉语课、华裔班的汉语课（双语课），还可以包括用汉语教授的文言文课程、法律汉语、商业汉语、媒体汉语等等。下面笔者结合自己在普林斯顿大学北京班和华盛顿大学（圣路易斯）的实例讨论普通的四、五年级的现代汉语综合课，特别是四年级的课程。在普林斯顿大学北京班十几个暑假的经历和在国内针对高年级的多年教学工作，使我有幸接触到了几十所美国大学的本科生和研究生，以及少量的高中生和在职人员，有机会使用了《文学与社会》《中国的危机与希望》《中国的理想与迷茫》《无所不谈》《中国侧影》《中国知识分子的自省》《短篇小说选读》《文学中的现实》《变化中的中国》等多种教材，使我的结论不局限于华盛顿大学一校的情况。但是笔者的教学对象绝大多数是学习动力非常强、汉语水平比较高、愿意用一个夏天专心于汉语学习的学生，所以不能说这些经验能够完全适用于所有大学的常年项目。

（1）高年级汉语教学的教材问题

在确定了学生以后，所有语言教学的根本问题都是教什么——主要是教材的选择以及教师根据教材内容和学生情况确定的教学内容和教学重点，还有怎么教，也就是教学法的问题。

20 世纪 50 年代到 70 年代美国大学的高年级教材主要是现代文学作品和政论性散文，比如《春蚕》《黑白李》《故都的秋》《背影》《新民主主义论》等。在中国大陆，70 年代末到 90 年代初期高年级汉语课本的主题也是文学作品，特别是散文，比如《谁是最可爱的人》《雪浪花》《登泰山记》《荔枝蜜》《古战场春晓》《甲申三百年祭》，鲁迅、朱自清的作品，古代小说（如四大名著节选）等等。这种情况在 80 年代末 90 年代初期受到了不少专家、教师的批评，他们认为这类教材的缺点很多，比如：文学作品与学生的日常生活严重脱节，所学内容无法运用到日常交际当中去；反映的生活面狭窄，年代久远，词汇、句法没有实用价值；生词量过大，肖像、景物、心理描写所占篇幅太大；有些教材变成了文学名作史；等等。之后，大量的报刊选读教材、视听说教材等出版，但是这类教材的问题在于内容容易过时，比较结合一时一地的情况，事实性的东西多，普遍性的内容有所欠缺。报刊选读类教材的大量出现，使教材市场逐渐呈现出多文体教材并存的情况。

笔者认为，文学作品在与报刊、时文、应用性散文的比较中依然表现出了很强的竞争力，受到了学习动力比较强的学生的喜爱。所以，文学作品不一定不适合做高年级的教材，关键是选择哪些文学作品。个人认为抒情散文不太适合，叙述性较强的小说更适合一些，当然相当多的文学作品都不适合作为外国人学习汉语的教材，选到合适的作品是非常困难的。选择之后还有如何教的问题。如果有可能，教材应选择内容丰富、体裁多样的课文：有报刊时政方面的，有小品、随笔杂文类的，也有小说和专论方面的，这样学生可以接触到不同语言风格的文章，满足各种专业和学习动机的学生的需要。对语言实用性不强但比较具有讨论价值的文学作品，教学中可刻意强调其内容的方面。这样做也存在一些问题，比如教材的系统性不强，语言知识的讲解随机性比较大，对词频的控制较弱，等等。

（2）高年级汉语课的教法问题

第一，课堂教学的基本环节包括：听写或者对预习的检查；朗读课文，有人认为非常必要，有人认为浪费时间，如果不是直接朗读，可考虑通过问答的方式请学生对课文内容进行叙述；对重点词语、语法点的解释操练；对课文的归纳概括；对相关话题的深入扩展讨论，随时改正学生的发音和表达错误；等等。这里面每一步都要有意识地加入本课生词和语法点。

第二，理想的高年级教学应该是知识性、趣味性、实用性、思想性的合一。趣味性源于学生对话题的共鸣和兴趣，源于教师对学生创造性的激发及师生的互动交流。对高年级的学生来说，教学的趣味性来自师生之间和学生之间的思想碰撞与交流，而不是插科打诨、贫嘴、逗笑。

第三，语法到底应该教什么，哪些是容易被忽视的？语法教学可结合课文出现的内容，考虑名词、动词、形容词的重叠方式和表达的意思，如“悠悠长长、笔直笔直的”；也可对过去学过的语法进行归纳，如汉语中表示强调的方式；常用量词的复习与归纳；近义词需要结合课文进行辨析，比如“取悦—讨好、维护—维系、保存—保留、打击—攻击、逐步—逐渐、与其……不如—宁可……也不”。口语习用语也经常被忽视，因为是日常口语表达常用的，教师可能存在习焉不察的情况。这些习用语看似简单，其实很难理解，比如“太说不过去了、想不通、不像话”等等。另外，动宾搭配、状语和动词的搭配都需要注意。语法教学的具体方法和注意事项见第五章中的有关论述。

第四，关于词汇教学需要注意的问题：有些过时的词语很少使用或者不需要掌握，需要跟学生说明，比如“戏园子、小厮、老妈子、斗蟋蟀、蚱蜢、何首乌、木莲、覆盆子”等等。教师可以准备一个按照词性排列的生词表，备课的时候按照生词表编写句子，尽最大可能提高词汇的重现率。对新词语的介绍应本着稳定性与实用性相结合的原则，比如“八卦、土豪、学霸、女神”等相对稳定的，可在个别谈话、课堂讨论中提及，如果不是课文中出现的，建议不要占用太多上课时间。词汇教学的方法与注意事项详见第五章中的有关说明。

第五，课堂讨论主要分成两大类：一是随机地由老师提问或者学生互相提问的讨论方式；二是课前布置好题目，让学生进行充分的准备，上课进行专题讨论的形式。写作文是学生对所学生词、语法等各类知识全面综合的输出方式，有时候是一种比口头更好的表达方式，因为口头表达有一种现场性，学生往往来不及组织好语言就表达了。随机讨论与准备好书面文章的专题讨论可交错进行。教师特别需要注意提问的方式。尽量问开放性的问题，不要问简单的是非问题。

讨论要注意结合目前中国、美国社会的实际。我们的目的是让学生开口说汉语，讨论的话题不必都是关于中国的情况的，美国社会的也未尝不可。只要能调动学生开口讲话的积极性，讨论的内容和对象可以是多样化的。

教师可以引导学生把简单的问题抽象到哲学的高度来讨论，例如学习史铁生的小说《我与地坛》时可以讨论人类对待他人苦难和不幸的态度，对死亡和生命关系的认识，人的命运如何改变，等等。同时在学生讨论不能深入的时候，教师要想办法把比较抽象的内容具体化、细节化。教师还可以假设学生是某篇文章中的某个人物，请他们设身处地地考虑一下自己应如何面对某个现实问题，例如：如果你是中国领导人，你打算怎么解决现在中国的污染问题？如果你有足够的钱，会不会参加总统竞选？为什么？

讨论应该不预设立场，学生的意见如果跟老师所谓的“正确认识”差别太大也没关系，这是语言练习的一部分，目的不是改造思想。

第六，教师的语言对学生其实有很大的影响。笔者在课堂上曾经听到过学生的一些精彩表达：“黑夜给了我黑色的眼睛，我却用它来寻找光明”；“欲穷千里目，更上一层楼”；“事情不是因为有希望才坚持，而是因为坚持才有希望”。这些句子都是学生无意间听到老师说然后记下来的，这说明有表现力的语言对学生是有影响的。虽然有些同学上了高年级以后，老是感觉自己进步不如低年级明显了，但如果我们坚持不懈地大量输入语料，坚持高标准要求（课前准备，发音准确以及大量的输出)，学生在高年级依然能够取得明显的进步。

综上所述，高年级汉语教学仍然是有组织的课堂语言教学，而不是文学教学和文化教学等等。由于学生的自学能力更强，学生的学习背景和语言水平的差异更大，教学时数明显减少等原因，课堂教学效果往往不如低中年级明显，容易出现化石化的现象，因而教师需要面对更大的挑战。高年级教学要以词汇、语法教学为基础，以实现高质量的语段、语篇表达为目的，同时注意在潜移默化中培养学生的人文精神。此阶段学生最有成就感的是与教师、同学进行真正意义上的思想交流，因此教师往往需要付出更艰苦的努力才能满足教学对自己的更高要求，才能把学生培养成为真正能够使用汉语的人才。去海外留学是学生突破学习瓶颈的有效手段。

本章小结：本章首先简要归纳了美国校园文化的基本特点，介绍了汉语教学标准的设立与分班考试的情况，接着简要回顾了汉语课堂教学的基本模式与发展历史。随后从专业期刊内容的变化（1966 年《中文教师学会会刊》创刊到 2013 年）探讨了将汉语作为外语教学研究领域的改变，然后从不同角度讨论了大学课堂汉语教学的特点。一是从听说读写的关系谈汉语课堂教学，二是介绍了汉语课堂教学的原则和技巧，三是从大小班课分工的角度看课堂教学，四是从低中年级与高年级的不同特点看汉语课堂教学，五是谈课堂管理的基本原则、技巧和具体方法。对成年汉语学习者而言，课堂教学的效率和效果远远超过自然习得。只有坚持听说读写并进，才能使学生的汉语达到高级水平，使其在离开校园之后有能力自学汉语，并在生活工作中真正能运用汉语。海外留学是学生跨越学习瓶颈取得水平上的突破的重要方式。

第七章　美国大学华裔汉语教学

第一节　美国大学华裔汉语教学概况

对华裔学生的汉语教学不但是美国高等教育汉语教学的重要组成部分，而且也是周末社区中文学校教学以及美国初、中等教育双语教学的某种延续。究竟有多少华裔学生在大学选修汉语课程，笔者曾通过电邮向相关组织的负责人直接查证，美国中文教师学会（Chinese Language Teachers Association，CLTA）、位于加州大学（洛杉矶分校）的美国国家传承语资源中心（The National Heritage Language Resource Center at UCLA，NHLRC）以及美国现代语言协会（Modern Language Association，MLA）都申明没有进行过专项调查。据李煜、温晓虹和谢天蔚三教授于2014年2月发表的《中文教师学会2012年北美地区高校中文语言项目的调查报告》（Li，Wen，& Xie，2014：23-24）所提供的数据，在参与调查的154所美国高校的汉语学生当中，白人学生占美国大学正式注册选修汉语课学生总数的50.68%，家里说普通话的学生占14.12%，家里讲广东话的学生占6.86%，非华裔讲亚洲语言的学生（比如来自韩国、日本、东南亚等国的学生）占11.47%，拉丁裔学生占10.05%，非裔美国学生占5.61%，其他学生（如混血的学生）等占1.21%。由此可见，华裔学生共占美国大学选修汉语学生总数的20%左右。根据美国现代语言协会（MLA）2013年发布的统计数据，该年度美国大学汉语课的正式注册人数是6万人左右[①]，据此推算，华裔学生大约为1.2万人左右。

根据拉菲亚特大学骆涵教授2015年所做的《美国大学汉语作为传承语教育的调查报告》（Luo，2015a），在回复问卷的246所大学中，已经开设了华裔班

① 详情请查看网址：https://www.mla.org/Resources/Research/Surveys-Reports-and-Other-Documents/Teaching-Enrollments-and-Programs/Enrollments-in-Languages-Other-Than-English-in-United-States-Institutions-of-Higher-Education。

（或者叫双语班）课程的有 51 所，占全部接受调查大学的 20.7%；当时未开设但是将来计划开设华裔班课程的大学有 9 所，占全部接受调查大学的 3.7%（已开设或者计划开设华裔班的一共占 24.4%）；有相当比例的华裔学生，但是华裔与非华裔混合编班的大学有 46 所，占 18.7%；华裔学生人数不多，没有开设华裔班的占 56.9%。共有 39 所学校提供了开设华裔班课程的具体信息：15 所学校只设立了一个年级的华裔班课程，15 所学校开设了两个年级的华裔班课程，6 所学校开设了三个年级的华裔班课程，3 所学校开设了四个年级的华裔班课程。在一年级由双轨制实行华裔班与非华裔班双轨制，但是二年级开始将华裔班与非华裔班合并的有 6 所学校，占 51 所开设华裔课程的大学总数的 11.8%；19 所大学在三年级变成单轨制，占 51 所大学的 37.3%；7 所大学在四年级变成单轨制，占 51 所大学的 13.7%；3 所大学在全部课程中始终坚持双轨制，占 5.9%。由上可见，开设华裔班课程的大学近半数在三年级或者之前已经变成了单轨制。

根据笔者个人通过电子邮件对 50 个教学单位（包括以美国大学生为主要教学对象的海外项目）所做的简单调查，就总体而言，设置了华裔班的大学一般都是汉语教学历史较长、选修汉语课的学生较多、华裔学生人数也较多及学校教学资源比较丰富的学校。华裔班的大量出现是 20 世纪 90 年代初中期汉语教学开始蓬勃发展之际。一年级开设华裔课程的学校最多，三年级以上设立华裔班的学校数量大为减少，基本趋势是越到高年级，学校越强调华裔课程与非华裔课程的合一。可能的原因一是高年级学生的总人数减少，华裔学生或者一般美国学生的人数不足以单独开班；二是高年级华裔与非华裔学生之间的差别已不像一二年级那么明显了。笔者调查到的上述学校的华裔班人数基本上都从低年级到高年级递减，教学时数也呈递减趋势：每周一般从 5 课时减少到 3 课时。美国在华长期项目一般都没有开设华裔班，主要是因为参加海外长期项目的华裔学生人数非常有限。美国暑期在华项目，比如普林斯顿大学北京班（2013 年起）、西北大学北京班、杜克大学北京班等都根据招生情况及华裔学生的比例定期或者不定期地开设过华裔班。

与美国其他族裔相比，华裔学生（也叫作汉语传承语学习者）在大学汉语学习者当中的占比处于一种什么样的位置？某一传承语在美国社会总体的使用人数与大学选修该外语的学生总数有怎样的关系？根据美国人口普查局发布的《2011 年美国语言使用情况——美国社区调查报告》，美国全部人口中说汉语的人口总数达到了 2882497 人，是英语和西班牙语之外第三大语言。(Ryan，2013)[①] 为讨论上述问题，我们选取了在大学注册人数最多的外语语种作为研究对象，将每一语种作为传承语的使用人数与在大学注册选修该外语课的人数做一个对比，如表 7-1 所示：

表 7-1　传承语的使用人数与在大学选修此外语学生人数的对比表[②]

语种	传承语的使用人数(Ryan，2013)	在大学选修此外语的学生人数(Luo，2015a)	在大学选修此外语的人数与该传承语使用者总数的比例
西班牙语	37579787	约 79 万	2.1%
法语(普通法语和克里奥尔法语)	2055433	约 19.77 万	9.6%
德语	1083637	约 8.67 万	8%
意大利语	723632	约 7.13 万	9.8%
日语	436110	约 6.67 万	15.3%
汉语	2882497	约 6.1 万	2.1%
阿拉伯语	951699	约 3.23 万	3.3%
俄语	905843	约 2.1 万	2.4%
希伯来语(圣经希伯来语和现代希伯来语)	216343	约 1.92 万	8.9%

从表 7-1 可见，传承语的使用人数与在大学选修此类外语的学生人数之间没有一种简单明了的联系。但是我们可以粗略地看出，某些发达国家使用的语言以及与英语比较近似的语言(比如法语、德语、意大利语等)情况比较类似，在大学选修此类外语的学生人数与该传承语人口总数的比例都是 8% ～ 10% 之间，只有西班牙语是个例外；与英语关系相对比较远的语言总体上也比较类似，比如汉语、阿拉伯语、俄语等，这一比例都是 2% ～ 3% 左右，只有日语是个例外，比例奇高，达到了 15.3%。上述情况是巧合还是背后隐藏着某种内在的规律呢？

再看另一组数字，根据相同的人口统计报告，法语、德语、意大利语、葡萄牙语、希伯来语等的传承语使用者认为自己英文很好或者不错的占 80% ～ 96%；

① 参看 http://www.census.gov/prod/2013pubs/acs-22.pdf。
② 本表中数据分别来自 Ryan(2013)和 Luo(2015a)，为保持数据的准确性，我们不对数据做任何修改，照录于此，所以表格中数据的表示方法不一致，特此说明。

汉语、俄语、韩语、西班牙语的传承语使用者认为自己英文很好或者不错的占70%左右。日语的传承语使用者的这一比例为83%，高于汉语、韩语等的传承语使用者。

根据同样的人口普查数据，在美国全部人口当中讲汉语、他加禄语（最近改称菲律宾语）、越南语、韩语的人数远多于讲法语、德语、意大利语的人数，但是在大学里面选修汉语、他加禄语、越南语、韩语的学生人数却远远没有达到选修法语、德语、意大利语的学生人数。

因此从总体上说，表7-1中的这一组数据可以用来说明各种外语在美国社会中的影响力。譬如法语的传承语使用者的数量远低于汉语传承语使用者，但是大学中选修法语的学生数却是选修汉语的三倍以上。这个比例可以粗略地解释为法语和汉语在美国社会中各自的影响力指数。虽然美国传承语资源中心和现代语言协会没有相关的统计数据，我们无从得知选修法语和选修汉语的学生中间分别有多少法裔和华裔，但是笔者推测华裔的比例要高于法裔的比例，因为后者可能经过一两代的传承就不再带有明显的民族印记了。总体来说，选修某一语言的学生当中，非本族裔的比例越高，就说明该语言在美国社会的普遍影响力越大。所以，从华裔人口的总数以及我们所知的华裔学生的比例来看，汉语目前在美国社会中的影响力还是非常有限的。

我们从上述分析可以得出以下结论：第一，目前美国外语教学中学生人数最多的语言（西班牙语、法语、德语、意大利语等）都是早期欧洲移民定居者带来的语言，属于早期的传承语。讲这些语言的国家无论是在历史上还是在现代社会都或者保持着经济文化上的优势，或者拥有地缘政治方面的优势（拉美西语国家）。这些语言与英语同属印欧语系，基本特点与英语比较接近。第二，近些年外语教学发展比较快的语种，比如汉语、韩语、阿拉伯语、20年前的日语等均是大量新移民使用的语言，属于新的传承语。讲这些语言的国家或者在经济上或者在政治上对美国日益重要。这些语言不属于印欧语系，与英语的差别较大，对美国人而言学习难度也更大。虽然近年学习者数量增加显著，但是人数还远不足以与早期的传承语相提并论。这些语言能否取代传统传承语的影响和作用成为美国大学选课人数更多的语言，取决于这些国家的发展水平（日语的情况是个例证）、对美国社会的重要性与影响力。我们认为至少在短时间内上述情况不会发生根本性的变化。

第二节　传承语教学的若干基本概念与华裔汉语教学的一般特点

美国有两百万以上的华裔人口，对于华裔来说汉语是一种传承语（heritage language），而不是“外语”。根据美国应用语言学中心官方网站上登载的“What is a heritage language”条目，“传承语”是在一个特定的社会背景下用来区别于占主导地位的语言的。比如在美国，英语是占主导地位的语言（它不是官方语言，而是政府、教育和公众交流使用的主要语言）；除了英语以外的其他语言，都被讲那种语言的人看作传承语。把英语以外的语言叫作“外国语”或者“少数民族语言”都是不准确的，“传承语”可以用来描述一种不占主导地位的语言与一个人、一个家庭或者一个社区的联系。“传承语”还可以称作“社区语言”和“家庭语言”。

那么传承语学习者（heritage language learner）具体包括哪些人呢？斯坦福大学西班牙语教授 Guadalupe Valdés 的定义被普遍接受，她从两方面定义传承语学习者：（1）与某一濒危语言或者学校通常不教授的某一移民语言有历史渊源或者亲身关联的个人；（2）在校选修外语课，在其生活的家庭中有使用非英语的传承语交谈的环境，或者仅仅对传承语具有一定理解力，或者在某种程度上具有英语和传承语的双语能力的个人。（Peyton，Ranard，& McGinnis，2001）

与 Valdés 等学者从语言学的角度出发定义传承语学习者不同，曾在斯坦福大学任教多年的 Joshua Fishman 教授根据各种语言与美国的社会历史关系对传承语进行了分类。他把传承语分成下面三大类：（1）美洲土著部落讲的、欧洲移民者到达之前就存在的语言，这类语言大多处于濒危状态；（2）早期欧洲定居者带到美国来的殖民者语言，如法语、德语、意大利语、西班牙语；（3）伴随着更近期的移民潮进入美国的移民语言，如阿拉伯语、汉语、日语、越南语、柬埔寨语、韩语。（Fishman，1999）

另一种比较有代表性的定义出自加州大学（洛杉矶分校）的美国国家传承语资源中心主任 O. Kagan：“（传承语学习者指）那些在儿童时代接触过某一特定的语言，可是因为另一语言成为（生活中）最重要的语言，因此从来没有完全掌握过这一特定语言的人。”（Kagan，2011）她强调了传承语学习者在儿童时代接触过该语言，由于语言竞争带来的不平衡使其传承语学习不能继续并且无法达到更高的水平的特点。

那么具体到汉语传承语学习者，也就是华裔学生，我们应该如何定义呢？纽约州立大学石溪分校的何纬云教授认为，汉语传承语学习者是在讲汉语的家庭里面长大，能说、至少听得懂汉语的人，是某种程度的汉语和英语双语者。汉语传承语的学习者与其他语言的传承语学习者有一些共同的局限：他们只掌握一般性的、为数不多的传承语词汇，且多为专注于家庭生活方面的，对于家庭生活场景中没有遇到的语言任务不熟悉；对于一系列的正式表达的语体、表达风格不熟悉，在书写方面的经验十分有限；这些人在家里获得的听说能力并不一定能自然地带来读写的快速进步；他们的认字水平参差不齐。（He，2006）

从课堂教学的视角入手，H. Weger-Guntharp 教授将华裔学习者定义为：父母双方或一方母语为汉语、本人承认在某种程度上因种族文化继承的因素选修汉语课的学生。（Weger-Guntharp，2006）由于这一定义有力地突出了华裔学生与民族语言的传承关系，也涵盖了更广泛的学习者，因此笔者更倾向于使用这一定义。

在分析华裔学生学习过程的特点、重要性以及近年的变化时，伊利诺伊大学芝加哥分校的向雪花教授概括指出，不少华裔学生上大学前都有过不情愿地在父母的要求下去周末社区中文学校学习的经历。这种情况在上大学以后发生了某些改变。外语学习的过程与他们有意识的身份形成和学识发展有着错综复杂的关系。有些来自华人家庭的学生认为学习汉语既可以满足他们在大学外语学习的成绩要求，同时还可以探索个人、家庭、文化与语言之间的联系。自从中国成为世界最大经济体之一以来，掌握汉语成为一种社会资本，华裔学习者变成了一种国家资源。学习汉语是为了个人、家庭、社区、语言教学专业、社会以至于国家，因此，对华裔汉语教学的挑战性和复杂性也与日俱增。（Xiang，2016）

那么对华裔学生的汉语教学与对一般外国学生的汉语教学有哪些差别呢？丘进与郭熙两位教授的看法比较有代表性。丘进教授指出，对外汉语教学“着力于遵循语言学规律，十分注重学科的理论性和学术性，而在中国传统的、故土的、亲情的文化传授方面比较平淡，教学过程中不强调对中国情结的吸纳、融合和中华民族血脉关系的延续。作为外国人的学习者，几乎毫无中国文化背景，其学习中文的目的不外乎谋生工具和个人兴趣，基本谈不上任何社会责任和义务。但不可否认，这些学习者和研究者对于推进和提高国外汉学研究有着积极意义”。他还认为，华侨学校“所培养的一代又一代华裔青年都具有浓郁的中国情结，他们对中文之掌握，不只是为了取得谋生工具或是出自研究兴趣，更多的是出于家庭之寄托、社会之责任和故土之召唤”。“以中文教育来塑造华侨华裔青少年的民族文化素质，维系华侨华人与祖籍国情谊的纽带作用是海外华文教育的根本目的。因此，华文教育是基于海外华侨华人民族文化认同的需要。”（丘进，2010：90）丘进教授条分缕析地对比阐述了对外汉语教学与华侨学校华文教学各自的特点与本质区别，但是对大学华裔学生的教学的主要特点没有进行专门的说明。在第二届全球华语论坛[①]上，暨南大学华文学院郭熙教授指出，海外华侨华人学习汉语的人数增加，也是汉语学习热兴起的直接原因之一。对外汉语教学和海外华文教育的区别需要厘清：“语言至少有两种功能，一是作为交际工具，二是作为认同工具。对外汉语教学着眼于非华人的外国人，最重要的学习目的是掌握交际工具。而在海外华侨身上，华文教育应包括三个方面：一是国家认同教育，二是民族文化认同教育，三是作为交际工具的语言学习教育。对非中国籍的华人来说，华文教育主要包括后两个方面，虽然他们生活在异国他乡，但也应认同民族文化的根源。而非华人的外国人，在学习作为交际工具的语言过程中，当然也需要了解语言承载的文化，但这种文化了解是为了促进互相理解，避免人际交往中的误解和冲突，减少民族之间的文化误读。因此，对海外华人华侨进行的中华民族文化教育和对非华人的外国人进行的对外汉语教育，两者性质不同，分别为家人型和朋友型。而对非中国籍的华人华文教育，则是亲戚型。”（转引自鲁小彬，2009）简言之，郭教授认为对一般美国学生而言，汉语只是交际工具；对华裔学生而言，汉语则既是交际工具又是认同工具。

结合上述讨论、个人教学经验及与同行们的直接交流，笔者认为美国大学华裔班的汉语教学既有别于对一般美国学生的汉语教学，又有别于社区华侨学校的汉语教学。适用于华侨社区学校的某些想法和认识不一定完全适合大学华裔班教学。在某种程度上，大学华裔班是社区汉语教育在美国正规高等教育体制中的延续和变型，并具有如下基本特点。

首先，华裔学生不一定都会说普通话，但是在家里都有过不同程度的听、说汉语的经验，完全没有背景的学生会被编入普通班。华裔班学生或参加过周末中文学校的学习，或跟父母家人学习过，他们一般都有亲戚住在中国。相当多的学

① 2009年11月16～17日在暨南大学举行。

生在选修大学汉语课之前已经去过大中华地区，并对那里的社会情况都有比较直观的认识。

其次，虽然华裔学生的读写能力普遍低于他们的听说能力，但不能简单地说他们是“文盲”。正如《中国啊，中国》的出版前言中所说：“一般的文盲指的是没有受过教育的人，而美国大学华裔班的学生是受过高等教育的精英。”另外，也不能因为华裔学生的读写能力不强，教师就将其视为只会听说的少年儿童，因为他们的思维水平远远高于他们的识字能力。不会认字、写字不等于智力低下、不会思考。教师应该区分这两种不同的能力，尽最大可能调动他们的思辨能力和听说方面的优势，促进其读写能力、词汇水平等的提高，激发其学习热情，使其愿意投入更多时间，在满足外语学分要求之外，还能更多地体会到学习汉语的乐趣以及对将来事业发展可能带来的益处。一般初级汉语课本都以问候、点菜、购物、谈天气等作为开头的内容，而华裔学生在选课之前对这些内容已经有了相当的掌握，基本上跨越了最初的学习阶段。所以对华裔班的教学不是一般意义上的对外汉语教学，但是也不能简单地等同于对内汉语教学。有些国内中小学课本里面出现的传统故事、革命历史等等，并不适合身在美国的初级班华裔学生的需要，比如“孔融让梨”“小八路”等等，学生很难理解其中的道德意义或者政治、历史含义。

再次，华裔学生的身份认同问题。华裔学生虽然有中华民族的血统，但他们一般自认为是美国人，或者既是美国人又是中国人，只有少数人认为自己是中国人。虽然他们长着华人的面孔，与一般的美国人也有所不同，但是如果把他们看成中国人显然是不恰当的。毫无疑问，某种程度的民族文化认同感会有助于增强华裔学生的学习动力，但是语言教学的任务主要不是直接教学生如何做人、如何认识自己的身份。张正生教授认为，提倡民族文化认同不如提倡扩大华裔学生的视野，使其学会用多种视角看问题更为切实可行（与笔者的当面讨论）。

最后，因为父母不会说普通话，上大学前学生在家里只讲方言，所以有些学生有习惯性发音不标准的问题。对华裔学生的发音到底要求不要求准确和统一？如果要求，如何改正华裔学生习惯性的不标准发音是我们教学工作中的一个难题。对只会讲方言的学生如何编班，同样是教学中面临的一个比较有争议的问题。

第三节　美国大学华裔班教学发展历程与研究回顾

华裔班在美国大学普遍出现是在20世纪90年代，那时汉语教学在美国蓬勃发展，中国移民的子女接受高等教育的人数激增。对华裔汉语教学相关问题的研究逐渐从关注周末社区学校转为关注正规大学的华裔学生和华裔班（双语班）教学。研究主要集中在以下几个方面：一是对汉语传承语学习者——华裔学生的定义、基本特点的讨论以及与非华裔学生的对比研究；二是对华裔学生汉语教学的学科分类、教材以及教学方法的研究；三是对华裔学生在大学里学习汉语的过程、策略以及特点的认识；四是理论研究，包括传承语的基本理论、汉语作为传承语的特点、华裔的身份认同与汉语学习的关系以及传承语作为一种国家资源的研究等等。

一、20世纪90年代华裔班教学的兴起和研究的初步展开

1992年俄亥俄州立大学的Matthew Christensen和Xiaoqi Wu在中文教师学会年会上做了题为《教授假初学者的一对一教学法》(An Individual Approach for Teaching False Beginners）的演讲，其书面报告在1993年发表于《中文教师学会会刊》(Christensen & Wu, 1993），这是一篇较早的专门研究大学华裔教学的论文。作者将在大学选修汉语课的华裔学生称为“假初学者”(false beginners)，认为他们从民族上来说是中国人，可是不以汉语（普通话）为母语，他们有的是在美国出生的华人，有的是来自海外华人社区的华人，有的是讲汉语方言比如广东话或者吴方言的华人。他们在大学汉语课之前已经具备了一定的汉语水平。俄亥俄州立大学对华裔学生的教学也采用汉语教学中通常使用的一对一模式，即由学生自行掌握学习进度和学分数，由一位教师用15分钟完成普通汉语课堂里一节课的内容。华裔学生的期末成绩取决于其进步的幅度，而不与班里美国学生比较。该汉语项目通过填写调查表和口试将“假初学者”归入三种不同程度的班：强化快班、读写班、发音与会话班——专门针对不讲普通话的学生。作者在上述三类学生中各选择一人进行了个案研究。结论是采用这种教学法以后，1990—1992年秋季学期之间，该校汉语学生的注册人数增长了53%，华裔学生人数增长了118%。

笔者认为，学生人数的大幅增加很可能有更为复杂的原因，比如中国改革开

放使得汉语教学在美国得到了普遍发展，中国大陆移民美国的人数在八九十年代迅速增加。据美国现代语言协会（Modern Language Association，MLA）的统计，1990—1995年间美国大学选修汉语课的人数从19427人增加到了26470人，增幅为36%左右。[①] 目前俄亥俄州立大学依然采用一对一教学法，但是近年的学生人数并未如20世纪90年代那样大幅度增加。在没有提出其他证据的情况下，似乎不能把注册人数增加的主要原因简单地归于教学方式。一对一课程机动灵活，有利于因材施教，但是班级授课亦可能有利于华裔同学之间的互动、激励、交友，促进华裔学生学习兴趣的增强，选择什么样的教学方式，需要因时、因地、因学生的不同而不同。

1995年，乔治城大学和广州外国语大学的Becky Bar-Lev指出，华裔学生看似表达流利，但也存在口头表达错误，因此不应只以流利度作为判别其汉语水平的标准。作者采用口语能力模拟测试（Simulated Oral Proficiency Interview，SOPI）工具对6位中西部大学的二、三年级处于学期最后一个月的学生进行测试、调查。结果显示，华裔学生更多地通过英语与汉语的交替使用来维持交流，词汇语码转换更频繁；如果以普通话做标准，他们的发音错误更多。非华裔学生在词汇选择、声调和词序上的错误更多。这说明华裔学生早期的语言习得在词汇、声调和词序上比较成功。虽然是双语者，但华裔学生使用的句子与非华裔学生一样简单，流利度方面也存在口吃和犹豫的问题。一个可能的解释是：华裔学生汉语的流利度主要表现在非学术领域，测试内容如果有较多日常生活的话题，结果会有所不同。中英转换交流因为更易表达而成为华裔学生普遍采用的一种交际策略，华裔学生在词汇使用上错误更少。在语义相近、语用不同的时候，他们使用的词汇更为恰当。在以语义为基础的错误类型方面，两类学生并无不同。作者因而得出结论：华裔学生的汉语水平虽然发展到了一定的程度，但是远未达到高级和超级水平。（Bar-Lev，1995）这是较早的一篇讨论华裔学生作为汉语传承语学习者与其他非传承语学习者在发音、词汇、语序、语用以及交际策略方面差异的论文。认识到华裔学生与非华裔学生之间的具体差异，有利于课程设计、教材选择与因材施教。

1995年的美国中文教师学会年会上出现了专门讨论华裔班教学的小组，华裔学生被称为高级初学者（advanced beginners）。加州大学（伯克利分校）的张

① 参看网址：https://apps.mla.org/flsurvey_search。

洪年教授（Samuel Cheung）提出了华裔学生在教学上的特殊需求问题（What Do Advanced Beginners Need）。达慕思大学的李华元教授探讨了高级初学者的划分及其特点（Who Are Advanced Beginners）。普林斯顿大学周质平教授基于对华裔班教学的基本认识提出了华裔班专用教材的编写原则（A Textbook for Advanced Beginners），并介绍了他与林培瑞、王学东教授合作编写的美国第一部供华裔班专用的教材《中国啊，中国！》（*Oh, China!*）。该教材 1997 年由普林斯顿大学出版社正式出版。作者在前言中详细论述了实行双轨教学的必要性以及对华裔班教学的认识，详见本章第四节关于华裔班教材的专题讨论。

X. Y. Wang 的《内部视角：美国华裔社群中文学校的个案研究》（*A View from Within: A Case Study of Chinese Heritage Community Language Schools in the United States*）是一部专门讨论如何保护和加强汉语传承语这一主题的论文集（Wang，1996），是编写者经过数年积累，并与社区中文学校合作，在美国正式教育系统之外组织、完成的。论文集内容涉及社区中文学校教育的若干基本问题，诸如社区中文学校的教学目标、结构和管理方式，对校长的基本要求以及校长的选举方式，教师的组成和资历，学生成分以及分班方法，课堂教学活动的内容以及教学中面临的问题，社区中文学校的需求、发展方向，以及将正规学校教育系统与社区中文学校连接起来的益处，等等。该论文集虽然不是针对大学华裔汉语教学的，但是所谈专题有一定的相关性。同年，马里兰大学国家外语中心的马思凯教授（Scott McGinnis）指出，因为华裔与非华裔在正式选修汉语课程之前已经存在着听说水平的差异、读写接触上的不同、早年自然接触的不同、学习动机上的差异、身份认同上的不同以及文化探索上的差异等等，所以各项研究都比较一致地认为双轨教学对传承语使用者来说大有裨益。（McGinnis，1996）

1997 年，任教于普林斯顿大学的赵德麟教授（Chao，Der-Lin）通过对 6 位华裔学生的调查得出结论，其学习的直接目标是提高汉语阅读和会话水平，第二个目标即最终目标是了解自己的根基——中国文化。他们都把应用语言能力看作理解祖先文化的路径。在发音方面，几位学生表现出因其来自中国南方的父母不用卷舌音而不愿意学习卷舌音的情况。与此形成对比的是，英语母语者的发音问题往往是声调问题，辨别两个不同的音没有问题。华裔学生更愿意听老师重复几次然后学会发音，而不愿意通过拼音掌握发音。在词汇方面，第一学期大部分学生对教科书中的词汇感到比较熟悉，由于第二个学期的课文内容是有关政治和社会生活的，他们就觉得不那么轻车熟路了。由于华裔班的教学速度是普通班的两倍，所以对有关社会生活方面的词汇的掌握就变成了突出的问题。在语法方面，因为他们未从父母或者中文学校专门学过语法知识，所以华裔学生对语法学习最初感到有些陌生和奇怪。他们认为学会句型最有效的方式是听老师多说例句，用英语做解释是不必要的，他们更喜欢用话题讨论代替句型操练。在汉字方面，华裔学生习惯记住笔画，一致认为汉字是学习中最大的困难；与语法错误相比，学生汉字的错误更多。他们认为学习偏旁部首是有用的，喜欢通过编故事、写卡片和不断重复地写来记住汉字。华裔学生最大的长处在于具有较高的听力水平和理解能力。即使内容是不熟悉的，老师也不需要调整句型和词汇。华裔学生在书面语的使用方面和汉字学习方面感到非常困难。在开始学习英语后，其汉语能力没有进一步提高，普遍不能有效地特别是在正式场合使用汉语。关于学习动力，很多华裔学生小时候是应父母要求学习的，并非个人主动的；十几岁时，他们更渴望独立和被美国社会接受，花额外的时间学习一门困难的语言成了他们不必要的负担，甚至使某些家庭的父母与子女之间产生矛盾；上大学后的转变是怎样发生的，研究者们并不完全清楚。

鉴于上述认识，作者提出如下建议：华裔班的教学内容增加词汇和汉字教学的比重，区分俚语表达和正式表达，注重近义词的细微差别，介绍汉语的书写形式，辨别同音字的不同意思；书面语应该成为学习的目标，尤其是对汉语专业的学生和想要提高读写能力的学生；教材应该更书面化，因为学生对日常口语的需求已经不需要在课上解决了；学习意愿强的学生应该选择暑假去中国学习，以实现汉语水平全面迅速的提高。（Chao，1997：1-14）

Chao（1997）第一次对华裔学生的特点做了具体全面的调查、研究和描述。笔者认为，华裔学生小时候不愿意学习汉语而在大学愿意选修汉语课的部分原因是为了满足外语课学分需要：学习汉语对有背景的华裔学生来说比重新开始一门新的外语学习相对容易；与其他课程相比，有汉语基础的华裔学生更容易得到好成绩；有些华裔学生尚未决定自己的专业，所以先选择自己既熟悉又不完全了解的汉语尝试一下。如伊利诺伊大学芝加哥校区的向雪花教授所言，学生可能是因为认识到自己与中国文化和语言有某种不可否认的联系，上大学标志着他们的独立，选择学习汉语成为一种个人的选择，而不再是父母的强迫，所以他们愿意选修汉语。高等教育中多元文化的影响或许也是一个原因，承认自己的与众不同，

是多元中的一元，或许也是一种动力。（Xiang，2016）

1998年艾奥瓦大学的柯传仁教授对来自7所院校的145名一年级汉语学生（包含85位传承语学习者和60位非传承语学习者）进行了认字和写字两项测验，借此考察语言背景对学习汉语的影响。调查结论是:（1）普遍来看，学生们的认字水平均高于写字水平;（2）传承语学习者和非传承语学习者在两项测验中的表现几乎没有差异，因此语言背景不影响学生认字、写字的水平;（3）学习语言的地点或教材对学生的认字、写字水平有影响，但与学生的语言背景并没有明显的关联。针对这些结论，作者提出了一些供探讨的看法。其一，虽然数据表明传承语学习者在测试中并没有优势，但由于无法确定这些学生的水平、学习动力、学习习惯等其他因素，所以也有可能是学生自己没有付出足够的努力等原因而出现了此种调查结果。其二，既然学生的认字水平均高于写字水平，那么研究者们可以探究一下学生学习汉字的普遍规律。人们通常认为，传承语学习者水平更高，应该有能力学习更多汉字，但实际上他们学习汉字的能力与非传承语学习者没有很大差异，所以教师在面对这两类学习者时都应该按照学习汉字的普遍规律来安排教学。作者建议，在学习的初级阶段，教师应将对汉字的要求控制在一定范围以内，以免要求过高，超出学生的能力。（Ke，1998）

笔者认为，传承语学习者特殊的语言背景对他们认字、写字的水平会产生一定的影响，虽然对每个人的影响大小不同。他们在读写上特别是在认读上也具有或多或少的优势，虽然这种优势可能不如在听说方面那么明显。因为就总体而言，他们中的大多数人都耳濡目染地以不同方式接触过汉语：有人看过汉语电视节目，有人唱过卡拉OK，有人家里有汉语报纸杂志，有人看到过父母或者其他家人写汉字，等等，这些都使他们有更多接触汉字的机会。当然有最初的优势并不代表华裔学习者汉字的认读和写作能力最后一定优于非华裔学习者，他们的进步幅度甚至也不如非华裔学习者那样明显，因为汉字读写水平还与学习动力、所用时间、个人学习能力等密切相关。

同年，马里兰大学的R. B. Brecht和C. W. Ingold教授在《利用国家资源：美国的传承语》（Tapping a National Resource: Heritage Languages in the United States）（Brecht & Ingold, 1998）一文中指出，在社会层面上传承语使用者是一种值得珍惜的国家资源，因为他们具有在相对较短的时间内使自己的语言水平达到高级应用水平的潜力。作者不再把传承语学习仅仅看作是与个人、家庭或者社区有关的事情，不再只是从语言的多样性和文化的多样化角度认识传承语对美国社会多样化的贡献，而是将传承语教育的发展与国家利益紧密结合起来了。

1999年，休斯敦大学温晓虹教授发表了亚裔与非亚裔学生汉语学习动力的比较研究报告《中文学习动机：不同族群的比较研究》(Chinese Language Learning Motivation: A Comparative Study of Different Ethnic Group)，指出，内在的动力对亚裔和非亚裔学生的汉语学习都起到了重要的作用，但是亚裔学生更倾向于了解自己的传统和中国人民，非亚裔学生更期待学习成果。某些有背景的亚裔学生认为自己有汉语基础，很容易满足5个学分的课程要求，但是后来发现学习并非易事，考试成绩也不尽如人意。现实与期待的落差使两组学生在二年级时对了解中国文化的热情都有所减退，他们对学习结果和学习策略的期待在学习动力中起到了更为重要的作用，更想得到好成绩的学生学习动力更强。(Wen，1999)由该调查可知，专业外语要求是用学分来计算的，而不是以学生所达到的外语学习应用能力来衡量的。有学生认为满足了学分要求即可，所以学习动力不够强。教师应帮助学生建立明确的语言应用能力的学习目标以调动其学习积极性，学生的学习期待过高，可能会带来学习上的挫折感，不利于学习的进步。教师应努力营造鼓励学生学习的轻松、活跃的气氛，建立学生较强的自我功效概念。温教授提出了华裔学生学习中普遍存在的一个问题，即学习动力不够强，投入的时间和精力不够多，却对成绩有较高期待。华裔学生普遍认为自己已经具备了一定的汉语基础，因此应该比一般非华裔学生在学习中更省力，也应更容易取得好成绩。笔者认为，这个问题一直是影响华裔学生取得最佳学习效果的重要障碍，而且很难找到简单易行、立竿见影的解决方式。教师应该考虑用学生进步的幅度作为考量其成绩的标准之一，鼓励学生学习的具体方式详见本章第四节的讨论。

1999年任职于全美中文学校联合总会和宾州大学的王淑涵教授发表了《跨越桥梁：从母语传承到外语教学的一个中文案例》(Crossing the Bridge: A Chinese Case from Mother Tongue Maintenance to Foreign Language Education)一文。她首先回顾了华人社区中文学校从无到有的发展过程，然后介绍了现代中文学校的组织结构和课程特点，并讨论了中文学校的社会功能，最后简述了20世纪60年代以来美国国家语言政策的变化以及华裔中文学校的发展规划。作者认为，当前面临的一个非常重要的、极具挑战性的任务就是把社区中文学校的教育资源与美国正规教育体制连接起来。要达到这一目标尚有诸多障碍需要克服，有很多工作等待完成。这两种教育体系的连接会制造更多机会，营造更好的社会环境，在这个社会环境中人们可以培养保留母语的意愿和民族身份。语言和文化资源可以更好地造福大众。（Wang，1999b）

粗略来看，20 世纪 90 年代是华裔汉语教学在多所美国大学兴起之时，也是对大学华裔汉语教学专项研究的陆续出现之际。比较早期的研究是以课堂教学的需要为出发点，以教学对象、内容和方法的讨论为先导的。华裔学生最初被称作“假初学者”或者“高级初学者”。美国外语教学委员会（ACTFL）1996 年制定的《21 世纪外语学习标准》首次在正式文件中使用了“传承语”（heritage language）这一概念，并且明确指出美国的非英语语言学习者并非都是外语学习者。对传承语学习者，需要建立一套不同于一般外语学习者的教学模式。自那时起，在比较学术化的讨论中，“继承语学习者”或者“传承语学习者”这样的专门术语逐渐代替了“假初学者”“高级初学者”等类似的表述。问卷调查是 20 世纪 90 年代这一领域进行研究的重要手段和依据，对华裔学生在发音、听说表达、交际策略、学习动力、读写特点、学习困难等方面的研究初步展开。专供大学华裔学生使用的教材《中国啊，中国！》由普林斯顿大学出版社正式出版。汉语双轨制教学逐渐被视为一种切合大学汉语教学实际、使华裔与非华裔学生两受其利的教学模式。中文教师学会的年会上正式出现了讨论华裔教学方面的单篇论文以及专门的讨论小组。1999 年，美国应用语言学中心（Center for Applied Linguistics）与国家外语中心在加州大学（长滩分校）召开了全美第一届传承语研究大会，提出以传承语教育理念来满足国家、社区和美国公民在提升非英语语言能力方面的迫切需求。可见，大学汉语华裔班教学的发展不但与美国社会整个传承语教学学科体系的建立以及教学实践的发展是基本同步的，而且与整个汉语教学在美国的迅猛发展也是同步的，同时与美国华裔移民的迅速增加在时间上也有某种一致性。

二、2000 年以后华裔班教学的发展与研究的全面深化

进入 21 世纪以来，汉语作为传承语教学的研究朝着理论性更强、研究内容更丰富多样的方向发展。2001 年，纽约州立大学（石溪分校）的何纬芸教授发表了汉语作为传承语特点研究方面的专论（He，2001），主要讨论语义的模糊性

对学习汉语的华裔儿童在语言和社交方面的影响。华裔学生在课堂上被要求自主理解并推断教师比较模糊的语言，而教师则将学生表达的意思加以重述、整理、阐释，使其更为明确。汉语语义上的模糊不仅有语法上的影响，也可以因人为的语序、增减内容而产生。在课堂上，学生（弱势方）必须学会接受和判断来自老师（强势方）的模糊语义，这样学生可以不必直接对抗（confront）老师。同时，他们又必须清楚地表达自己的意思，老师也会对他们的表述加以阐释，使其更清楚明白。作者认为这样的教学环境也同时潜移默化地教会了学生社交的技能，学生不仅学会了语言，还理解了这种语言包含的文化和价值观。作者最后提出一些值得深思的问题：这样的情况是汉语教学独有的还是在其他语言文化里也存在？另外，理解模糊语义的能力对语言学习有何意义？最后，既然文章中观察的儿童很早就能领悟别人的模糊语义，那他们是何时开始像成年人一样主动运用这种表达方式的？

虽然这不是一篇专门探讨大学华裔学生学习特点的论文，但却较早地从理论角度谈论了汉语作为传承语具有的特点以及该特点在传承语学习过程中是如何体现、如何被学生掌握的。作者提供了一种比较的视角，包括汉语作为传承语的特点与其他语言作为传承语特点的不同，以及儿童与成年人作为传承语学习者的不同。

2003 年，夏威夷大学马诺阿分校的 Kimi Kondo-Brown 教授在《对有移民背景的大学生的传承语教学》(Heritage Language Instruction for Post-Secondary Students from Immigrant Backgrounds）一文（Kondo-Brown，2003）中，为有移民背景学生的传承语教学的研究提出了十分有益的建议。作者首先讨论了传承语及其学习者的定义：从个人的角度看，语言程度并不是决定因素；从美国语言教育者的角度看，学习者是否在家庭或者社区学习过是一个重要因素；从传承语教育者和研究者的角度看，传承语学习者是在家庭或社区中学习，具备一定的口语和写作流利程度的人。关于移民群体传承语开发的教育、政策和社会心理学背景问题，作者认为，针对美国第一、二代移民的长期研究结果表明，推动学校的积极介入对学生传承语的开发很重要。包括美国在内的国家有两种截然不同的语言政策：同化小语种的减法政策与主流单语种学生学习外语的加法政策。传承语学生的双语程度与很多因素有关，群体内部差异性很大。作者提出了很多悬而未决的但在汉语传承语教学当中又同样存在的问题。这些问题包括：针对大学传承语学生的特别课程是否真正有效？这些课程大多安排在初、中级，侧重于读写（literacy skills），这样的安排是否合理、有效？如何评估双语传承语学生的语言流利程度？套用外语等级测试是否合理？针对传承语学生学术性、高级语言多样性（registers）的教学是否有效？大量自由阅读（extensive free reading）对扩展传承语学生的词汇量是否有效？社会心理学因素和传承语语言的学习程度的关系如何？对这些问题的研究又不可避免地受到上面提到的如何衡量传承语语言能力的问题的影响。上述问题的解决对今后的传承语教学工作具有很强的指导意义。

Kondo-Brown 教授所做的跨语种的研究讨论具有一定的普遍意义，值得从事汉语传承语教学的教师与研究人员借鉴参考。同年，艾奥瓦大学的沈禾玲教授通过比较研究，提出了华裔学生被放在华裔班里面比放在混合班里面进步要明显的结论。（Shen，2003）结合上面 Kondo-Brown（2013）的意见，笔者的疑惑在于：双轨制既然有益于低中年级学生的汉语学习，那么高年级开设双轨课程与在低年级开设双轨课程是否具有相同的意义？初级阶段进入华裔班的学生是否应该一直在华裔班学习？到高年级实行并轨会对他们更有帮助吗？另外，笔者认为，虽然华裔学生的读写能力普遍低于听说能力，但仍不能把华裔班的汉语课变成以读写为主要内容的课。如何在华裔班教学中恰当地处理好听说读写四种语言技能的关系，依然是值得深思的问题。

2006 年，肖云通过两项调查研究确认了为外语学习制定的国家标准的特点（Lawrence，1999），并且印证了 Ke（1998）和 Shen（2003）的研究成果。调查发现传承语学习者在听说方面比非传承语学习者明显要好，这表明真实语言环境当中的生活交际有助于语言学习。虽然华裔学生在家里不是总讲家庭语言，但其接触到的汉语语言输入及富有实际意义的家庭和社区交际活动共同促进了其听说技能的发展。另外，华裔学生在 SAT II 中文考试的语法测试以及翻译部分中表达出的较好的句子结构，证明他们具有通过内化语言输入抽象出语法并用于实际的能力。可是，在阅读能力、词汇学习以及汉字书写方面，研究显示，口语的接触不会自动转换成认字能力。读写能力的获得不但要求有口语接触的机会还要求具有书写表达的经验及说与写之间的对应能力。口语的接触有助于声音与意思上的联系，但是并不一定支持符号和意思以及意思和符号之间的联系。如果没有后两者的关联，学生的读写能力会受到限制和束缚。这些发现表明，华裔学生的家庭环境提供了一定的听说条件，但可能并没有提供同样多的读写接触。这两项研究的结果似乎与出自其他角度的研究背道而驰，那些研究认为背景知识有助于读写。之所以产生这样完全不同的结果，可能是因为其他研究专注于语言使用流利的读者，包括讲第一语言的人或者使用字母拼写法的传承语学习者。但是在读写方面，因汉字本来是象形的，书写难度大，如果缺乏足够的关于目的语拼写系统的知识，就会阻碍传承语与非传承语学习者运用他们的背景知识进行读写。传承语学习者在测试中明显好于一般学习者的方面是听力、会话、语法知识和翻译。这些表现支持了发展双轨教学的主张，但是不是每所学校都有条件开双轨课程，没有条件开设双轨课程的学校需要为单轨课程提供一些补偿措施。（Xiao，2006）

Xiao（2006）的调查于 2001 年春季在新英格兰地区的一所大学进行，共有 38 位学生参加，其中 20 名华裔，18 名非华裔。笔者的疑问是上述取样是否充足，被调查对象出自同一所大学，是否影响其调查结果的代表性？作者认为学生的口语接触不会自动转换成汉字水平，这是很有道理的。但是笔者认为，学生的口语接触有助于学生产生正确的语感和对未知汉字的联想、猜测能力，这种语感和联想、猜测能力通过一定的条件是有助于华裔学生转换成汉字水平的，口语水平不同，转化能力也一定有差别，不能一概而论。这些问题也同样是值得深思的。

2007 年，何纬芸和苗瑞琴在《继承语之习得及其社会化》（Heritage Language Learning and Socialization）一文中较全面地总结归纳了此领域的研究成果。文章指出，语言学家和教育专家根据各自的研究目的采用不同的术语来称呼继承语，诸如家庭用语（home language）、母语（mother tongue）、情景语（situational language）、语言保持（language maintenance）、语言衰减（language attrition）等等。1964 年纽约大学的 Joshua Fishman 教授（后任教于斯坦福大学）开创了这一学科领域对语言保持和语言演变（language shift）现象的探讨，当时他的观点一直未受到学界足够的重视。直到近年，当人们逐渐意识到继承语是一种宝贵的国家和个人资源时，学者们才开始注意到其研究的重要性。（何纬芸、苗瑞琴，2007）关于学生的学习动机也是复杂多样的，“严格地说，他们既不是完全出于实用目的，也不是完全为了融入继承语社团而学习；除了实用性和功利性的考虑外，他们的动力还来自所学语言的内在文化价值、情感价值和审美价值。继承语的习得与单语环境下所进行的母语习得不同，因为前者时刻在和当地的强势语言（dominant language）进行竞争”。“继承语学习者需要面对如何在主流文化和主流语言中定位自我的问题。”（何纬芸、苗瑞琴，2007：240-241）关于学习内容，“继承语学习者所要学习的是一套与语境紧密相连的语言形式和功能，其中语境包含不同时间和空间跨度上的多种因素，如角色关系、身份、行为和事件”（何纬芸、苗瑞琴，2007；更多论述详见 He，2003、2006）。

关于对继承语的研究，何纬芸、苗瑞琴（2007）认为至少包括以下几个方面的内容。一是把继承语作为一整套语言技能的研究，包括对语言结构和语言技能，诸如发音、语法、词汇、听力、阅读、写作、叙述技巧、语体、语域、识字、对话等等方面的研究。这类研究几乎都采用了把继承语学习者和外语学习者加以比较的方式。二是把继承语作为一种资源的研究。比如：“Tse（1997）对族裔身份、态度、动机及继承语习得几者之间的关系做了尝试性的探讨。她研究了在美国出生的亚裔成年人，得出了这样的结论：如果学习者对所学语言和所属民族持有积极肯定的态度，他们将能更好地学习该语言。此后，她又进一步分析了亚裔美国人的叙事作品，以研究族裔身份的模糊感或逃避感是否会延伸到作者对继承语的态度，并且若的确如此的话，族裔感情是如何具体影响语言观念和语言行为的（Tse，2000）。这项研究表明，对于许多作者来说，继承语和他们的族群密切相关，因此对本族和说本族语者的态度会继而影响到其本人运用本族语的能力和保持该语言的兴趣。”（何纬芸、苗瑞琴，2007：246-247）许多学者都认为，在继承语的学习中，除语言态度、语言动机、社会身份等内在的因素外，学习者的族裔身份认同感也起着关键作用。三是有关继承语习得理论和习得模式的研究。“Lynch 指出（检索自 http://www.heritagelanguages.org），继承语学习和二语习得相比，有以下类似之处：首先，继承语的习得和使用受语言结构的使用频率和会话结构的影响；其次，学习过程中存在很大的可变性，还会呈现出顺序性和阶段性特征；最后，学生在使用继承语时会出现诸如过度概括和简化、词义延伸及语序迁移等在二语习得中同样也存在的现象。Lynch 认为，造成学习差异的因素有多种，主要包括说话人所处的年龄段、社会经济阶层、性别、社会关系以及语言态度和动机。此外，对于通过课堂教学来学习的学生，禀赋、学习策略和教学方法都会影响到教和学的成败。”“Tse（1997）重点研究了继承语学习者不同于其他语言学习者的独特之处，并提出了“族裔身份认归模式”（ethnic identity model）来阐释族裔归属、态度或动机及继承语习得之间的相互关系。根据这个模式，族裔认归过程由四个阶段构成，即意识缺失、族裔身份模糊或逃避、族裔意识显现、族裔认归。她描述了学习者在每个阶段上所持有的相应的语言态度。在第三阶段，继承语学习者开始对了解本族文化和学习本族语言表现出兴趣。在最后一个（第四）阶段，他们会认识到自己的美籍少数族裔身份，找到族群归属，并树立对本族继承语的肯定态度。”（何纬芸、苗瑞琴，2007：248）

“He（2006）研究了继承语学习者在不同时间和地点的习得特点，提出了一个更宽泛的以身份形成和发展为基础的理论。她认为，学生的身份建立和身份转变是继承语学习的首要动力。她从动态的研究角度出发，认为在语言学习过程中，学生不断评估和调整自己的身份，以适应在不同场景和不同阶段与他人交往的需求。她认为，继承语的学习成败取决于学习者能否在多元的社会交际和社会现实中建立一个持久的协调的身份。她把继承语学习看作是学生不断适应多种机构、熟悉多种取向和实现多种目标的过程，并进而提出了十项假设，以描述和预测影响继承语学习的关键因素。”（何纬芸、苗瑞琴，2007：248）

“Zhang 正在进行中的研究也是围绕学习者的身份特征，运用世界公民（world citizenship）和转型教育法（transformative pedagogy）两个概念，把继承语教育分为三个层次加以描述。第一个层次为个体身份构建（individual identity conformation），其任务主要是通过继承语的运用来保持社团及个人的文化传统、历史传统及身份认同感。第二个层次为国民身份构建（national identity conformation），目的是通过推广继承语来实现国民外语水平的不断提高。第三个层次为世界身份构建（global identity conformation），其目标是运用继承语来教育儿童传播本族文化，培养相互尊重的概念，并使他们认识到世界所有民族和文化都有其存在的人文价值和合理性。”（何纬芸、苗瑞琴，2007：248-249）

何纬芸、苗瑞琴（2007）最后归纳指出，继承语研究要面对的问题和困难在于，无论是实证性还是理论性的研究成果，都没有达到互相吸收对方成果、互相促进的作用，各种理论各自为政，相互之间没有连续性，也无法进行比较。

2008 年，美国夏威夷大学出版社出版此领域的第一部研究性文集《汉语作为传承语言：培养具有文化根基的世界公民》（*Chinese as a Heritage Language: Fostering Rooted World Citizenry,* edited by Agnes Weiyun He & Yun Xiao）。华盛顿国防语言学院马思凯教授（Scott McGinnis）在前言中指出：“华裔汉语教育作为一个研究领域，其发展之迅猛令人叹为观止。1997 年中文教师学会年会上没有一篇论文谈及华裔教学问题。9 年以后，2006 年的年会上，两个由多篇论文组成的讨论小组和六个单篇论文特别讨论了下列问题：华裔汉语教学法、华裔学生的语言习得以及教材问题。出版方面的进步没有那么显著。仅在10年前，关键语言群体（critical mass）试验性地印刷了此类专刊，里面谈及汉语的只限于中文学校，还有一篇文章在美国大学行政领导、项目负责人和外语项目主任联合会的年度刊物上发表。现在的这部著作是从数量到质量上都具有轰动效应的有关华裔教学的专集。"

何纬芸在导论部分对汉语作为传承语进行了全面介绍（Chinese as a Heritage Language: An Introduction）。该书收录了《高中以上阶段的汉语传承语教学与研究问题》（Issues in Chinese Heritage Language Education and Research at the Postsecondary Level，Duanduan Li & Patricia A. Duff）。两位作者在提要部分指出，"本章概述了在大学阶段对汉语传承语教学与评估的一些最重要的研究，以及教学实践中的问题和挑战"。她们不但回顾了现有的研究，还指出了汉语传承语在政治、社会心理学、语言学和课程设置诸方面尚需进一步理论探讨和实际研究的领域。在此基础上，作者强调了近来研究中的一些新动向，即对汉语传承语和其他语言的学习者的变换的（或者多重的、混合的）身份从社会生态角度进行的质的调查，并且讨论了一些重要的实际问题（比如：如何区分传承语与非传承语学生的不同需求，以及如何安排相应的课程以适应不同学生的需要，应该将他们安排在混合班里还是分轨的班级里面，等等），还讨论了如何发展有效并受欢迎的教学资源、评估程序和评估工具。在大力支持传承语学生的合法性的同时，还要兼顾非传承语学生的需求。最后，作者认为，了解汉语传承语学生的差异性和潜力，能帮助我们更好地在语言课程中为不同语言背景的学生服务，并且最大限度地在加拿大、美国和其他华裔族群中发挥传承语保护与发展的社会、学术、经济和文化意义。

再比如，书中收录的《开发汉语传承语语料库问题与初步的报告》（Developing a Chinese Heritage Language Corpus: Issues and a Preliminary Report，Tao Ming & Hongyin Tao）从语料库的角度研究汉语作为传承语的特点。作者检测了1000篇汉语承语使用者写作的共计20万字的文章和叙事作品，并制定了一个解码系统，把错误分成10个大类和36个支类，包括但是不局限于下面这些：（1）语体标记（"了、着、过"等）该用不用或者不该用时滥用；（2）未能使用动词补语；（3）搭配不当；（4）分类错误（量词使用不当：两个书）；（5）词序错误。

同年出版的论文集《传承语教育：一个新领域的诞生》（*Heritage Language*

Education—A New Field Emerging)(Donna，Olga，& Susan，2008)，收录了不同语种的众多知名学者在传承语教育方面的代表性研究论文。例如，《谁是我们的传承语学习者？美国传承语教育中的认同与双读写能力》(Who Are Our Heritage Language Learners? Identity and Biliteracy in Heritage Language Education in the United States，Nancy H. Hornbenger & Shuhan C. Wang)，作者在结论部分概括指出："我们参看了传承语学习者的不同定义并提出我们自己的看法，在美国的环境中，传承语学习者是与家庭或者祖先有特殊语言（而非英语）的联系的个人，我们的观点是传承语学习者的教育不能始于并止于语言学的层面，不能只考虑课堂教学实践，传承语学习者的语境、内容、媒体和发展的维度都需要被学习者和教育者进一步地研究和理解。我们常使用一种参与性的教学法，在这种教学法中学生可以主动地在语言文化和认同方面做出决定，并且为了达到这些目标，学生会走出一条自己的学习之路。"

此书还收录了《从镜像模拟到指点迷津：美国华裔中文教育行业研究》(From Mirror to Compass: The Chinese Heritage Language Education Sector in the United States，McGinnis)一文，文中指出："以华人社区为基础的中文学校延伸了汉语传承语学习者在家庭里对传承语的接触和发展。这些学校倾向于遵从学校领导者所来自的国家、地区的教学原则展开教学活动。"

2009年，三位学者共同发表了《一年级外语课程中的传承语学习者：跨越学习者领域的一般数据报告》(Heritage Language Learners in First-Year Foreign Language Course: A Report of General Data across Learner Subtypes)一文。此文的目的在于讨论作为整体的传承语学习者在什么地方有别于非传承语学习者；在什么时候狭义的传承语学习者一方面有别于广义的传承语学习者，另一方面又有别于非传承语学习者。[①] 作者把学生分成三组：(1)狭义上的传承语学习者，承认自己在家里经常性地讲目的语，承认学习语言的目的是更好地理解自己的传统并且/或者与家庭相关；(2)广义上的传承语学习者，自己在家里不是经常性地讲目的语，承认学习语言的目的是更好地理解自己的传统并且/或者与家庭相关；(3)非传承语学习者，在家里不讲目的语，不认为学习语言的目的与理解文化传

① 作者对两所大学学习19种语言的401位学生进行了调查，其中宾州大学的学生264名，德雷塞尔大学的学生137名。讲阿姆哈拉语的（Amharic）学生5人，讲阿拉伯语的53人，使用美国手语的35人，讲汉语的23人，讲法语的15人，讲德语的14人，讲希伯来语的17人，讲匈牙利语的4人，讲伊博语（Igbo）的5人，讲意大利语的82人，讲日语的17人，讲韩语的24人，讲俄语的23人，讲西班牙语的51人，讲土耳其语的2人，讲乌克兰语的6人，讲越南语的12人，讲意第绪语（Yiddish）的6人，讲祖鲁语（Zulu）的7人。

统并且/或者与家庭相关。狭义的传承语学习者在大学还要学习一年级的课程，可能因为不同程度地缺少读写能力或者全部能力，他们虽然具备基本的词汇，在一定程度上了解某种方言，但一般没有获得关于这个语言系统的积极经验。他们有些自然环境下的学习经验，因为希望获得一种在教室里面的学习经验，特别是高年级的语言学习经验，所以更倾向于在一个正式的初级班注册上课。所有的传承语学习者约占全部一年级学生的41%，与非传承语学习者相比，他们都表现出了一种更深的对语言内容的欣赏。这证明他们的学习动机涉及对文学和艺术的欣赏，并有与讲这种语言的人进行交流的愿望，这是非传承语学习者没有的。传承语学习者还表现出了很强烈的成为近似母语者的愿望，其父母也认为大学里面的语言学习对知识和文化方面的发展非常重要。对于传承语学习者来说，将来职业发展的需求对他们的学习的激励作用较少。传承语学习者的学习动力比非传承语学习者更多样化。狭义的传承语学习者约占全部参加调查的学生的14%，除了被认为在家里接触过这种语言、其学习动机与家庭和传承有关系以外，他们有可能只是选修目标语言课，而不是为了满足外语课的学分要求。他们的语言实际应用能力高于其他学生，特别是在听说方面。但是根据他们的自我报告，其阅读水平则与其他组的学生无异。这组学生对达到接近母语者的语言流利程度有更高期待，但对出于研究的目的而学习语言和参加海外项目的兴趣度较低。广义的传承语学习者约占全部接受调查的学生的27%，他们在某些方面与狭义的传承语学习者更接近，在另一些方面与非传承语学习者更接近。他们更像是为了满足课程要求而修语言课的新生，比其他两组学生更可能出生在美国。作者推测他们是第二代或者第三代被同化了的移民。广义的传承语学习者与非传承语学习者对出于研究目的而学习语言和参加海外项目表现出了浓厚的兴趣。在学习了一个学期的课程以后，传承语学习者都表示有动力继续学习语言，因为他们有与语言使用者交流和了解文化艺术的双重愿望。与非传承语学习者相比，传承语学习者在文化、宗教、艺术信息方面表现出更大的兴趣。（Rachel & Julia，2009：260-262）

这是一篇跨语种的研究传承语学习者与非传承语学习者、广义的传承语学习者与狭义的传承语学习者之间的共性与差异的文章。广义的传承语学习者与狭义的传承语学习者的划分对于我们认识华裔学生的不同特点并确定教学重点很有帮助。十分难得的是，作者对众多语种的大量传承语学习者做了综合调查，对了解其他语种的传承语学习者的情况及其与汉语传承语学习者的对比研究有一定的帮助。笔者认为，因为读写更需要有意识的专门学习，所以多与教育有关；而对在某一语言环境中长大的人来说，听说并不都需要专门的有意识的学习，可以与学校教育无关，更依赖自然掌握。

2010年南开大学吴星云教授在《美国大学针对华裔与非华裔学生的中文教材的特色和问题》中指出，华裔汉语教材编写要注意下列原则："第一，巩固听说能力，加强读写训练。""第二，注重词汇的积累和丰富，在强调表达的准确和得体的同时，逐步提高表达的庄雅程度，最终提升其表达能力。""第三，注意探讨和实践更适合华裔学生的教学法。……华裔学生在语义的层次性、连贯性和逻辑性等方面表现欠佳，因此，有针对性地采用功能法和任务法设计教材，应该是比较合适的。""第四，关注华裔学生背景，在语言中学习，为其提供广阔的文化交流与跨文化交际的语境。"（吴星云，2010a：255）

同年，吴星云在《美国大学华裔与非华裔学生中文习得差异及教学法探索》中对华裔学生按照出生地进行了分类："华裔学生大致可分为三类：第一类，祖籍广东或香港、澳门，自小生活于粤语环境，有一些汉字读写基础，但是听说普通话比较困难；第二类，祖籍大陆其他省份或者台湾地区，普通话听说能力强而汉字书写能力差；第三类，与母语为英语或者其他语言的学生相似，自小家庭内外均脱离中文环境，听说读写需要全面跟进。"（吴星云，2010b：16）华裔学生面临的挑战主要是如何增加词汇量及文化知识以达到表达的丰富、有条理和庄雅，非华裔的学生则面临着如何用汉语准确表达的问题。对非华裔学生的教学，一是要注重发音和声调的训练，并贯穿教学始终；二是要注重基本句型的反复操练，讲求精准，培养学生说出和写出完整句子的能力；三是要在方法上强调听说法。作者运用标记理论，详细论述了华裔班从低年级到高年级的教学重点、教材要求和教学方法问题。

2010年，《多样性与差别：来自不同方言背景的汉语传承语学习者的身份认同问题》（Diversity and Difference：Identity Issues of Chinese Heritage Learners from Dialect Backgrounds）发表。作者的研究目的是探讨不同方言背景的汉语传承语学生的身份构建。其内容大致涉及以下方面（Wong & Yang，2010）：

第一，目前对汉语传承语的讨论大体都将说普通话和说方言的人统称为"传承语"学生，这种分类方法给广大说方言的海外群体造成很大困扰：他们受到来自美国文化和中国“标准”普通话文化的双重影响，同时又想保留自己的方言传统，因此学习汉语对他们来说最为艰难和不切实际。身份构建在语言学习中至关重要，而这类传承语学生在语言和文化根源上并不一定能认同普通话，因此探讨他们的身份认同至关重要。

第二，汉语传承语学生包括出生美国华人群体中以及由中国（内地/大陆和港澳台）移居美国的、说普通话和方言的学生。他们不但有多样化的背景，普通话水平也各不相同，因此最好的办法是将他们分别按各自的水平编班进行教学，但很少有学校有条件这么做。另外，美国近年来学习汉语的需求越来越大，一部分原因就是这些传承语学生觉得学习自己祖辈的语言是很宝贵的经历。因此，我们需要对传承语学生的身份进行进一步研究。

第三，作者采访了64名有传承语背景的汉语学生：其中15名来自夏威夷大学，49名来自加州大学戴维斯分校；37人出生在美国，27人幼时随父母移民来美；45人来自方言家庭，19人来自普通话家庭；30名男生，34名女生，平均年龄20岁。研究发现，这些传承语学生的身份认同包含三类：想象的族群、语言的霸权和语言投资，这三种类别也正好符合了文化研究领域的三套理论：想象与族群，话语与权力，语言动机、态度和投资。第一类学生对中国语言文化有强烈的文化认同，认为中国是他们的文化根基。他们学习汉语是为了能够参与一个他们想象出来的中文族群。（笔者担心如果他们说各自的方言，如何参加他们想象的这个族群？）同时，对有方言背景的学生来说，他们对自己的方言（而不是普通话）有更强烈的认同感。第二类身份认同的特点是学生对普通话的语言强势很敏感，不少学生认为一些说普通话的人觉得自己比只说方言的人更“正宗”，也有一些学生虽然觉得方言对自己来说更自然，但普通话更正式、更礼貌，是最标准的汉语。另一方面，普通话虽然占据语言强势（是强势的问题还是更普遍应用的问题，笔者存疑），但在各种方言内部，有些与大都市相关的方言（比如广东话）也在逐渐代替其他更小的方言。一些学生由于没有正规的学习途径来学习自己的方言，所以，把学习普通话当成间接学习自己方言的途径。因此，对于学生究竟为什么学习普通话这个问题，我们还需要细致探讨。第三类学生把汉语当作全球化环境下的一种语言资本，他们不再把自己局限在“美国人”或者“中国人”的框架下，而是把自己想象成能说多种语言的“世界人”，对他们来说，汉语是一项通往经济利益的语言资本。（笔者认为，如果要掌握这种资本，普通话作为资本的价值明显比方言作为资本的价值更高。）

第四，有方言背景的传承语学生在学习普通话的时候面临很多难点，如口音、与方言不同的语法、繁简字体的习惯等。汉语教育者应该意识到，有方言背景的学生可以极大地丰富传承语教学，让我们更深入地理解语言的变化与从属地位。我们应当强调，学习普通话不代表需要贬低或放弃方言，我们可以将普通话和方言在语言上的异同点放在讨论的中心，让学生通过熟悉的方言来理解普通话。

第五，结论：不应该把汉语限制在一个有限的区域，比如大陆或者台湾，也不应该仅仅将传承语定义为普通话，而是应该把目光放在学生将来会参与的全球体系上。对学生来说，学习普通话不再只是承接过去，更多地是为了他们自己的未来，为了在全球化的汉语族群中积累文化资本。我们应该帮助他们构建新的“国际化”的身份。研究的局限性在于，64 名受访者都是来自太平洋沿岸中产阶级背景的年轻大学生，仅能代表美国传承语学生的一小部分。

笔者认为，由于三分之二的被调查者来自加州和夏威夷的方言家庭，所以或许不能反映美国大学华裔班学生的一般情况。如果受访者多数是家里说方言的，然后用相关数据讨论传承语教学的一般问题，那研究的普遍意义是否会受影响？如果汉语传承语不能定义为普通话，而是定义为所有方言，可能没有学校有资源为所有讲不同方言的学生单独开班。作者认为学生学习传承语是为了将来参与全球体系，如果不会说普通话，那么把汉语当作个人资本参与全球体系时是会增加机会还是会减少机会？如果学生的家人讲不同的方言，那么学生在大学应该优先学习哪种呢？在大学采用完全按照学生方言背景分班的做法目前看既无可能，从长远看也不一定对学生有益。学生如果想通过学习获得更多的资本，学习普通话一定是更实际的选择。

2010 年，何纬芸指出，若从使用族群的范畴来定义，传承语是个社会文化意义上的概念，而且，无论作为交际手段或者作为社会文化群体认同及改换的方式，传承语都具备社会文化的功能。作者概括了对传承语的社会文化侧面的两大类研究方法。这两类研究方法都承认传承语学习过程与传承语的社会文化过程之间的紧密联系和相互依靠，但其不同在于，一类方法采取的是互动的角度，而另一类方法采取的是社会建构的角度。作者有选择性地回顾了从上述两个角度得出的一些研究成果，在结尾处讨论了传承语学习的社会文化复杂性给研究与实践带

来的各种问题。（He，2010）

2011 年温晓虹发表了《汉语学习的动力：传承语学习者与非传承语学习者的比较研究》（Chinese Language Learning Motivation：A Comparative Study of Heritage and Non-Heritage Learners），指出传承语水平的高低不影响华裔学生的学习动力，正面的课堂学习经验、互动式的教学过程能起到强化学习者学习动力的作用。无论是对一般学生还是对传承语学习者而言，富于挑战同时获得乐趣都是一种良好的学习体验。（Wen，2011）

2012 年，魏岩军、王建勤、魏惠琳等五位研究者共同发表了《影响美国华裔母语保持的个体及社会心理因素》一文。作者对现居美国的华裔汉语学习者进行了问卷调查，试图揭示学习者个体及社会心理因素对其母语保持的影响。统计分析的结论是：移民时间越晚，汉语学习时间越长，美国华裔汉语学习者的母语保持水平越高；口语水平未受汉语学习时间的影响；在华时间和教育程度对母语保持没有影响；对母语社团的态度、动机与母语保持水平之间不相关；在母语社团认同上，母语认同与母语技能的相关程度高；文化、族群和价值观认同与之基本不相关。针对当前华裔母语保持存在的诸多问题，文章提出了相应的母语保持策略。[①] 为了让华裔学习者保持好自己的母语，家庭和社会应该多创造机会让他们最大限度地沉浸在汉语的环境之下，不只是在家里使用母语，要带孩子去社区中文学校，回中国，增加学习汉语的时间和使用频度。“仅仅保持母语是不够的，更重要的是在母语保持的同时，增进华裔对母语和祖国文化的认同感。总而言之，汉语传播应该增强华裔母语保持的深度，不能只停留在华裔母语听说读写水平的提高上，更为重要的是通过母语的保持使其达到一种对母语社团的认同，积极的认同会影响华裔对母语国和群体的态度，拉近华裔和祖国之间的社会距离。”（魏岩军、王建勤、魏惠琳等，2012：104）

笔者对其结论不能完全同意。加强对祖国、民族的文化认同确实有助于提高华裔学习者的汉语水平，但在教学中，教师不宜太多强调美国华裔的民族身份认同感，因为这是因人而异的事情，过分强调或许会造成学生的反感从而背离我们汉语教学的基本任务。“建立华裔与母国文化上的亲近感，增强理解与宽容”的提法似乎更为妥当。

① 作者在美国艾奥瓦大学、卡内基梅隆大学、纽约州立大学等多所大学和高中展开与本项研究有关的调查。此项调查共发放问卷 210 份，收回有效问卷 206 份，中国籍与美国籍的被调查者几乎各占一半，大学生均占 90% 左右，高中生均占 10% 左右。

2013年，魏岩军、王建勤、魏惠琳三位研究者继续上述研究，得出如下结论："美国华裔母语保持的现状并不乐观，主要结论和存在的问题有以下几个方面。一是美国华裔群体比较小，紧密程度低，其母语保持水平，相对东南亚华裔而言，总体偏低。汉语听说读写四项技能的发展也不平衡，尤其是读写水平比较差。二是母语转用现象比较严重。第一代语言保持良好，第二代语言转用开始出现，到第三代语言转用非常明显。在不到三代的时间里，母语转用非常明显，母语保持非常困难。三是母语使用场合非常狭窄。母语使用大都局限在家庭环境，学校、工作单位等场合基本不使用其母语。为了解决华裔母语保持的上述问题，汉语国际传播应该根据华裔汉语学习者母语保持的特点采取相应的对策。如充分利用家庭环境，发挥长辈在母语保持中的重要角色；加强华人社团凝聚力，紧密联系华人社团交际网络；扩大汉语使用范围和功能，提高汉语的使用价值；促进母语保持，增进华裔对母语和中华文化的认同感；等等。总之，国家应该重新审视华裔在汉语国际传播中的战略地位，尽快为华裔的母语转用问题制定合理的对策，建立行之有效的母语保持策略，使华裔在汉语国际传播中发挥更为关键的作用。"（魏岩军、王建勤、魏惠琳，2013：51）

笔者认为美国与东南亚各国不同，汉语是东南亚某些国家的官方语言之一，那里的华侨华裔所占的人口比例较高。对于美国学生而言，现实的情况是英语的国际影响力目前仍然远远大于汉语。这不同于马来语、菲律宾语、印尼语等语言的国际影响力远远小于汉语的情况。因此希望美国华裔一直坚持讲汉语或者把汉语的重要性置于英语之上，强调加强华裔社团的影响力，并不现实而且也没有太大的益处，不应将东南亚华侨的情况与美国华裔做简单类比。融入主流社会可能目前仍是美国华裔最大利益的所在，过于强调汉语的保持也许并不符合现实的情况。

2013年，温晓虹在《汉语为外语的学习情感态度、动机研究》中总结了其研究结果对教学的意义。第一，正面的学习态度与体验对语言自信心的培养、学习的投入程度和继续学习汉语都起到关键的作用。语言教学的课堂应该为学生提供更多的机会以促进学生之间的积极交流和学习内容的积极互动。互动的学习环境能给学生带来正面的、有趣的、有效的学习态度与体验。第二，工具型动机与正面学习态度及体验、主观努力和自我监控策略都有显著的相关性。这些动机形成一股力量，促使学生继续学习高年级汉语，所以，鼓励学生意识到汉语学习对他们工作机会和事业的重要性，理解汉语学习的挑战，并且愿意为学习付出努力是很重要的。这样，学生对汉语学习的期望就会趋于合理，也就更有可能完成课程的要求。从而，他们可能会形成很强的语言自信心去继续汉语学习。第三，对于初、中级学生来说，工具型动机是将来继续学习汉语的显著预测指标。学生是为了将来的工作和事业等实用目的来学习汉语的，因此，课程的安排和内容应该注重语言的功能和学习者之间的交际技能，教师要为学生提供大量的机会使用语言，特别是在一定的语境中运用语言去讨论商榷，正确、得体地进行语言交流。”（温晓虹，2013：81）

作者对如何利用学生的学习动机提出了有益的建议。笔者的意见见本章第四节。一般人对自己已经有所了解的知识到底持什么样的态度？华裔学生对汉语既熟悉又陌生的感觉到底会对其学习起什么样的作用？这些问题仍然有待探索。

2014年，马里兰大学周明朗教授在《语言认同与华语传承语教育》一文中分析指出，华裔学生汉语水平提高不快固然是因为受到英语的干扰，但更重要的原因在于有人产生了身份认同困难，有人有双重身份认同。“语言认同”是语言的一种功能（Crystal，1987；Fishman，1999）。这一功能可以包括两个建构、一个过程，分别是个人多重身份库和个人语码库的建构，还有语码与身份相匹配的过程。具体来说，“第一，每个人都有多重身份，这些身份反映个人在不同社会关系中的不同角色。……身份库常常处于动态待命的状态之中。第二，每个人都有一个语码库，这个语码库可能是单语多码，也可能是多语多码。……第三，每当需要用语言表达的时候，说话人根据场合和人际关系，从自己的多重身份库中确认一个身份或角色；同时也从自己的语码库中选定一个合适的语码，建立这个身份与被选择的语码的匹配。这个匹配的过程是能动的、多变的，因为说话人会根据对话人的情形不断地调整自己的身份，转用更合适的语码”。（周明朗，2014：16）作者的结论是：“华语教育不同于国际汉语教育，华语教育最大的挑战是华人子弟对华语和华人身份的认同困惑，即华人身份的认同缺失、认同分裂、认同重叠。……面对这一挑战的策略是化抽象认同为具体身份，建立身份与华语语码的直接匹配。这一策略在华语课堂上和华语课本上的实践方法为：（1）语言操练角色化；（2）角色演练巩固身份；（3）身份语码匹配升华认同。”（周明朗，2014：19）

虽然华裔学生对自己华人身份的认同对汉语学习有积极意义，但是笔者对该文作者提出的解决方案持怀疑态度。有些华裔学生取得了很好的汉语学习成果，但是他们学习汉语的过程并不涉及身份认同的变化。作者提出的语言操练角色化、角色演练巩固身份不一定能取得增强认同感的预期效果，学生如果对祖先的文化、民族、国家缺少认同感，我们也不能强求其改变或者认为这些学生汉语水平的提高速度就一定比别人慢。大学汉语教学只能将重点放在提高学生语言技能方面，而不宜太有意识地强调对学生做人方面的引导。长期熏陶、润物细无声式的影响可能是切实可行的有效方法。

同年，南京大学曹贤文教授发表《“继承语”理念视角下的海外华文教学再考察》一文（曹贤文，2014），对华文教学的历史变迁做了简单的回顾，认为华文教学指的是以海外华人为对象的华语文教学（郭熙，2007：1）。根据麦礼谦（1999）、许肇琳（1993），早期的海外华人虽侨居国外但多保留中国国籍，他们在居留地兴办华文教育，但主要目的是希望华文学校能与国内的教育体制保持一致，以使华侨子弟适应日后回国生活的需要，因此早期的海外华文教育基本上等同于国内的语文教育。“二战”以后，华人的想法改变了（笔者认为这与美国对华人移民政策的改变有关），所以华人从“叶落归根”转而追求融入当地社会的“落地生根”，致使原有的教育模式发生变化。作者回顾并归纳了国内对传承语教学学科分类的认识过程，并指出，20世纪八九十年代开始，一些学者认为应该把华文教学作为第二语言教学，例如吕必松（1992）、蔡振翔（1996）、贾益民（1998）、张胜林（2001）。与上述观点不同，李方（1998）认为华文教育是一种含有母语基因的非母语教学，范开泰（2008）认为，“华文教学既是本族语教学，又是外国语教学；既有第一语言教学的因素，又有第二语言教学的因素”。近一二十年来“传承语”理论兴起，美国外语教学学会1996年制定的《21世纪外语学习标准》中正式使用这一概念，1999年美国第一届传承语大会召开，2003年加州大学（洛杉矶分校）世界语言中心和语言教学联盟共同创立了美国传承语资源中心，并于同年创办了专业学术期刊《继承语学刊》，等等，都是此学科在美国蓬勃发展的重要标志。

笔者认为，曹贤文（2014）对美国传承语教育理论和已有材料做的梳理和介绍较为全面。该文通过材料翔实、内容丰富的表格详细比较了传承语学习者与外语学习者在语言知识与能力方面的特点，第一语言、第二语言和继承语习得的特征，狭义的华文教学与汉语作为第二语言的教学在路径上的不同与具体策略的差别，笔者期待曹教授对在教学实践中如何应用上述成果、如何体现上述教学策略与路径发表新作。

2015年，暨南大学的刘燕玲根据在加州大学（圣地亚哥分校）的调查研究指出："在目前阶段，大多数受访华裔学生并非面临身份认同危机的'边缘人'，也并非努力平衡于中美两国认同之间的'中间人'，其'香蕉人'的称谓也有些片面。实际上，美国华裔大学生的双重认同是由不具相关性的族裔认同和国家认同所组成的结合体，华人认同和美国认同是这个结合体中的两种认同成分，它们处于和谐共存、相对独立的状态中，而不是相互冲突、彼此消长的关系。这个研究结果表明在21世纪的今天，'非此即彼'的单一性认同已经不是常态。相反，就如皮埃尔·布迪厄所指出的一样，现代社会是建立在人们的流动和身份的多元性之上，所以美国华裔青年的双重或多重身份认同已是必然。最后，相关性分析结果显示出受访华裔学生的华人认同与跨国活动显著相关，这表明随着跨国活动的加强，华裔学生的中国认同也可能得到加强。因此，大力促进华裔青年的跨国活动是增强其中国认同的重要途径之一。"（刘燕玲，2015：90-91）笔者赞同作者对华裔双重身份认同的观点，这是比较现实的态度，我们应该尊重而不是有意识地去扭转学生的观点。

2015年，香港中文大学的王士元和斯坦福大学的孙朝奋两位教授共同编写了《牛津中国语言学手册》（*The Oxford Handbook of Chinese Linguistics*），其中收录了何纬芸教授的《汉语作为传承语》（Chinese as a Heritage Language）（He，2015）一文，标志着对汉语作为传承语的研究已经引起了语言学界比较广泛的关注，并作为研究成果之一成为中国语言学研究的重要组成部分。作者指出，汉语不但是世界上使用人口最多的语言，而且还是世界范围内最广泛使用的传承语。"传承语"这一术语一般指的是一种移民、土著或者祖先的语言，这种语言的使用者与语言之间具有一种个人相关性，使用者想要与这种语言联系（或者重新联系）在一起。在美国、加拿大和英国，传承语被用作"社区语言""家庭语言""第一语言""母语"的同义语，特指一种移民及其子女使用的英语以外的语言。据此，传承语使用者的家庭不使用主流社会的语言，他们在这样的环境中长大，在某种程度上是家庭使用的语言和主流社会使用的语言的双语者。可是，他在家里使用的语言一般达不到成年母语者的水平。

传承语语言结构的特点包括：传承语的使用者可能不具备母语者的发音水平和足够应付广泛使用目的的词汇量，讲话可能不合语法，有时省略或者错置了词语，有时没有分辨出歧义或者多重含义，以及单词和句子的语用含义，有时与社会语言环境不协调。换句话说，这些传承语使用者与用本民族语言进行交流的母语使用者的不同是非常明显的。

从构词学的角度看，据称富于变化的构词是传承语使用者最大的困扰。进一步讲，传承语使用者在标识词形变化上遇到的困难比在修辞上遇到的困难更大。在汉语中，词根和词缀的划分是混淆的，词的概念是虚幻的。汉语的构词学更是与单音节的汉字相关的，并且是通过偏旁部首编码的。

从语法意义上看，与母语者相比，传承语学习者的语法更简单，有时有些异常。基于语料库的语言学学说（Ming & Tao，2008）指出，汉语传承语使用者在语法方面的问题包括语体标记（“了、着、过”等）该用不用或者不该用时滥用、未能使用动词补语、搭配不当、分类错误、词序错误等等。

从语音上看，相对于其他方面的能力而言，传承语使用者在发音方面有很大的优势。当然传承语使用者的情况也是多样的，有些人与母语者无异，有些人因为较少使用或者没机会使用传承语而带有比较浓重的口音。另外，当汉语母语者和晚些时候学习汉语的人试图混淆普通话和英语的发音时，传承语使用者倾向于把两者分开。这项研究表明，当类似的语音类别比较早被学会时，它们会与其他共享的发音系统互动并被异化和区分。除了来自英语的干扰，汉语传承语的使用者在说话方面还会受到方言的影响，这会使得语调类型、音节结构、声调和音高轮廓更加复杂。

从篇章话语上看，汉语传承语使用者在语言表达时往往中英文混杂，就是广为人知的语码转换。这种转换既存在于句子之间也存在于句子之内。考虑到他们会密切地接触到英语和汉语的口语形式，其转换应用是自发的、不费力的、富于创造力的、丰富多彩的。汉语传承语使用者不但把英文单词与汉语的量词、强调副词、动词补语、中缀以及声调掺杂使用，而且还在英文的音节结构、时态以及语体标记和词序当中嵌入汉语。当中英文不兼容的时候，他们会在结合点上混淆并融合中英两种语言，自由移动两种语言的分界并创造大量的低水平的两种语言互相转换的例子。（He，2015：582）

从社会文化特点上看，传承语学习者、使用者认同的形成或者转换与对族群的态度错综复杂地交织在一起，这是不难想象的。一般来说，传承语学习者如果对这种语言有积极的态度，他对语言的掌握和保持情况就会更好一些，对族群也有更加正面的态度，对族群的文化价值、伦理和行为方式也有更深入的理解和更多相关知识。进一步说，传承语的发展是一个社会化的过程，与各种机构、方向和目标相关，这取决于学习者在多元交际与社会化的世界中保持连贯性和连续性的程度。汉语传承语的习得与保持过程可以被看作一个认同过程，移民时的年龄、社会经济地位以及自我报告的对中国文化的认同程度是导致汉语兴趣保持或者损耗的主要原因；在另一个方面，以社区为基础的提供周末班或晚间班的语言学校似乎对继承语的学习方面没有明显的长期作用。

汉语有方言，但是现在大家都学习普通话，这给认同带来更复杂的情况，因为也许对某些传承语学习者来说，他们的社区并不讲普通话。学习汉语对他们来说可能并不是出于继承传统的需要，而是在全球化时代对语言和文化方面的一个投资。所以，世界公民也许对移民和长期居住国外的汉语传承语使用者来说是一个更为有用的观念。在其一生中，他们会发现自己创造新的认同，发现自己是双语、双文化、双读写能力者。（He，2015：585）

关于未来发展方向，作者认为传承语语言学是一个羽翼未丰但发展迅速的领域，其对理论语言学和应用语言学的重要意义才刚刚开始被认识到。在汉语传承语方面，我们期待着看到所有语言与中国各方言传承语学习之间的更有深度的互动探索，包括在语法方面、构词学方面、发音方面、话语应用方面、识字方面和认同方面。我们希望更好地理解传承语对成为双语及多语使用者的意义，以及如何使用汉语传承语作为一种资源为海外中国人个人、社区以及其他难以想象的社会创造出可能性。为达到这一目的，我们需要更广泛的分析视角和工具，包括追踪个别学习者的学习轨迹或者自然减员情况的案例。认知语言学要在大脑对学习者早年汉语学习的内容进行处理和做出反应时，研究大脑的工作机制。语料库语言学家要搜集使用中的实验数据、搭配及汉语传承语者在说和写方面在语言学功能上的频率。会话分析和话语分析能够揭示语言能力和多语多模式的交际之间的关系，语言人类学能够描述汉语传承语学习被嵌入的文化内容。（He，2015：586）

这是迄今为止对汉语传承语从语言学的角度进行的较为全面的考察，是集此领域多年研究成果之大成的佳作。作者侧重语言学和传承语理论方面的研究和探索，对此领域较重要的论文和研究成果几乎都有所涉及。

同年，拉菲亚特学院的骆涵教授发表了题为《汉语学习的焦虑：对传承语学习者的一项研究》（Chinese Language Learning Anxiety: A Study of Heritage Learners）的报告。她将传承语学习者分成三组：一组是完全没有任何汉语背景的，另一组是非普通话语言背景的，还有一组是普通话语言背景的。与一般美国学生相比，这三种学生在汉语学习的焦虑程度上更低，但是在某些单项上，比如读写方面，其焦虑程度并不比美国人更低。他们对读写更焦虑，特别是有普通话背景的这组人对书写特别焦虑。认识到这种焦虑的存在，老师应该考虑进行分组教学，非普通话语言背景的和普通话语言背景的也应该分开。为了减轻焦虑，教师可以组织一些活动来营造轻松的课堂气氛，朗诵、唱歌、练书法等活动都有助于减轻压力。（Luo，2015b）

笔者个人认为，学生完全不会普通话的情况在未来美国大学将越来越不是主流，随着国内普通话教育的普及以及移民教育水平的普遍提高，大学华裔班说方言的人数已经大幅减少，新移民父母如果基本上讲普通话，那么其子女讲方言的可能性也会大为减少。如果在中国大陆、台湾等地的教育系统已经基本不用方言教学，在美国大学的课堂里还需要坚持方言教学吗？在教学实际中，绝大多数学校不太可能按照不同方言进行分班，能够把不具备读写能力的和具备读写能力的学生分开已属不易。华裔学生不一定都会说普通话，但是绝大部分人都听得懂普通话。既然对美国学生都有发音标准的要求，那么对华裔学生另有标准在实践中也有操作上的困难。比较可行的是教师要帮助家里说方言的学生逐步适应普通话的发音。分班并不一定越细越好，不同的学生之间也需要交流和对话。社区中文学校和中小学汉语教学的发展以及人数的增加，并不一定带来大学华裔班人数的全面增加。因为有些人在高中已经通过了 AP 中文考试，从而满足了大学外语课程的学分要求，他们可能在大学停止汉语学习，所以华裔班的学生人数不一定会持续增加。

2016 年，伊利诺伊大学（芝加哥校区）的向雪花教授发表了《在大学阶段对汉语传承语学习者的教学》（The Teaching of Chinese to Heritage Language Learners at the Post-Secondary Level）。作者旁征博引，对北美传承语教学各个领域的研究成果进行了十分细致的梳理、归纳与分析。作者指出，中英文双语者在美国社会大量存在着。对移民家庭的很多孩子来说，学习汉语为其保留了一种遥远的儿时记忆：多年以来，他们不情愿地在父母的要求下去周末社区中文学校学习。这种被强迫学习的情况等他们上了大学可能发生改变。外语学习的过程与他们有意识的身份的形成和学识的发展有着复杂的关系。有些来自中国家庭的学生选择学习汉语，是因为这既可以满足他们在大学学习中对外语成绩的要求，同时还可以满足他们对个人、家庭、文化与语言之间联系的探索。现在的中国变成了世界最大的经济体之一，汉语成为一种社会资本，华裔学习者成为一种国家资源。学习汉语可以是为了个人、家庭、社区、语言教学专业，也可以是为了社会甚至国家，因此汉语教学的挑战和复杂性也与日俱增。（Xiang，2016：168）

汉语作为传承语教学是一个历史不长但是发展迅速的领域。2006 年《传承语杂志》（*Heritage Language Journal*）推出“汉语作为传承语教学”专刊（Teaching Chinese as a Heritage Language）[①]，2007 年《语言政策》（*Language Policy*）杂志推出“汉语作为传承语研究”专号[②]，2008 年《汉语作为传承语言：培养具有文化根基的世界公民》的论文集出版。然而，几乎没有任何批判性研究是关于在大学环境下的汉语作为传承语教学的研究理论和教学活动的，除了前面提到的《高中以上阶段的汉语传承语教学与研究问题》的有关内容之外。自从这篇文章面世以后，在高等教育阶段关于汉语作为传承语学习的各类研究开始出现，传承语研究在外语教学领域作为一个整体开始成型，而且变得更加具有跨学科的特点。向雪花的文章扩展了前人关于汉语传承语教学的讨论，比其他的文章更关注以教师为基础的研究和思考，注意将第二外语习得研究、身份认同研究、双语化及分析与课程发展及材料设计结合起来。该文的实际目标是为教师项目管理者和政策制定者提供关于高等教育阶段汉语传承语教学的具体教学法建议，并提供汉语作为传承语教学的社会语言学语境，包括汉语作为传承语教学文献的理论构成、家庭与社区环境的讨论、汉语作为传承语对于方言学习者的微妙之处等等。该文还提供了关于大学汉语传承语教学的研究概述，包括学习动机研究、身份认同研究，以及传承语学习的各种语言结构和用法的研究，还展示了在相关研究及作者实际经验的基础上得出的教学法的探讨和建议。文章以未来研究的方向结尾。

Xiang（2016）非常全面地归纳了传承语学习者的各种不同定义，注意到了汉语传承语学习者的多样性对教学的意义，探讨了家庭与社区在华裔传承语学习者的学习过程中扮演的角色：父母讲汉语，孩子回答英文是常见的情况。听力能

① 详见网址：http://www.heritagelanguages.org。
② 详见网址：http://www.ingentaconnect.com/content/klu/lpol。

力是华裔学习者带到大学的最重要的语言能力[①]。孩子小的时候，中国家庭一般教孩子用汉语写名字，用识字卡学汉字，看连环画，唱儿歌。一旦孩子开始上学，学校的学习负担逐渐加重，他们就会慢慢不再学习汉字。在中文学校，大陆和台湾的华人社团选用不同的教材，归属不同的政府部门管理，但在教学方法上非常接近。一般中文学校使用的华裔学生教材没有清楚的、显见的、明确的语法，也不教听力、会话，诗歌、连环画和其他小型识字输入方式是教学的主要内容。教学紧密围绕教材进行，灵活性相对欠缺。一般会把汉语教学与跳舞、唱歌、艺术、手工、夏令营（暑假托儿班项目）结合起来，强调为人师表、尊师重道的中国传统师生关系。中文学校变成中国人日常生活的组成部分。作者比较了大学华裔班与社区中文学校的不同，指出大学华裔班教学的特点：大学欢迎多样化的学生，华裔学生们在学习上享有更多自由和独立性；传统课堂不强调课外活动，重视学术训练；重视语言结构，大学的华裔汉语教科书会介绍语法的应用；教学具有强化的特点，更孤立和简单严肃。作者还讨论了方言与汉语传承语教学的关系，指出对于方言的传承语学习者来说，汉语不是一种单块的整体语言，而是一种多方言的语言。在美国某个区域讲某种方言与特别的文化价值观、社会历史内容以及掀起的移民浪潮密切相关。关于学生的学习动机，一般美国学生学习外语是因为该外语比较实用，也有其他多种多样的理由，传承语学习者一般是出于文化与语言的传承以及与家庭交流的需要。自我认同对华裔学生的汉语学习有很大的影响力。华裔学生学习本族语的挑战来自如何把口语能力与识字水平结合起来，如何学会文体与表达风格的转换。这需要通过提高词汇与语法水平来实现。口语学习不一定能够使华裔学生的读写能力提高得更快。汉语教学界的共识是在有条件的学校对华裔与非华裔进行分轨教学。由于专门针对华裔的汉语水平测量方法还没有建立起来，词汇仍然是检测学生水平的有效手段，特别是识字范围以及流利度。最后作者为传承语教学今后的深入研究指出了方向。

从研究史的角度来看，Xiang（2016）是目前为止对已有研究成果较为全面的总结之作，几乎涵盖了对华裔传承语学习研究的所有方面。笔者想补充的是，非传承语学习者学习动机的多样性具体表现在：有人因为朋友说汉语而学习；有人因为从小跟随父母在大中华地区长大而学习汉语；有人听说汉语很难掌握，想体会一下汉语到底难到什么程度；有人因为学习过中国历史文化的有关知识而对

① 笔者注：因为听力能力的形成不是学生自己选择的，是父母选择或者强迫的，学生可以是被动的，不需要主动学习。

汉语有兴趣；有人觉得自己对某些西方语言已经有所了解，想试试不同特色的语言在学习过程中有何不同；有人认为讲汉语很酷；等等。

综上所述，2000年以后汉语教学界对华裔学生汉语学习的研究已经从以教学为主转向从理论到实践的各个方面。从目前对华裔班教学研究的总体分布上看，理论研究所占比例较高，比如华裔学生的定义、特点以及与非华裔学生的区别，汉语作为传承语的总体特征，华裔学生的身份建构、自我认同与汉语学习的关系，汉语传承语学习者与方言的关系以及作为一种国家资源的研究，等等。相对而言，对教学实践（诸如教学内容与方法、教材编写等）的研究远不如理论研究进行得深入。关于理论研究如何指导和促进华裔班教学实践的发展，教学中取得了哪些直接的经验，则是今后的研究需要继续探讨的。

从研究方法上看，调查统计是一种比较普遍的研究手段，但是总体上取样较少，调查问卷的设计和调查对象的选择、比例不一定完全恰当，因此得出的结论有些不一定准确。正如孙朝奋、刘乐宁、李智强教授所指出的："应该注意区分哪些研究中的问题是可以通过问卷调查来解决的，哪些问题是不能完全靠问卷调查解决的。问卷调查的问题如果设计得不合理，就会带来不准确甚至错误的结果。问卷调查是有局限性的，不能认为问卷调查的结果就是百分之百的科学。"①现有研究对西方传承语学习理论借鉴较多，但是结合大学汉语教学实际的讨论略显不足。有些研究者似乎比较缺乏教授大学华裔班或者大量华裔学生的直接经验，因此提出的解决问题的方法有偏离教学实际之嫌。

笔者认为，研究者关注不够但却十分重要的问题还包括华裔学生参加大学课程之前的汉语水平与父母英语水平关系的研究。笔者的假设是：总体而言，子女的汉语水平与父母的英语水平成反比。父母英语水平较高的，孩子的汉语保持的必要性和紧迫感可能相对低一些，因为可以跟父母直接用英语进行交流；反之，如果父母的英语水平较低，完全依赖汉语生活、工作，孩子因为难以用英语与父母进行日常交流，因此其汉语水平可能相对比较高。另外，家里有两个及两个以上子女的，孩子之间一般会较多采用英语进行交流，与只有一个孩子的家庭相比，这类家庭中孩子说汉语的机会更少些。

另一个重要问题是，在教学中有些华裔学生因为不会说普通话来选汉语课，比如有些学生来自说广东话的地区，其目的就是学习普通话。因此讲方言的学生

① 据三位教授与笔者的谈话。

对学习普通话的态度，并不一定与从事教学的教师以及从事语言研究、方言保护的学者的态度完全一致。我们不应该仅从教师或者研究者的角度猜测或者想象学习者对普通话的态度。从传承语作为一种国家资源的角度来看，学习普通话更有益于学生成为宝贵的国家资源。按照学生家庭所讲的方言对学生进行分班、教学，也许并不现实，也不一定必要。

在低年级实行华裔与非华裔教学的双轨制有一定的优势，但是在高年级这样做是否必要，笔者认为是个尚需认真探索的问题。因为高级阶段的华裔与非华裔学生的汉语水平已经比较接近了，在课堂讨论、成段表达方面，二者各有千秋：华裔学生可能在表达上错误更少，流利度高；非华裔学生可能更倾向于使用新词汇、新句型表达个人想法。因为华裔学生选择去海外留学和以汉语为专业的比例总体上低于非华裔学生，所以两类学生的合班教学很可能有益于课堂讨论的深入与学生之间的互相激励。因此，我们不能简单地说双轨制在各个年级都一定比单轨制要好。

“传承语学习者”这一概念是非常实用的，因为它统一、整合了许多不同的群体和概念，为学术讨论及与其他语言教学的对比提供了方便，但同时也可能存在一些问题。因为“传承语”这一概念本身就暗示某种文化或种族上的认同，而把华裔学生称作“传承语学习者”就是把一种文化或种族的身份从外部强加到他们身上，不一定完全代表他们自身的认识。也就是说，“传承语学习者”让本来“异质”（heterogeneous）的一个群体呈现一种不完全真实的“同质性”（homogeneous），而这种“同质性”也许会对我们在教学法和教学研究上产生某种误导。因此，在这个方面，我们还需要进行深入细致的探讨。

第四节 华裔班教学的教材、教学内容与教学方法

一、关于华裔班教材

2015年9～10月间，笔者通过电子邮件和微信向几十个教学单位询问了华裔班教材的使用情况（包括美国大学在华项目）。在开设华裔班课程的项目中，一年级设课最为普遍，笔者共收到25个关于一年级华裔教材的有效答复，使用的教材共7种。其中《中国啊，中国！》共有12所学校使用，《中文听说读写》（第1册）共有5所学校使用，《大学语文》（第1册）有4所学校使用，《华裔班中文》《华夏行》《新的中国》和《中文进阶》各有1所大学使用。关于二年级华裔班教材的使用情况，共收到16个有效答复，所用教材共12种。其中《中文听说读写》（第2册）共有3所大学使用，《新的中国》共有3所大学使用，《汉语文化读本》《中国啊，中国！》《中文面面观》《中国文化纵横观》《今日台湾》《名作导读与写作》《中文与我》《中文天地》《大学语文》（第2册）和自编教材各有1所大学使用。关于三年级华裔班教材的使用情况，共收到13个有效答复，使用教材共11种（有些学校同时使用2～3种教材）。其中使用《事事关心》的学校3所，使用《变化中的中国》和《中国面面观》的各2所学校，使用《知人论世》《华夏聚焦》《寰宇纵横》《中国万象》《名作导读与写作》《汉语阅读与写作》《中国社会百态》和自编教材的各有1所大学。关于四年级华裔班教材的使用情况，共收到4个有效答复，使用教材共5种（有的学校使用1种以上教材）。其中使用《无所不谈》的2所学校，使用《文学与社会》《中国万象》《成功之路》和自编教材（《中国文选》）的各有1所学校。

由上述粗略统计可见，各学校华裔班使用的教材很不一致：有的使用的是已出版的华裔班专用教材，比如《中国啊，中国！》或者《大学语文》；有的使用的是已出版的适合一般美国学生使用的通用教材，比如《中文听说读写》《新的中国》和《变化中的中国》；有的是授课老师自己编写的教材；还有的学校以一种教材为主，辅以补充材料。不过一年级的华裔班基本都使用已出版的专用教材，其中使用《中国啊，中国！》的学校最多，使用《大学语文》（第1、2册）的次之。这或许可以说明，一年级华裔学生人数最多，教学与教材的发展相对比较成熟、正规，因而各学校在教材使用上也趋于一致。三年级以上的华裔班课程一般都使用普通高级班教材，只是在教学进度或者作业内容上与普通班有所区

别。高年级的华裔教材市场需求相对较小，因为此时普通班与华裔班的学生在汉语水平方面的差别已经大为缩小了，所以学校对高年级华裔专用教材的需求似乎大为降低了。使用华裔专用教材的项目或许较多考虑的是华裔学生学习上的特殊兴趣和特点，使用通用教材的项目或许较多考虑的是华裔与非华裔并轨后教学活动开展的便利性。

华裔班专用教材应该具有下列基本特点：第一，由于绝大多数华裔班的学生已经有了听说汉语的基础，因此教材中语音部分的练习和介绍应相对减少。第二，由于相当多华裔学生对简单的日常生活用语已经有所掌握，因此虽然普通教材一般以此作为开篇话题，但是在华裔班教材中则不需如此。如确需涉及上述内容，也不宜过于浅显；而应从不同文化之间的比较入手，或者选择身份认同、华裔在美国社会面临的各类家庭与社会问题、华裔对祖国的观感与认识等话题做教材的内容。第三，教材的思想观念、价值观不应该过于强调与中国传统文化的趋同，不应该与美国社会基本的价值观念有明显的矛盾和冲突，不应过分强调中国特色，以免引起学生的反感和不理解。比如包含爸爸妈妈有权力打孩子、替孩子做决定以及不恰当地颂扬谦虚或谨慎的美德等内容的材料就不太适合做大学华裔班的教材。第四，不能把华裔教材编成识字课本，也不宜把练习全部局限在读写的范围以内，而是应该从思想内容和语言形式统一的角度上编写有助于学生听说读写能力全面提高的教材。当然，教材可以对读写有所侧重，但是并不是说对华裔学生而言，听力、会话水平就不需要提高了，词汇、语法以及其他语言知识就不需要学习了。下面笔者就美国大学目前使用比较广泛的两种华裔班专用教材进行具体讨论。

《中国啊，中国！》一书的作者在开篇序言中谈到写作目的时指出，把毫无汉语背景的学生与华裔学生放在一起，不利于任何一方的进步。华裔学生多数已经对与日常生活有关的初级汉语，诸如问好、点菜、购物等等有了相当的掌握，因此华裔班教材内容需要与针对一般美国学生的教材内容有所区别，而不仅是在进度上有所加快。针对华裔学生的汉语教学在方法和内容上既有别于一般的对外汉语教学，也有别于对内语文教学。对华裔学生在口语方面的要求应该与一般美国学生相同，不能放松对其发音和表达准确的要求。同时要注意在教材编写和课堂教学中避免把华裔学生看作中国人，从而有违于学生自己的身份认同。全书共35课，以华裔学生的视角观察和讨论与其个人生活经验有关的问题，其中包括讨论国家认同和个人身份认同的《我们家在哪儿？》《我们都是美国人》《美国人学中文》《我是四川人》等，话题涉及汉语学习、语言文字以及海峡两岸关系的有《我要去中国》《出国前的准备》《为什么学中文》《说标准的普通话》《繁体字和简体字》《美国的中文教学》《双语教育》《海峡两岸》，涉及华裔家庭传统价值观念与大学生活的矛盾、华裔的思想观念与美国社会的矛盾的有《别担心》《男女同住》《看电影》《做孩子也不容易》《都怪你妈妈》《我不要去中国城》《饭桌上的客套》《从无债一身轻到借钱过日子》，还有讨论华裔在美国的生存状况与社会问题的《唐人街》《美国的华侨》《华裔需不需要政治代表》，讨论美国社会和中美关系问题的《人权和贸易》《色情暴力和言论自由》，讨论中国的历史和现代社会状况的《广东省》《保姆》《中国人的衣食住行》《容闳：中国第一个留美学生》《秋瑾：中国妇女运动的先驱》《蔡元培与北京大学》以及《中国的现代化》等等。

该教材开始是汉语发音规则与汉语拼音的介绍，之后是35篇课文。每篇课文都采用简繁体并列的形式，出于帮助华裔学生学习拼音和认读汉字方便的考虑，前15课每课的课文都有拼音对照，排版方式是左页的左半边是简体字课文，右半边是与课文相对应的拼音，右页是繁体字课文。从第16课开始，课文不再出现拼音。课文的长度多数在一页半到两页之间。紧接课文的是语法注释，每课的注释条目从十几条到二十几条不等。语法注释后面是生词表，生词表也采用了繁简两体混排的形式。生词表后面是词语例句，每课的词语例句一般在10个以内。词语例句后面是练习部分，一般分为选词填空，用所给的句型、生词、短语回答问题，写一段关于特定题目的对话，将英文句子翻译成汉语，短文写作，等等。最后是汉字笔画表。

华裔学生千差万别，他们感兴趣的话题也是五花八门、多种多样的，但是有些话题是华裔学生普遍比较关注的。《中国啊，中国！》最大的特点在于作者是站在华裔学生的立场上来认识和观察与其个人经历相关的世界的，所以比较容易引起华裔学生的共鸣。作者的重点不在于介绍某种事实或者知识，而是以对话的方式提出不同的甚至是截然相反的观点，并以讨论的形式呈现给学生。这里面没有黑白分明的输赢、对错、是非、曲直，也尽量避免简单的道德判断，而是用尽可能浅显的、接近学生水平的语言表达尽可能深入的思想认识，引发学生的思考，激发他们口头与书面表达的热情。一套好的教材，除了语言难度适中，词汇和语言知识（包括语法等方面）切合使用者的水平以外，最重要的就是课文的视角要与学生取得某种一致，应尽量避免以某种高人一等的“外人”的口吻教导学生，给学生上思想教育课或者发议论，而应该抓住他们感兴趣的话题，以谈心、对话的方式彰显话题的复杂性与多元化。只有如此，学生才能对课文有兴趣，才愿意参与课堂对话讨论，老师也才能避免低估学生的思维水平，避免在课上进行没有实际思想内容的课堂讨论。教材在语言、篇幅和内容上遵循循序渐进、由易到难、由短到长、由浅入深的基本原则，但是没有严格限制词汇使用的等级范围，没有有意识地强调词汇的重现率，也没有明确的语法框架，基本上优先考虑的是课文内容的生动性和话题的可讨论性。

哥伦比亚大学出版社于2003年出版的《大学语文》共收入课文20课，第1册和第2册各10课，简体字版和繁体字版分开。课文涉及的话题有关于中国文化基本常识、风俗习惯方面的，比如《中国人的姓名》《中国人的家庭》《大江南北》《生肖》《过年》；有关于中国故事、传说方面的，比如《十个太阳》《天和地》《成语故事》《神农和中药》；有关于历史人物方面的，比如《李白学习的故事》《孔子》《孟母三迁》；有关于物质文化遗产和文化特色方面的，比如《万里长城》《中国菜》《少林功夫》《蚕的故事》《中国茶》《中国陶瓷》《竹子的品格》，还有关于文学方面的，比如《红楼梦故事》。

从教材编写的体例上来看，第1册开头部分是发音与汉字导论，之后是课文1～10课，后面是附录一“汉字源流”，附录二“词汇总表”（包括英—中和中—英两个部分），附录三“每课生字的笔顺表”。第2册包括课文11～20课，后面包括附录一“词汇总表”（包括英—中和中—英两个部分）以及附录二“每课生字的笔顺表”。每课的编排方式是：第一部分是课文，这个部分先有阅读前的提问，让学生带着问题进行预习，然后列出生词表，接下去是课文，课文之后是关于课文内容的具体信息的阅读检测，然后是关于课文结构内容的理解练习，最后是与课文话题相关的一段对话；第二部分是语法介绍；第三部分是句型和词汇用法；第四部分是练习，包括下列基本形式：（1）语音汉字练习（给汉字注音、根据拼音写汉字等等），（2）词汇练习（选词填空），（3）语法练习（用新的语法结构改写句子、用新的语法点回答问题、翻译句子等等），（4）用所提供的生词、语法点等做对话练习，（5）写作练习，（6）查字典练习，（7）阅读练习。

这套教材显然与前面谈到的《中国啊，中国！》完全不同。它不强调话题的争议性和观点想法的交锋，比较注重中国传统文化、历史、地理等方面的内容，对词汇和语法点进行了精心的安排，尽可能包含汉语基本语法的各个方面，词汇控制比较严格。作为一套以文化内容为出发点的教材，它更强调篇章语法而不是句法，注意学生阅读能力和写作能力的培养。《大学语文》这套教材注意把文化内容的丰富性、语言教学组织的严密性紧密结合，解释和说明严整详细，比较适合华裔学习者的特殊需要。

二、关于华裔班的教学内容与教学方法

从语音方面来说，多数华裔学生都能够正确地辨别声调，一般不需要老师在课上对音位做出具体解释。华裔学生的发音问题一般是受家人方言的影响，比如有同学不会发卷舌音，“老师”念成了“lǎosī”；有的同学 in、ing 不分，en、eng 不分，父母发音不标准一般会对华裔学生的发音带来不同程度的影响。如果教师不纠正学生的不标准发音，那么班里的其他同学就有可能听不懂。另外，在混合编班以后非华裔学生可能会抱怨为什么在教学中有双重标准：对非华裔的发音错误就纠正，对华裔学生的不标准发音或者错误就迁就。如果老师像对非华裔学生一样纠正华裔学生的发音，最初可能带来部分华裔学生的不满：“我的家人就是这样说汉语的，难道他们不是中国人吗？他们说的是错的吗？为什么老师要纠正我的发音？”碰到这种情况时，老师在教学中应向学生说明，学生的家人说的当然都是某一地区的汉语，但是因为同学们的方言背景不同，为了更有效地与老师、同学以及社会各界人士用汉语进行沟通，练习标准普通话对大家更有益处。如果老师在课堂上没有统一标准，教学就难以进行，师生间的有效交流会受到干扰。经老师解释说明以后，绝大多数学生都愿意接受统一标准。有些华裔愿意通过老师的多次重复学会正确的发音，绝大多数学生愿意通过拼音掌握发音。学习拼音有助于学生标注汉字、查字典，将来逐步掌握汉字输入的方法，所以是华裔班教学的重要环节。近些年来随着汉语拼音在美国的逐渐普及，多数华裔学生上大学以前都接触过或者掌握汉语拼音的一般用法了。大学华裔汉语课只需要做一些复习、巩固的工作。

有些华裔学生有多年积累造成的比较顽固的发音问题，这些问题有时比一般美国学生的发音错误更难纠正。老师在课堂上不宜为了一个学生的习惯性的不标准发音而花掉太长的时间，以免降低教学效率，可以对学生有规律性的错误进行归纳和总结，分类纠正。有些大学会在正常学期内和暑期强化项目安排一对一练

习时间，对于口音较重的华裔学生来说，可以进行有针对性的一对一发音练习，以期达到规范发音的目的。华裔学生的发音错误可能一时难以完全纠正过来，老师们一方面要有长期坚持的准备，要鼓励学生树立学会普通话的信心；另一方面也要考虑到华裔学生愿意接受的程度，以不造成学生的心理抵触为前提条件。

在词汇方面，多数华裔学生对教材中有关家庭生活的词汇普遍感到熟悉，一旦课文内容涉及政治和社会生活的其他方面，他们在掌握相关词汇时就会感到吃力，从而与自己希望轻松学汉语的期许产生偏差。这个时候，老师应该先给学生做好心理辅导工作，说明华裔学生要想进一步提高汉语水平，就要跨越词汇简单、过于口语化和生活化的阶段。只有掌握了相对复杂、书面化的词汇，其汉语水平才能提升到一个新的高度，才能用汉语谈论相对复杂的社会生活话题。课堂教学中老师要有意识地做好近义词的辨析。比如在《中国啊，中国！》的课文中先后出现了"保持、保留""超过、超越、差别、差距""有、拥有、具有"等等，老师需要通过举例、用投影片打出英文解释、用汉语进行直接解释等方式对这些容易用混的近义词进行辨析和说明，然后提供选词练习、给出语境用近义词回答问题的练习来巩固讲解的内容。在词汇学习方面，最重要的问题是很多华裔学生不会主动地在课堂上练习，也不愿意在日常生活中运用比较"高级"的新词语，因为他们已有的词汇可以满足其生活中与他人的基本交流需要，虽然有时候交流得不够"高级"。他们的交际策略就是在自己已有的"语料库"当中选择比较熟悉的、有把握不出错的表达方式与他人进行交流。如果上了华裔班汉语课以后，学生继续采用这样的交际策略，那他们的汉语水平就不会有真正的提高。

解决这个问题的有效方法之一，是老师在课堂教学和一对一练习中要有意识地把新词语用于课堂讲解、与学生的对话交流以及口头与书面练习当中。作业、口头报告和考试中都需要做出明确的规定，要求学生必须使用一定数量的指定生词回答问题、写作文等等，而且新词的使用数量和质量直接与成绩挂钩，这样才能督促学生活学活用，提高表达的难度和准确性。

在成段表达与语篇表达方面，华裔学生有时会采用句子叠加的方式来代替语段、语篇的表达，这样做比较轻车熟路，还能避免尝试新的表达法，以免出错。教师在日常的作业要求方面应多多强调以进步幅度作为衡量学生成绩的重要标准，而不以出现错误的多少和流利度作为考评华裔学生成绩的主要尺度。教师可以先给华裔学生提供语段表达的框架和重要词语，引导学生用较长的段落和新词汇进行表达，然后让学生习惯用较强的逻辑和较多的生词组织段落和语篇，切实地回答老师提出的问题，而不是简单地把要求用的词语罗列在句子当中，从而让学生实现由句子叠加式的表达到语段篇章表达的过渡。这就要求老师设计的话题和作文题目具有一定的难度和复杂性，如果话题过于浅显，学生不需要使用语段和语篇来表达，那么他们的表达就会只停留在句子的层面上。

在语法方面，不少华裔学生因从未从父母或者中文学校那里专门学习过语法知识，所以开始接触语法概念时需要适应的过程。由于学生的听力水平相对较高，老师在课堂上更要避免用英文解释句型和语法，应该更普遍地使用例句。多数情况下，有基础的华裔学生可能并不需要大规模的、反复的句型操练，上课可以采用问答的形式或者用由短到长、由简单到复杂的话题讨论代替简单的句型操练。关键是老师一定要找到由浅入深、适合不同层级的华裔学生讨论的有趣话题。

虽然为数不少的华裔学生在上大学之前已经习惯通过记住笔画学习汉字，但他们仍然一致认为汉字是学习中最大的困难，他们在汉字书写上犯的错误可能比语法方面的更多。很多学生已经在周末中文学校接触过偏旁部首的知识，习惯通过联想或者编故事、写卡片的办法不断重复地写汉字来记住汉字。大学汉语老师可以沿用这些办法。问题是有些教师认为，既然汉字是华裔学习的难点，那就应该在课上花大量时间讲解字的结构、来源、造字规律等等，因而大幅减少了在课上做会话练习的时间，这样做不一定能收到良好的教学效果。无论教师如何强调汉字方面的知识，都不能代替学生课后练习、反复记忆所下的功夫。教师不应该用自己对汉字研究的兴趣代替学生必要的口语练习。无论是华裔班还是非华裔班，课堂教学都应该以听力、口语练习为主轴。除了比较机械的记忆，华裔学生汉字水平的提高还应该建立在广泛阅读的基础上。华裔学生多具备较好的听说能力，还具有非华裔学生不具备的对汉语的正确语感，因此阅读中的联想能力比较强，即使有个别字词不认识，对阅读理解的影响也没有那么大。华裔班的教学应该通过大量的阅读积累来提高学生的认字能力，通过认字能力的提高带动其汉字书写水平的提高。同时，读写可以反过来促进听说的进步，使华裔学生掌握更多的正式词汇、句型和表达方式，从而逐步提高他们在正式场合使用汉语的能力。

本章小结：与其他发达国家大学较少开设单独华裔班的情况相比，美国的情况是比较特殊的。例如世界知名学府牛津大学和东京大学等都没有华裔汉语课程，这一情况恐怕与这些学校的华裔学生不多、没有这方面的需求密切相关。美国汉语教学规模比较大、历史比较悠久的大学很多都有独立的或者某种形式的华裔班。没有华裔班的有些是因为没有足够数量的华裔学生，有些是缺少师资。美国大学在中国的留学项目，特别是长期项目，基本上都没有开设华裔班，因为参加海外班的华裔学生人数不足，或者低年级的华裔学生数量较少，而高年级的一般就混合编班了。比如明德杭州项目，CET 上海、北京项目，华盛顿大学上海项目等等都没有独立的华裔班。

从总体上看，在最初阶段华裔学生在汉语听说读写四项技能方面较之于非华裔都是有一定的优势的，当然总体上听说的优势明显强于读写，但是有优势不等于最后的学习成果能够继续保有优势。听说方面的优势通过阅读中的联想、多次重复的阅读，是可能转化成汉字水平的提高的。在初级班实行华裔与非华裔双轨有比较明显的益处，但是到了高年级或许利弊参半。高年级的课堂中，混合编班比较有益于课堂讨论的多样化，使学生们互相激励。极少数大学还采用了按照方言背景分班的方式，这种分班方式有益于学生最初的交流和方言的保持，但是从长远来看，对学生将来的就业和在更广泛意义上的与汉语母语者的交流来说，这可能不是一种最有效益的方式。

相当多的华裔学生在起初是因为具备一定的汉语听说能力，而读写相对比较薄弱才选择上华裔汉语课的，但是这绝不意味着华裔班的课堂教学应该以读课文和教汉字为主。相反，教师在课堂上依然应该以听说为主，读写辅之，在整个教学过程中贯彻听说读写并重、稍微向读写倾斜的原则。否则学生的词汇量、正式的口语表达、语言知识等方面的学习会受到限制，在提高汉语的读写能力时就会遇到阻碍。

华裔班学生的分班考试是应该与一般学生一起考还是分开考？标准相同还是有所不同？按照口语程度分班还是按照识字水平分班？笔者个人认为，学生的听说读写能力如果是平行发展的，就可以考虑上普通班，听说明显有优势的而不会说普通话的，可以考虑上华裔班。某些华裔学生因为不愿意在汉语学习上花费太多时间或者希望在不需付出较大努力的情况下取得好成绩，所以分班考试以后尽量要求上普通班。这时老师需要跟学生说明，如果不准备在汉语课上花足够的时间学习，即便上了普通班也不能保证就能取得优秀的成绩。为了分班的公平，老师应该强调说明，华裔班最后学习成果的测评会将学生个人的进步幅度列为考核标准，而不是以流利度为主要标准。

提高华裔学生学习动力的方法可考虑以下几方面。一是努力提高课文和讨论话题的趣味性以及与现实生活联系的紧密性。趣味性的主要来源不是唱歌、跳舞、做游戏、包饺子等课堂活动，而是一种与学生思想上的高度共鸣与推心置腹的交流，要关心他们感兴趣的问题。除了涉及传统中国文化的话题，教师还应该主动给学生介绍一些中国社会的新闻甚至学生的家乡新闻等等，唤起他们的亲切感。二是要让学生切实地感觉到自己的进步，显著的学习成果是对学生最好的激励。老师要在作业、作文后面尽可能详细地写出评语，认可学生的点滴进步，激发学生的学习热情，鼓励他们把用新学的词汇和句型写出的作文给父母看，鼓励他们用微信、电子邮件、脸书、电话等多种形式与父母家人用汉语进行交流。父母对孩子学习进步的关切与肯定有助于华裔学生把汉语学习坚持下去。三是鼓励华裔与非华裔汉语学生进行交流。华盛顿大学（圣路易斯）在四年级实行了华裔与非华裔的并轨。看到一般美国同学在经过大学数年的学习后汉语达到了相当高的水平，不少华裔学生会觉得好奇和惊异；看到众多的美国同学对中国语言和社会充满兴趣，他们也会受到激励。华裔学生和非华裔学生在话题上的认识角度有些不同，这种不同对双方来说都是十分有趣的。比如讨论家庭教育的差异以及选择大学、专业的过程中，两种文化的不同往往都能够带来华裔学生与非华裔学生的良好互动。四是鼓励华裔学生选修其他中国历史、文学、艺术等方面的课程，以全面提高学生对中国文化的了解，从而带动他们对汉语学习的兴趣。这种兴趣会反过来促进他们的汉语学习。五是鼓励华裔学生参加海外留学项目。以往很多华裔学生认为自己对中国的了解已经足够多了，因此不愿意再花时间、精力、金钱去中国学习。其实，学生以往对中国的了解是出于小孩子的视角，而与大学同学一起出去留学是完全不同的人生体验，有助于华裔学生在大学建立更广泛的朋友圈，产生更强的归属感，并可能得到更多实习和工作的机会等。

第八章　美国大学的暑期中文项目与海外中文项目

第一节　美国大学暑期中文项目与海外中文项目概况

美国大学的暑期中文项目（课程）与海外中文项目是既有联系又有区别的两个概念。暑期中文项目是利用暑假集中开设汉语课程的项目，从地域上看至少包括两种基本类型：一种是在美国本土的；一种是海外的，包括中国内地（大陆）及香港、台湾等地区。

美国本土暑期项目又可分成一般大学暑期课程和暑期强化项目。比如哈佛大学、华盛顿大学（圣路易斯）都开设过暑期汉语课程，由本校教师任教，教学进度、教材等等与正常学期类似，学生多数来自本校以及周边地区，这类一般大学暑期项目基本上不属于密集强化型的教学。暑期强化项目如明德大学暑期中文学校、印第安纳大学（东亚）暑期语言学校（已停办）等等，一般对外公开招生，为那些所在大学不开设汉语课程、不便离开美国本土以及希望参加暑期强化学习的学生提供学习汉语的机会。

美国大学的海外中文项目既包括暑期项目（一般属于密集强化项目），又包括长短不一的长期项目。无论是由一所大学承办的暑期强化班，比如普林斯顿大学北京班、哈佛北京书院、杜克大学北京班，还是数所大学合办的项目，如ACC（Associated Colleges in China，美国各大学联合汉语中心），以及留学公司经办的项目，如CET学术项目（China Education Tours）等，多数都对外公开招生，本科生、研究生都录取，一般以创办学校的学生为主或创办学校的学生有一定的优先权，兼收外校、外国大学的学生。申请人需要提交申请表、教师推荐信、大学成绩单等，有些项目还要求申请人提交汉语录音材料，以甄别其发音是否标准。有严重习惯性发音错误的学生在录取中会处于不利地位。申请的截止日期一般是每年的一、二月之间。有些项目因为能为学生提供数额不等的奖学金，所以更具吸引力。少数项目只招收创办学校的学生。

根据课程时间的长短，海外项目可分为5种类型：学年+暑期、学年、学期+暑期、学期、暑期。暑期项目从4到11周不等，与项目的学分数相关。暑期班因在时间上与学校正常学期错开，又可满足学生外出开阔眼界、参加实习、旅游观光等多方面的需要，所以其数量远远超过其他类型的留学项目。暑期班为突出强化训练的明显效果，对申请人通常有语言要求，较少提供零起点课程。一般工作日每天上午上课，之后安排一对一、课外活动、周末旅行以及文化活动，办学模式主要有下面几种：初级到高年级语言课程加上郊游或者社会实践，商务汉语加上暑期实习，文言文、语言学加上郊游，等等。

学期、学年等长期项目的第一个特点是多数都开设语言课以外的用英语讲授的知识型课程，也有项目是高年级学生用汉语，低年级学生用英语学习此类课程。第二个特点是项目通常都在北京、上海等一线城市，绝大多数同学住在国际学生宿舍。长期项目多设有零起点课程，有些没有语言要求，一般提供各种各样的文化课程、外出旅行、社区活动。（Jin，2012）

近年来，学期、学年项目的发展呈现了更加多样化的特点，如华盛顿大学（圣路易斯）在复旦大学开设的秋季项目，除语言课程之外还安排了医学课程和在上海医院的实习，为帮助学生了解各国医学知识和申请医学院打下了较好的基础。有些大学和留学机构，如ACC，CET，IUP（Internal University Program，美国各大学联合项目，曾使用过“斯坦福中心”一名），明德大学在华项目（杭州、云南）等开设的学年班，除了提供标准汉语课程之外，还提供美国大学承认学分的专业课程、研究生论文准备课程以及实习机会。多数与实习相结合的项目因有益于学生就业而广受欢迎。近年更有美国大学在中国建立校区，比如杜克大学（昆山校区）、纽约大学（上海校区），其中也设有中文语言项目。

据中文教师学会2014年发表的《北美地区高校中文语言项目的调查报告》（Li，Wen，& Xie，2014：36-39），163所大学对调查问卷的回复显示：美国各高校中已开设海外项目的学校共83所，占全部参与调查学校总数的50.9%；尚未开设但计划开设的大学32所，占全部参与调查学校总数的19.6%；尚未开设未来也没有打算开设的大学48所，占总数的29.5%。

在回答“贵校学生在海外项目一般会选修哪些课程？（可选多项）”时，127

所院校的学生选择了汉语语言课程，占总数的77.9%；82所学校的学生选修中国文化课程，占总数的50.3%；53所学校的学生选择中国社会课，占32.5%；46所学校的学生选修中国历史课，占28.2%；34所学校的学生选修商业汉语课，占20.9%；27所学校的学生选修报刊汉语课，占16.6%；26所学校的学生选修中国文学课，占16%；20所院校的学生选修中国电影与媒体，占12.3%；选修中国宗教课的有14所院校的学生，占8.6%；选修中国视觉艺术的有11所院校的学生，占6.7%；10所院校的学生选修中国音乐，占6.1%；选修文言课程的有9所院校的学生，占5.5%；选修汉语语言学课程的有8所院校，占4.9%；选修法律汉语的有1所院校，占0.6%；29所院校的学生一般不在海外项目修课，占17.8%；17所院校的学生选修其他课程，占10.4%。

综上所述，近年来越来越多的美国大学建立了海外中文项目，其中学生人数最多的是暑期中文项目。海外项目的课程一般以语言课程为核心，同时辅以中国历史、文学、社会、商务、宗教、艺术等专业课程。学生留学的目的主要是提高汉语水平，了解中国文化和亲身感受中国社会。越来越多的项目开始把语言培训与社会实践、短期实习紧密结合起来。比如，哈佛北京书院每年暑期都有一周的社会实践，学生跟随老师深入中国社会进行调查；CET项目为学生提供整个暑期在跨国企业实习的项目；杜克大学暑期在华项目开启了4周学习中文、4周暑期实习的模式，广受欢迎。

第二节 美国大学暑期中文项目与海外中文项目发展简史

据普林斯顿大学中国语言与文学项目的创立者之一、著名明史研究专家牟复礼（Frederick W. Mote，1922—2005）教授回忆，20 世纪 60 年代中期，卡内基公司注意到在全美范围内增加战略性语言项目的重要性，遂创建了以普林斯顿大学为基地的“关键语言项目”（Critical Languages Programs）。该项目邀请本校没有开设汉语、日语、俄语及其他语言课程的美国大学本科生到普林斯顿大学进行“为期一年的留学深造”，通常是在大学三年级。他们学习语言和区域性研究方面的课程，接着是一个夏天的语言强化课程。因该项目不允许性别歧视，所以给普林斯顿大学的校园带来了第一拨女本科生。这些参加“留学”深造的男女学生都对学习充满了极高的热情。

60 年代中期，牟复礼在普林斯顿大学的邻居和好友、从事古典主义研究的研究生院助理院长 James Armstrong（1919—2013）担任了明德大学的校长，他决定通过增加中文和日文学校来扩大明德暑期学校，并向牟复礼咨询对组建中文暑校的意见，牟复礼推荐了时任普林斯顿大学中文语言项目负责人的陈大端教授。陈大端于 1966 年建立了第一个明德暑期中文班，并担任暑校负责人十余年，直到周质平教授接过主任一职。明德暑期中文学校从建校伊始就遵循普林斯顿大学本校的教学原则——强调发音的准确，通过汉语口语教授阅读，通过现代汉语教授文言文，等等。明德暑期学校还继承了普林斯顿大学的设课传统并聘用其教师从事管理与教学工作。那时普林斯顿大学的学生可以跨校上课，正常学期在普林斯顿大学，暑期在明德暑期学校。那些年明德暑期中日文学校的荣耀都同时归功于普林斯顿大学和明德大学两校。由普林斯顿大学承办的明德暑期日文学校与中文学校分别于 1992 年和 1993 年结束，日文学校主任 Seiichi Makino 与中文学校主任周质平分别在日本和中国建立了暑期学校，从而脱离了早期与明德大学的联系。（Mote，2010）之后明德暑期中文学校由明德大学独立承办至今，除一般汉语语言课程之外，还增加了暑期汉语教师硕士培养项目。

美国本土另一享有盛名的暑期强化项目是印第安纳暑期中文学校。据该校创建人、印第安纳大学比较文学系欧阳桢教授回忆说[①]，1983 年印第安纳大学得

① 以下介绍来自欧阳桢教授于 2015 年 1 月 27 日发给笔者的电子邮件。

到了一笔联邦政府用于开设暑期语言学校的基金，1984年暑期学校正式开课。1984—1989年他担任暑期学校首任校长。当时印第安纳大学共设有中文、日文、韩文三个暑期语言学校，各校分别有一位校长。数年之后，印第安纳大学东亚暑期语言学校的口碑广为传布，《(美国)高等教育年鉴》曾发专文介绍。暑校聘任的讲师分别来自中国、日本、韩国和美国等。

印第安纳大学暑期语言项目每期9周。4年之后，欧阳教授与印第安纳大学文理学院院长商讨是否愿意把暑期学校建成长期项目，院长表示有此意愿。欧阳教授提出三个条件：第一，暑期学校校长应由董事会任命，这样才能把职位长期固定下来；第二，印第安纳大学提供专款，以保证暑期学校行政管理人员不但有工资，而且可以享有相关福利待遇；第三，暑期学校校长拥有永久教职以保证暑期学校的延续性。

上述三项要求最后无一得到满足，于是欧阳教授在1989年从暑期学校校长职位上离任。在其后6年中，共有6位暑期学校校长继续他的工作。最终暑期学校因办学情况不理想，在开办12年之后停办。1996年，印第安纳大学东亚语言与文化系系主任曾征询欧阳教授的意见，看其是否能协助重开暑期学校。因已有了其他职业发展计划，欧阳教授只好拒绝了。印第安纳暑期中文学校虽然停办了，但1997年出版的、由印第安纳大学暑期学校部分教师合编的教材《中文听说读写》(*Integrated Chinese*)已成为目前美国高校使用率最高的教材。

海外留学方面，因冷战的影响，20世纪50～70年代，中国大陆（内地）基本没有接收来自美国的留学生。想参加海外留学的学生多选择在台湾、香港等地学习，其中设在台湾大学的美国各大学联合项目（IUP）历史较为悠久，规模较大，曾培养出一批从事中国文学、历史、政治和宗教等领域研究的专家。有些专门研究中国文学、历史等专业的美国学者还选择去日本留学，因为日本的中国文学、历史方面的资料比较丰富，研究人员众多，研究成果丰硕。中美建交、改革开放之后，众多美国大学、留学机构自80年代初期起先后在大陆建立了留学项目，比如杜克大学在华项目（包括暑期和长期班，先后在南京大学、首都师范大学、云南大学和对外经济贸易大学），达慕思大学暑期在华项目（在北京师范大学），麻州大学在华项目（包括暑期和长期班，在北京师范大学），CET在华项目（包括暑期和长期班，在首都师范大学、北京教育学院和哈尔滨工业大学），等等。这些项目一般由美方教师担任领队或主任，负责与中国协作院校共同安排教师、教材和课外文化活动等等。语言课的教学细节多由中方负责，此外多数项目还设有用英文教授的非语言类的中国文化、历史、文学等方面的课程，即所谓的内容课（content courses）。美方按照学生人数付给合办大学学费、住宿费等，中方教师（多数是专职教师）的聘用、工资、工作安排以及项目课外活动等均由中方院校负责。

1993年，普林斯顿大学东亚系周质平教授开创性地在北京师范大学建立了全新的暑期强化班教学模式（简称为“普北模式”）：由美方设计课程、聘用及培训教师（除部分专职教师外，多数是在职研究生）、发放教师工资、选择教材和负责招收学生，中方负责提供教师和教室、组织课外文化和旅游活动、安排食宿等等。项目建立之初，部分中方院校和教师对这种办学方式心存疑虑，担心这些项目到中国后会水土不服。经过数年发展，一大批美国大学纷纷效仿这种办学模式，设立了暑期在华项目，比如哈佛北京书院、哥伦比亚大学北京班、ACC项目等。一些早年建立的项目也纷纷改革，朝着普北模式靠拢。早年在台湾的美国各大学联合项目（IUP）也搬到了北京。因考虑到零起点学生刚到中国时必须说英语，很难利用目的语环境，他们不但自己无法遵守语言誓约，还会干扰其他学生，所以暑期项目基本上不招收零起点学生。还有些大学的暑期项目部分时间在本校上课，部分时间在海外上课，比如1994年开班的斯坦福大学北京暑期班。到2008年，大陆已有超过50个美国在华留学、交换项目。（韩冰，2008）2008—2012年间，中国逐渐成为美国大学生选择海外留学目的地意愿最高的五个国家之一。[①]

海外留学不但得到了中美各承办大学校方的支持，也得到了中美双方政府的资助。2009年，时任美国总统奥巴马提出了“十万强计划”，目标是在其后五年内（到2014年止）往中国派送10万美国留学生。作为回应，中国政府宣布2010—2012年间将资助两万名美国学生在中国学习。2013年1月“十万强计划”由当时美国的国务卿希拉里正式推出，双方政府鼓励并支持美国人到中国留学所付出的努力是史无前例的。（Jin，2016）

美国大学的暑期项目经历了早年的在中国香港、台湾的合办模式（如IUP），美国本土为主（如明德大学暑期中文学校）、辅之以去日本的替代模式，发展为20世纪80年代以后的地点以中国内地（大陆）为主、各大学分头设立项目与联

① 详见网址：http://www.iie.org/en/Research-and Publications/Open-Doors。

合办学并举的办学模式，出现了由中方按照项目所在的中国院校特点进行管理的模式与美国各院校自主管理的（包括自主选择教材、自主聘用和培训教师以及自主设置课程）的新模式并存的局面。暑期海内外强化项目的发展不但大大提高了学生的汉语水平，丰富了其学习体验，也促进了中美双方在这一领域的交流与合作，使双方在师资培训、教材编写和项目管理的水平上都得到了相应的提高。20世纪80年代之后到中国内地（大陆）留学的学生已逐渐成为美国学界、商界和政界的骨干力量。

第三节　海外中文项目研究回顾

近年对海外中文项目的研究有诸多不同的角度，取得了不少值得借鉴和参考的成果。例如 Li（2014）研究了参加海外项目之前学生的语言等级对其参加海外项目后语言学习进步幅度的影响，结果证明中级和高级学生在暑期项目之后都取得了进步，除了语速之外，两组学生的进步模式类似。所以，学生在参加海外项目之前的水平差别对他们从海外项目受益的程度影响不大，但作者同时建议，学生最好有四个学期的学习基础之后再参加海外项目，效果更佳。

Allen（2010）在谈及海外留学项目对各语种教师职业生涯的影响时指出，不但应鼓励学生参加海外留学项目，还应鼓励教师在海外寻求个人专业上的进步。借助海外学习，教师可增强语言应用的自信心，扩展相关文化知识、文化实践内容以及文化视角，并带回大量的原始材料。因为丰富了个人的交流体验，所以教师会更积极地寻求使用所教外语进行听说的机会。由于建立了与同语种其他教师的联系，因而教师会更积极地与美国同事在专业研讨会上分享个人的经验。

柯传仁、魏久安（2008）指出中国境内汉语教学与境外汉语教学存在以下几方面的相同点或不同点：（1）在课程设计上，中国境内的汉语教学倾向于把阅读和语法教学分开进行，而美国则倾向于把阅读教学和语法教学结合起来；（2）境内外的汉语教师一致认为，他们的学生具有较强的会话能力（日常的社交能力），而在汉字和写作这类书面表达能力（比较正式的能力）方面表现较弱；（3）虽然境内外的汉语教师对学生的程度分级并没有什么特别的分歧，但是至少就目前课程设计方面的情形而言，境内外汉语教学者之间的交流很少；（4）境内外的汉语教师都觉得统一的教学目标和课程标准的制定将最有助于改善境内外汉语教学在各个方面的衔接。

Silvio，Donovan，& Malone（2014）在研究家庭寄宿对语言学习的意义时指出，一般人认为海外班的学习能为提高外语能力提供完美环境，能增加与目的语使用者的交流，而居住在当地人家更是被视为能够极大增加目的语输入的手段，但根据调查，居住在当地人家的学生与其他学生相比，在语言学习上并未取得更大的进步。作者共调查了 152 名学生，居住在当地人家的 87 名。其中包括 53 名学西班牙语的学生（31 名居住在当地人家），49 名学汉语的学生（26 名居住在当地人家），50 名学俄语的学生（30 名居住在当地人家）。

该调查对海外项目具有重要意义。第一，项目需要帮助学生和寄宿家庭做好相应的精神准备。学生寄宿的经历可能会挑战其以往的生活经验或者价值观，临行前需做好培训，讨论要涉及有可能遭遇的文化冲突。第二，学生应向寄宿家庭明确表示交流的兴趣和愿望，积极主动地与其交流，而不是等待交流的自动发生。项目应通过明确的教学或者作业帮助学生进行内化交流。第三，寄宿家庭应被赋予更多的帮助学生学习语言的主动权。项目应对相应的家庭进行相关培训，使其掌握吸引学生参加有内容有意义的对话和讨论的方法。

Silvio，Donovan，& Malone（2014）分别从学生和寄宿家庭两方面观察学生在家庭中的经验以及与语言水平提高的关系。结果显示，经过半年的海外学习，西班牙语、汉语和俄语的学习者都在口语应用能力测试（SOPI）方面有了明显的提高。学生与寄宿家庭对这种居住模式都有大量正面评价，但每个语种有所不同，西班牙语最为正面，俄语相对负面，汉语居中。多数学生与家庭都感觉外语水平的提高与是否居住在当地家庭中并无直接联系，虽然有寄宿家庭的学生一般在测试中的成绩都有所进步。与寄宿家庭关系良好的学生一般对海外留学项目都特别满意。居住在当地家庭中不但促进了学习者口语测试水平的提高，而且对其多项语言技能的提高都有益处。

笔者完全同意上述研究报告的结论：有当地的寄宿家庭，总体上会使学生获得正面的留学体验，但不等于说这类学生的目的语水平一定都比没有寄宿家庭的学生提高得快。要更快提高寄宿学生的语言能力还需各方积极主动的配合，不能“无为而治”。

据笔者个人观察，以北京师范大学第二附属中学为基地的美国高中常年留学项目“海外学年”（SYA）学生的留学经验似与一般大学项目的有所区别。多数高中学生之前没有在国外长期生活的经验，年纪较小，对寄宿中国家庭的依赖和亲切感远比大学生更强。他们不但衣食住行完全依靠中国家庭，而且直接参与中国高中生的课堂学习，所以其留学生活中留下了许多愉快的回忆，其汉语口语水平提高也更快。一般大学暑期项目的学生选择居住在中国家庭中的越来越少，原因可能有以下几方面：一是可能需要多付住宿费；二是有的当地家庭只把学生当房客，并未有意识地帮助学生提高语言水平；三是这类学生与其他住校学生会形成隔离感，他们会感觉在项目里失去了同龄的朋友；四是上下学路上需要花费时间，特别是暑假天气较热时多有不便；五是有些寄宿家庭的条件不如宿舍好，学生会更觉不便。

语言誓约是否有效是海外强化项目研究的另一重要课题。牧之筠（2008）对2004—2005年美国各大学联合项目、杜克大学暑期在华项目以及普林斯顿大学北京班做了关于海外项目语言誓约实行情况的调查。共发出180份调查问卷，收回174份，其中148份为有效问卷。

在回答第一个问题“语言誓约是否必要？”时，半数以上的同学认为绝对必要，其中1/3的学生说这正是他们选择该暑期强化项目的原因。

在回答第二个问题“你是否打破过语言誓约？如果是，频率多高？”时，只只有9人说自己从未打破过语言誓约，其余学生都说自己打破过语言誓约。

第三个问题是：“在哪些场合你会说英语？”24.14%的学生表示自己会因疲劳而说英语，25.29%的学生会在与同项目的朋友说话时用到英语，64.94%的人会在和其他外国人说话时为了交流方便而说英语，98.18%的人会在给家里打电话时讲英语。

第四个问题是：“在语言项目里，你为什么需要说英语？”4.02%的人认为讲英语代表一种文化身份认同；52.3%的人讲英语是为了进行社交；37.93%的人讲英语是为了宣泄情绪（venting frustration）；35.63%的人是为了其他理由，例如汉语表达的局限、紧急情况和喝醉了等等。

第五个问题是：“你和同项目的同学讲汉语的频率是多少？”22.99%的学生回答总是讲汉语，60.34%的学生回答多数时间讲汉语，13.79%的学生回答有时候讲汉语。可见多数时间讲汉语的学生占了大约83%的比例，这个比例是相当高的。

第六个问题是：“在什么情况下应该实行语言誓约？”54.02%的同学认为任何时间都应该，4.02%的人认为只需要在教室里面实行，37.36%的人认为应该在项目安排的所有活动中实行，1.72%的人反对实行语言誓约。绝大多数同学都同意在所有活动中，至少在项目组织的所有活动中应该实行语言誓言。

第七个问题是：“你对老师监督语言誓约的执行持什么态度？”70%以上的学生认为语言誓约的监督执行是必要的。

第八个问题是：“总体上如何看待语言誓约？”89.22%的人认为语言誓约有挑战性但是是可以控制的。

简言之，调查结果显示，虽然不少学生违背过语言誓约，但绝大多数承认其有效，并认为应该实行。

杜航则研究了留学中国期间学生汉语流利度的提高情况（Du，2013），通过对参与海外学习的53名美国学生2008年抽取的调查数据，该研究得出结论：海外学习可以增加学生汉语表达的流利度，特别是能提高口语表达的语速，另外，学生在课外使用汉语多的，在流利度上的进步更加明显。语言誓约是一个鼓励或者迫使学生尽可能用第二语言的非常有效的办法，学生和学生之间以及与中国人之间使用汉语时间的多少最终影响学生表达的流利度。所以，项目应该创造机会鼓励、激励学生用更多时间与当地中国人互动，特别是那些自己不太可能主动这样做的人，因为每个同学与他人的交流意愿的强弱不同。可惜作者没有讨论海外学习对汉语准确性的影响问题。

Block（2007）和Kinginger（2008）发现，美国学生留学海外期间，更倾向于避免进行差异沟通（negotiation of difference），并表现出一种自己国家的优越感（national superiority）。在本书的最后一章中，笔者谈到海外学习对成功汉语学习者的影响时指出，成功学习者的经验显示，他们更有意识地选择了包容、理解并与中国文化融合的态度，他们放下了自己的优越感，平等地看待自己外国人的身份，这也是他们成功的经验之一，但这不一定是美国留学人员的主流意识。

关于海外强化项目研究的另一方向是不同族裔学生的身份认同以及对汉语学习的影响。不同族裔的美国人在学习中的体会有所不同。一般中国人不知道的是，不少华裔在美国生活了几代，他们对汉语的感觉可能与其他族裔的美国人没有太大差别。多数华裔更倾向于认同自己是美国人，或者是有中国血统的美国人，而不那么希望别人把他们完全看作中国人。但中国人更习惯把美国的华裔看成中国人，对其期待很高，认为他们的汉语水平应该很高。华裔学生如果来中国留学，需要对这一点有足够的思想准备（详见本书最后一章）。

与华裔学生的感觉相似，Riegelhaupt & Carrasco（2000）对第二代墨西哥移民莉迪亚（Lidia）的研究也发现了类似的情况，并曾引起众多学者的兴趣。莉迪亚参加了一个为期5周的在墨西哥的海外留学项目，而其接待家庭对她很不满意，因为她"作为一个墨西哥人"，西班牙语水平并不理想，接待家庭甚至提出"下次给我们送一个金发碧眼的外国人来"。这项研究显示不同国家的人对传承语学习者都有较高期待，这不只是中国独有的现象。虽然华裔学习者是美国出生的，但还是容易被母国人看作是与一般美国人不同的人。

反之，中国人总体上对华裔以外的美国来华留学生常持更加宽容和鼓励的态度。因为知道他们是外国人，所以中国人对其汉语水平没有对华裔那么高的期待，也不太习惯指出他们汉语学习中的错误，更没有严格的要求。这与学者们对西方女性在日本和韩国学习经历的研究结论颇为一致（详见本书最后一章）。

Valerie（2005）探讨了海外留学与自我构建的诸多理论问题。作者认为，语言表达是超越信息传播本身的，它是社会和文化的符号，也是自我表达和自我建构的机制。二语学习者会遭遇到更多文化冲击，因其经常发现对话者的反应和自己的期待不一样。比如对话者会故意放慢语速或说得更大声来让二语学习者听懂，而对于二语学习者来说，这样的反应似乎是将他们当作不太具备语言能力的儿童来对待了。在海外留学的二语学习者中，这样的情况尤为显著。

从语言和自我的关系上看，留学生使用二语交流时使其感觉自我被弱化或者被改变了。在二语环境中，学习者常感觉无法接收到全部信息，因此产生一种文化压力，随之而来的是学习效果的降低。学习者使用二语交流时，由于语言水平不如母语，所以会对自己不自信。因此用二语交流对学习者来说意味着风险和焦虑。这种焦虑不仅表现在海外留学的过程中，也贯穿整个二语学习始终。二语学习的焦虑来源于真实自我和理想自我的差距。这种压力使他们在使用二语时常常会判断某项交流带来的价值和潜在的风险。学习者需要建立一种使用二语交流的责任感，留学生有责任与接待家庭直接使用二语交流。

作者还讨论了二语使用与自我建构的关系。人类本能地会选择有安全感和舒适感的环境生活，如果没有的话就创造一个这样的环境。社会等级（social hierarchy）是留学生最常提到的话题之一。对话者为迁就二语学习者而做出的刻意的表情、反应以及放慢的语速等都会使二语学习者感到自己比对方地位低。例如当老师为让一年级俄语课的学生学习姓名而玩一个“猜我叫什么名字”的游戏时，有的学生觉得自己好像被当成智力低下的人来对待。为解决语言使用和自我保护之间的矛盾，学生会极大地减少对课堂活动的参与。又如当接待家庭的父亲细致地教一位留学生煮开水时，留学生认为这是将其视为不成熟的儿童的表现，他采取直接和接待家庭沟通的方法表达自己的不满来进行自我保护。此外，语言等级（linguistic hierarchy），即学习者对自己语言水平的认知，也影响他们使用二语的意愿。因此，拿自己的语言水平和别人（母语者和非母语者）比较，在二语学习者中也很常见。

作者继而讨论了学习者与外在环境的关系，指出这也是影响学生自我建构的因素。学习者的自我建构受到诸多因素的影响，比如年龄、性别、外表等，这些外在因素被称为社会环境因素；而学习者自己的态度、对他人和对外国文化的看法等则是学习者内在因素。从社会环境因素上看，他人的态度会影响学习者的自我建构。美国学生认为俄语老师往往过于严厉，在纠错时当着所有同学的面批评一个学生，或者过于直白地对比两个学生，侮辱性反馈和严厉的纠错都让美国学生觉得受到威胁。如果老师在反馈时表现出积极和支持的态度，能加强学生的安全感，表扬性反馈和温和的纠错能鼓励他们利用二语进行交流。来自他人的关注是一种自我的证明，关注太少会阻碍学习者能力的发展，关注太多也会让学习者认为其语言水平不如他人。另外，他人的外表、年龄、性别也会影响学习者对他人的看法和交流过程。比如，学习者提到和儿童谈话让他们感到愉悦，可是当交谈遇到障碍时，对他们的自我意识有更大的损害；学习者在和他们年纪相仿的人，包括母语者和非母语者的交谈中，更容易产生竞争心理。多数学习者都提到他们和某一种性别的人打交道比较容易。

从学习者内在因素上看，学习者对自我的态度非常重要。学习者在初期通常对自己的语言水平表现得不自信，而随着学习的进步，他们对自己能做什么不能做什么表现出一种更加轻松的态度。当其经验更丰富时，他们倾向于根据每次交流的结果对自己进行评估。学习成果和态度是相互影响的：好的成果会极大地增强留学生的自信心；学习进展不理想时会使得学习者的目标变得越来越不明确，信心减弱。学习者还会进行比较。他们一开始海外留学就进入了一个和常规课堂完全不同的环境，班级更小，同学之间的距离更近。学习者们更不可避免地拿自己和别人比较。在语言水平更高的同学在场的情况下，他们更不愿意表达自己。比较不仅包括自己和他人的比较，也包括拿自己和期望比较。如果学习者发现没有达到自己的期望就会感到沮丧。从学习结果的可预料性上看，学习者往往根据每次的交流情况来对自己进行评估。具体来说，他们是根据对话者的反应来进行评估的。随着学习者和对话者越来越熟悉，他们的交流就越来越可控，交流的结果也更具有可预料性。因此，和对话者的熟悉程度成为影响学习者安全感的一个因素。另外，和对话者的共同经历也能促进交流。在某些情况下，尽管学习者和对话者并不熟悉，但因有共同的经历，学习者也能感到安全，并且愿意交流。

然后作者讨论如何找到自我，实现现实自我与理想自我的融合问题。在学习者的日记中，往往会发现一个典型的行为，即抗争或逃跑反应。当一个人在面临潜在危险时，他要么与之抗争，要么选择回避。二语学习者往往采取回避的态度，当他们认为自己不被认可、尊重时，往往选择减少二语使用的次数甚至干脆不用。部分学习者也用类似抗争的形式去回应学习中遇到的障碍，在一些特殊的语言环境中（比如讲笑话、说脏话、用新的语法词汇等），尽管他们交流失败了，但仍积极主动地去应对。

当学习者能够正视他们的真实能力和理想能力之间的差距时，就说明他们在留学过程中获得了进步和成长。这本研究专著从心理学的角度解释了什么样的学习者是一个好的海外项目的二语学习者，比如愿意冒险，即使在遭到拒绝或不尊重的情况下仍然如此。

Jin（2012）使用定性分析方式研究了美国大学生在中国上海 8 周的暑期语言学习期间所习得的汉语称赞的答复方式及学习称赞答复（compliment responding）的过程，分析发现，4 名学生学习到不同的称赞答复方式，称赞答复方式的学习过程复杂并受到个人在暑期学习期间社会经历的影响。研究还发现称赞答复的用语发展受到几个因素的影响：学习汉语表达出强烈动机的学生进步较快；受到的赞美频率比别人高的学生，能发展出更丰富的称赞答复用语；具有强烈的想了解自己族裔文化的动机，并且善于观察、阅读广泛的人，发展出了更令人满意的语言能力。

粗略地归纳一下已有的研究成果，至少包括如下方面。第一，学生参加海外项目语言上的进步幅度与学生的语言等级无关，无论是中级还是高级的学生都能取得相应的进步。第二，海外项目不但可以提高学生的语言能力以及对目的语国的了解和认识，还能够增强和更新老师对目的语以及目的语国文化的认识，有助于建立同语种教师之间的联系，更新教材等。第三，海外语言项目一般都以听说读写综合课的方式进行，不以分技能方式进行。海外项目可为美国本土汉语教学与中国的国际汉语教学搭建交流的桥梁。第四，居住在当地家庭中可以为海外留学者提供更好的留学体验，但是这类学生的汉语口语水平的提高速度并不一定比其他学生高。要提高这类学生的口语交际能力，还需要其与同学更积极主动地交流、增加语言输入以及寄宿家庭有意识的配合。第五，在海外项目实行语言誓约是可能的也是有效的，虽然学生也会打破誓约。第六，海外留学对提高学生的语言流利度大有帮助。第七，他人的态度和学习环境都会对留学生的心理、学习态度和学习动机等产生很大的影响。能否得到鼓励、是否被当作成年人平等地看待、与交流者的熟悉程度等都会影响学习者的自信心，进而影响其海外留学的效果。

第四节 暑期强化项目的组成环节与特点

一般暑期强化项目都包含下列各环节，并具有相应的特点。

第一，出发前的说明会：帮助学生做好海外留学精神与物质上的准备。一般包括介绍目的语国家以及接待方的一般情况、安全注意事项、健康与卫生常识、出入境的材料和手续、暑期项目的时间安排、课程设置的基本情况等，并分发教材，把学生对学习效果和强度的期待调整到适当的程度。

第二，暑期强化项目的分班考试。因学生来自不同大学，其学习背景、使用教材、教学时数、教学方法各异，对学生的语言水平进行鉴定并将学生安排到适当的年级显得尤为重要。一般暑期项目都采取自己出题的方式，分笔试和口试两部分测试。笔试一般包括听力、词汇、语法、翻译、阅读、写作等几部分；口试一般是与所申请年级的两位以上老师面谈，以避免出现一位老师的判断过于主观的情况。出题依据包括主办大学使用的汉语教材中的生词、语法点，汉语词汇、功能、语法大纲等内容，加上教师个人的经验，兼顾学生以往的学习经历。如已经学习过《中文听说读写》(第 2 册）的学生，哪怕水平稍有欠缺，原则上就不安排再学一遍相同的教材了。再比如只在大学学过两年汉语的非华裔学生，即使考试成绩不错，达到了四年级的水平，理论上也不主张跳过三年级直接上四年级。同时，还要兼顾学生奖学金的要求，例如某奖学金要求某学生用该款项取得四年级的学分，那即使该生水平起初略低于多数四年级的学生，理论上还是允许其试上四年级的课，并说明如果一两个星期后其汉语水平依然达不到四年级的基本要求，项目会将该生调到三年级。开学一周内，老师往往会根据学生的表现重新调整其上课年级，以达到使学生更快进步的目的。

第三，语言誓约。多数美国暑期强化项目都要求学生遵守只讲汉语、不说英语的语言誓约，并让学生在誓约上签字，以示需严格遵守。

本书谈到的相关调查比较全面地反映了学生对美国暑期在华强化项目实行语言誓约的看法。多数学生认为语言誓约是必要的，对学习汉语有帮助，他们多数时间是努力坚持说汉语的，老师的监督也是必要的。虽然坚持语言誓约对多数学生来说是一种挑战，但却是可以控制的。学生与其他外国人和自己的美国家人交谈时一般说英语，说英语主要是为了社交和宣泄情绪，或者是在用汉语表达有困难时，但是调查没有显示高年级与低年级学生是否有差异。笔者推测，就总体而言，汉语水平高的学生遵守语言誓约的难度比汉语水平低的学生低一些，因为表达所受限制更少。另外，调查没有显示学生认为坚持语言誓约的有效方式是什么。笔者认为，老师应毫不放松地监督和提醒，在旅行与课外活动中尽量安排汉语老师、中国同屋、语伴、寄宿家庭与学生一起活动，减少学生参加只有美国人的活动的机会，从而减少其说英文的次数。项目内部还应制定比较严厉的惩罚措施，比如第一次打破语言誓约会受到警告，第二次年级负责老师或者项目主任找谈话、发警告信，第三次扣分，第四次开除并且不退学费，等等。

在一些特殊情况下，师生不得不打破语言誓约，最常见的是老师在课上对词汇和语法点进行解释时，特别是在低年级，确实有无法完全用目的语沟通的情况。比如老师想说明某个动词后面跟抽象名词，很难用汉语跟学生解释什么是“抽象”，所以用英语“abstract”说明一下，为表现对语言誓约的坚持，老师一定要再回到汉语上，说就是加抽象名词。再比如：“是……的”结构，是用来强调时间、地点和方式的，但是学生不懂“强调”和“方式”是什么意思，老师可以采取把英语解释打在PPT上给学生看，辅之以汉语说明的做法。另外，有暑期项目规定，有些在心理及跨文化交际方面需要帮助的学生可以在固定的时间（如每周日晚上）与教师用英文进行面对面的交谈，以解决心理层面上的问题。有些项目采取让学生在全班面前二次宣誓、二次签订誓约的办法，也起到了一定的提醒作用。

第四，暑期强化项目的课堂教学和管理模式。“在留学背景下，学生在课外与课内的汉语交际意愿、自我感知交际能力以及交际恐惧的差异显著。学习者在课内的交际意愿更强，自我感知交际能力也更高，他们的交际恐惧在课内则远低于课外。因此课内的外语交际非常重要。”（章吟，2008：28-29）在留学背景下的正规课堂教学，高强度、严要求的课程设置是极有必要的。学生们在课内与课外的汉语交际频率的差异不显著，其主要原因之一就是学生们在留学期间遵守了语言誓约。因此在海外项目中，执行语言誓约是确保学生最大限度使用目标语的一个手段。

暑期强化项目的管理模式比较类似，一般先签语言誓约，各项目采取集中统一管理的方式运作。每天听课，集体备课，理想的师生比例都是其特色。周质平教授指出，暑期语言项目的高质量主要来自严格的管理，而与项目本身科研水平的高低没有直接的关系。教师只要善于吸纳其他人的研究成果即可，本人不一定需要对教学内容做深入细致的研究。管理一是要严格，二是有人事权，对不能胜任工作的教师能随时进行批评，帮助其改进，打破铁饭碗和大锅饭，对于不负责任、学生评价极差的教师，项目有权利辞退。年级负责老师和项目主任的主要责任之一就是每天听课，参加备课会。

第五,一对一个别谈话。这是有计划、有组织的教学活动的一部分，是班级教学的延伸，“对传统的课堂教学及课程安排能产生互补和平衡的作用”（李坤珊，2008：94），有别于漫无边际的聊天。各项目的一对一谈话的时间长短不等，通常每位学生每天 20 ～ 50 分钟之间。根据对学生的意见调查，个别谈话是广受学生欢迎的学习方式之一，有学生甚至认为个别谈话比大班课、小班课的学习更快乐、更有针对性。因为个别谈话提供了一个比班级授课更为私人化的交际场合，让学生的参与度达到了最高程度。学生感觉更像是与朋友谈心，而暑期强化项目的老师都经过一定的专业训练，往往比一般的中国朋友更了解学生的个性和心理，更熟知学生的语言水平。多数老师是学生的同龄人，因此学生此时更愿意发表个人意见，更不顾忌有可能发生的错误。

个别谈话一般要求结合当天上课的内容与学生的实际生活，比课堂更加自然、灵活地练习生词和语法点，深入讨论相关话题，让学生在自然的交流中说出心里想说的话。考虑到二年级学生刚开始时会说的汉语有限，有项目也安排他们朗读课文，借此改正其发音的错误。个别谈话是改正学生各种表达错误的好时机，不用担心影响全班的课程进度以及学生的错误是否具有普遍意义，教师基本可以做到有错必纠。学生可以真正听到老师对某个问题的个人意见，实现有实际内容的交流。教师可对学生有规律的表达错误进行归纳，更有针对性地帮助学生纠错。在完成了规定的教学任务以后，师生之间也可以有一段比较放松的聊天，就时事、个人生活等交换意见，增进了解。有学生说：“个别谈话之后，老师变成了我最亲密的朋友，我把所有的秘密都告诉了老师。”

个别谈话最容易出现的问题是教师不能很好地引导谈话有效率地深入进行。例如，话题太幼稚、浅显，学生没有兴趣或者没有发挥的余地；话题太过复杂，学生的语言能力不足以表达其看法；话题是学生完全不熟悉的内容，与其已有知识和生活经历严重脱节，使其无话可说；语言太过简单或复杂，使学生很难通过个别谈话提高语言能力。教师一定要明确每天个别谈话需要讨论和练习的内容，用难易适度的语言，可略高于学生的表达水平，与其进行有实际意义的、由浅入深的、推心置腹的有趣交流，但是千万不能仅仅把聊得开心作为个别谈话成功的唯一标准，这仅是成功的一部分。（梁新欣，2004）

第六，语伴。有些项目根据每位学生的性格特点、学习水平等等为其安排语伴，以更好地利用目的语环境，加强中美大学生之间的沟通，比如杜克大学暑期在华项目等就有这个环节。语伴的遴选过程一般是由中方协办大学发广告，本校学生申请，项目对申请人进行甄选，通常要求申请者会讲标准普通话，具有初步的跨文化交际能力，时间有保障（一般要求每天跟学生见面一小时，而不是集中在周末见几个小时）。选定语伴之后，项目还要对其进行简单培训，说明项目要求：不能把语伴工作看成自己练习英文的机会，在与留学生交流的过程中要全程说汉语；遵守时间，每天按照约定见面；主要练习内容是听说练习，根据当天的教学内容，用生词和语法进行相关话题的讨论，做拓展和延伸练习；留学生的作业如有问题，语伴可以帮助解答，但是不鼓励用谈话时间帮助留学生完成书面作业；不能用吃饭、聚餐和游览北京代替与语伴的交流。有些项目，比如 CET 北京班，为每个留学生安排了中国同屋，鼓励留学生与中国学生朝夕相处，密切交流，从而迅速地提高留学生的汉语口语水平，增进其对中国的了解。

第七，周末（或者学期开始前 / 后）的外出旅行与语言实践活动。外出旅行是了解中国社会、学习中国文化的重要方式，但是仍然需要与有计划的语言学习相结合。外出前，教师要准备好书面材料，最好把有可能遇到的生词一并列出。老师和语伴要全程参与，以创造更好的汉语环境。老师与学生同吃同行，不鼓励变成老师与学生分开的郊游活动。学生的语言实践活动一般是采访中国人或者观察中国社会的一个方面，活动需要精心设计和准备，需要老师和语伴的陪同，否则很难取得良好的学习效果。

第八，开设文化选修课。暑期强化项目多提供书法、中国画、剪纸、太极拳、太极扇、麻将、象棋、中国民乐、唱歌、民族舞蹈、戏曲表演等各种才艺课程。第一是为了满足学生对中国文化的好奇心，第二是调剂紧张的学习生活，第三这也是另一种方式的语言学习过程。以往各项目倾向于聘请专业人员授课，但这可能会带来沟通困难或者老师带头说英语的问题。另外学生不够坚持，往往开始上课时学生浩浩荡荡，几次之后人数寥寥无几。近年杜克大学暑期在华项目要求学生必须参加数次文化选修课，可以从始至终选学一种，也可以每周选一种轮换学习，授课教师全部是汉语老师。这样可以保证教师与学生一直进行语言上的有效交流，将才艺活动与语言教学紧密结合，因而取得了较好的教学效果。

第九，中文桌子。指的是项目付钱由任课教师带着学生去饭馆吃饭的一种活动，是增进师生以及学生之间课下交流的重要形式。目的是在自然的非课堂教学的环境下练习汉语听说，熟悉校园周边环境，了解中国饮食文化，学习课本以外与日常生活有关的词汇与表达方式。有学生认为教材语言太过严肃和书面，有些生活用语反而不会说，也有学生认为没有机会与同屋以外的同学交流，而中文桌子恰好提供了这样的机会。笔者认为，中文桌子一般不鼓励以全年级或者整个大班的形式进行，因为人数太多，大家相隔太远，饭馆如果比较嘈杂的话就无法达到有效沟通的目的。四五位学生加一位老师的形式，更有益于面对面的会话交流。老师应鼓励学生自己点菜，不要越俎代庖，要有意识地教学生如何准确说出菜单上的汉语菜名，如何与服务员交流，如何评价菜肴的味道，等等；还可以引导学生讨论与课文无关的社会热点话题，听取学生对教学、住宿、行政管理方面的意见；要避免食而不语、大家埋头吃饭、匆匆吃完各奔东西的情况。只有老师热情引导，才能把饭馆变成语言学习的特殊场合。

第十，辅导答疑。多数项目都安排了晚上的教师辅导答疑时间，一般是在周日到周四晚上，每晚两个小时左右。学生用这个时间把作业、复习和预习中遇到的问题带到教室请教老师。也有学生希望与老师做更多听说练习或者一起学习课外材料等等。这是让学生“浸泡”在汉语环境中减少说英语机会的方式之一，也是提高课堂教学效率的辅助手段，还可以借此因材施教，帮助学习上有困难的学生以及给水平过高的学生进行个别辅导，等等。特别需要避免的问题是老师看到学生不多或者还没来就玩手机、打电话、吃东西、打牌、下棋或与其他老师聊天，甚至离开值班教室等，这都是不可取的。辅导答疑依然是教学工作的一部分，老师在值班时间为可以看书备课，但不宜做其他活动。

海外暑期强化项目在过去三十年有了长足的发展，但也面临着严峻的挑战。

首先，项目结束以后如何保持在海外取得的教学成果是个不容易解决的问题。因为有些大学没有自己的汉语课程或者没有更高级的汉语课程；有些学生回到学校以后因其他课程学习的压力而没有时间坚持汉语学习；有些学生即使会继续学习汉语，其学习强度、进步幅度等也难以同暑期项目相比。

其次，有些大学出于推进本校汉语教学的发展，贯彻不同的教学理念，学生回到本校后课程上可以更好地衔接等原因，纷纷建立了自己的暑期海外强化项目，由此项目数量增加，而项目的人数并未增加，有些项目甚至出现难以为继的情况。笔者认为，项目数量太多会带来行政成本的增加，比如即使有些项目只有10名左右的学生，也需要一位美方领队和一位助理。同时还会带来分班的困难，因人数太少，无法完全按照学生的实际水平细分，否则可能出现每班一两个学生的情况。没有一定的学生数量做基础，有时会影响暑期班教学质量的提高。

再次，学生在目的语环境中并不等于会自觉运用目的语，其目的语的提高速度不一定都比在本国快。比如某大学中国项目，学生在课堂上说汉语，出了课堂就与其他美国学生说英语，完全没有控制。也就是说，学生在海外进步不快一般并不是因为没有合适的学习材料和目的语环境，而是在于没有严格的管理手段和高水平的教学。成年学生如果完全靠自然习得目的语，一般比较难坚持，往往达不到好的学习效果。汉语学习最后取得成功的学生往往是多种因素长期共同作用的结果：正式的课堂学习、有海外留学经验、长期不懈的努力学习以及在中国工作的经验。

另外，如何处理课堂学习与了解中国社会、与中国人交往之间的关系，是一个比较困难的问题。课堂学习无疑是学习效率最高的方式，要取得良好的教学效果就需要花费大量的时间；但是如果课堂学习和课后准备占用的时间过多，学生就会认为在一定程度上失去了来中国学习的意义。笔者认为，对成年人来说，有组织、有计划的汉语教学活动会带来更好的学习效果。

最后，海外项目对教师在跨文化交际能力方面提出了更高的要求。因为教师不生活在学生的母国，而且可能平常不从事这项工作，只有暑假临时担任国际汉语教师一职。在这类暑期项目工作，更需要教师对学生的母国文化持一种包容、尊重的态度，否则容易引起师生之间的矛盾冲突。

海外留学经验不但有益于学生在短期内迅速提高汉语水平，对中国文化有更直接的了解和认识，同时也可能是决定学生一生专业方向的契机，是让学生把汉语学习坚持下去的好办法。通常，参加过海外学习的学生不会放弃汉语学习，也更愿意选修其他与汉语有关的课程，甚至有可能会选择汉语做自己的专业、副专业，海外项目起到了在美国大学课堂学习起不到的作用。考虑到这种综合效益，各学校应该不遗余力地鼓励学生参加暑期海外强化项目的学习，并认真考虑是否需要办自己的项目，以及如何把海外留学的成果一直保持下去。

附录 8-1　哈佛北京书院创建过程回顾

——香港中文大学冯胜利教授访谈录

笔者：冯老师，您早年在普林斯顿大学北京班任教，中间担任过 ACC 项目驻京主任，之后创建了哈佛北京书院，对美国大学的海外项目了解深入。请问哈佛北京书院是哪年建立的？您当时的办学宗旨是什么？想突出哪些特点？与其他类似项目相比有哪些相同与不同之处呢？

冯胜利教授：我 1990 年在明德大学中文暑期班任教时，周质平教授邀我暑期班结束后到普林斯顿大学做汉语讲师，于是我从 1991 年到 1994 年做了三年普林斯顿大学的讲师。1994—2003 年在堪萨斯大学东方语言及文化系教汉语，达 9 年之久，那时我负责系里汉语教师的培训任务。我是 2003 年到哈佛大学任教的，在那里教汉语，上训诂学课，带博士生，兼任中文部主任工作，直到 2010 年应聘到现在任教的香港中文大学。做ACC项目的驻京主任是2000年到2001年的事。现在算起来，从 1990 到 2010 年，我在美国教了二十多年的汉语。

在哈佛大学做中文部主任时，我创办了哈佛北京书院。这个项目是 2003 年酝酿，2004 年筹备，2005 年正式成立的。当时哈佛大学东亚语言与文明系的系主任孔飞力先生（Philip Kuhn）最支持这个计划，尽管哈佛大学有很多教授不主张创办海外项目。他们认为哈佛大学是全球最好的大学，学生没有必要到其他地方去学习。然而，我们想，若让学生闭守美国，即非开放性教育，则不能体现全球化的主体精神。世界各国都在全球化的影响下飞速发展，如果哈佛大学的学生对世界，对亚洲，尤其对中国不了解，哈佛大学势必落伍。相反，如果哈佛大学的学生能到中国北京去学习，与当地人交流、互学，这对美国和中国的将来都是有利的，也会促进今后中美双方的商贸合作与学术交流，对世界产生重要的影响。因为哈佛大学的学生毕业后将成为美国各行各业的领军人物，国际化的经验、视野和胸怀对其成长至关重要。所以，当时我创建哈佛北京书院的宗旨就是这样的：要让美国最好的学生到北京历练，让他们在最好的条件下最快地学好汉语，接触和学习中国的文化。我们当时的口号是："说地道的口语，写典雅的文章。"说和写要双管齐下："说"指口语语体，"写"是书面正式语体。学习语言的背后是希望他们了解中国的文化和历史，为他们日后从事与亚洲相关的工作做好准备。

我们的课程设置包括二到五年级的现代汉语，每期历时 9 个星期。从早上 8 点到晚上 9 点都有课（包括对话课、个别辅导课、中文桌子和晚自习），人们称之为“魔鬼式的训练”。不仅如此，第五周整个一个星期由特聘辅导员带学生们深入农村、工厂、公司、学校、银行，甚至少数民族地区的村镇等单位，做社会调查。社会调查组一般 5 至 10 人，调查结果要写成一份书面报告，作为暑期项目总成绩的一部分。每年的调查报告由高等教育出版社结集出版，取名为《美国大学生看中国》，这成为哈佛北京书院的一大特色。其方法就是将语言学习与社会调查相结合，课堂内与课堂外相结合。

由于该项目是哈佛大学的项目，而哈佛大学的汉语教学与赵元任先生的教学法是一脉相承的，所以哈佛北京书院和普林斯顿大学北京班的教学理念相同，都特别重视字正腔圆的发音。我按赵先生的直接操练法原则，再根据训练老师的经验，总结了一套操练方法，编了一本《教师手册》。老师训练和上课时，都严格遵守此手册。不仅如此，在语法教学与研究方面，我力求把形式、功能和语境三者结合起来，组成一个综合性的“三一语法”。所以，我们的教学方法和教学目标，都有自己的特点。此外，我们招聘的教师都是北京语言大学二语教学专业的研究生（包括部分博士生），师资的专业化来源也是此项目的一个特点。值得一提的是，在我们的倡议下，美国在京的以及北京周边地区的中文暑期项目，在各个项目结束的前两个星期，都会联合举办一个中文演讲比赛，使北京及周边地区的美国学生和各项目老师多了一个相互了解、相互鼓励、相互学习的机会。现在已成为一个传统，长年坚持不懈。

笔者：在项目创建过程中曾遇到过哪些挑战？您是怎样解决这些问题的呢？

冯胜利教授：第一个挑战是哈佛大学的教授们不理解，不支持，甚至也不觉得这个项目会成功。因为在我去之前，哈佛大学曾尝试办过一个暑期项目，报名人数不多，结果未能成功。如果现在再办的话，他们担心如果还是“小猫三两只”，会进退两难，得不偿失，没有必要。当然，最大的阻力是有些教授认为哈佛大学是最好的大学，有最好的教授和教师，学生没有必要到外国去学习。因此，与其出国接受“二、三流”的教育，不如在“家”接受顶级教育好。这是当时的一大阻力。

然而，我们的系主任孔飞力先生鼎力支持，我们一起说服了带有成见的教授，使其了解学生出国留学的意义以及我们有能力办成一流中文暑期项目的信心。哈佛大学的学生无疑是很优秀的，优秀的学生不能不认识世界。现在各知名大学都把最好的学生带出国学习，使其开阔眼界，扩大知识面。倘若一味“闭关自守”，那肯定要落伍。我们的项目采取沉浸式教学法，我自己也可以把在普林斯顿大学、堪萨斯大学、ACC的工作经验结合起来，开创一个独具特色的新项目，绝对可以保证学生在这里两个多月里，取得他们在哈佛大学本部无法得到的成果。当然，下面我们还要面对来自老师和学生的巨大挑战。不能吃苦的老师无法胜任这个项目的工作，不能吃苦的学生无法在这个项目里生存。很多参加过项目的老师和学生说，哈佛北京书院给他们的最大收获是学得了“敬业”和“不怕苦”。

训练老师是另一挑战，其挑战性之大非一般所能想象。原因很简单：没有好老师，如何教出好学生？此外，有没有适用的小班教室，也是项目当时面临的重要挑战。国内的教室一般都很大，而我们的语言课要求3至5个人一班，因此如果在训练时没有合适的教室，项目的质量会受到影响。这些都是当时头痛的问题（后来通过反复协商，最终得以解决）。

面对上述种种挑战，我们花了一年时间去说服哈佛大学的教授，做了大量艰苦的准备工作。结果很好，第一次招生竟然有80多个学生报名，一下子震惊了哈佛大学的教授。当时的文学院院长Kirby教授对我说：“你哪里是在做项目，简直要办学校了！”在训练老师方面，尽管我们真正上课只需要二十几位老师，但要在200多个人中挑选。首先，我们在二月放春假的时候就到北言语言大学招老师（课程在六月开始），在200多个报名的候选人中，挑选100多个进行初训（包括语法参考书、教材准备、诵读发音等）。到开学前一星期，我们从中再挑40多个老师，进行集中演练式训练。最后在40多个老师中，再挑出20多个人来。在上课过程中，一线的老师还会不断优胜劣汰，以确保教学质量的不断提高。当时北京语言大学的崔希亮校长非常支持我们这个项目，把大教室截开，分成小教室，把主楼最好一层的教室让给我们的学生上课，不同年级被分到不同楼层住宿和上课，对话课和小班教学都能在非常理想的教室和环境中进行，确保了学习时不会受到其他因素的影响。诸如此类的问题，都得下大功夫一个个认真对待，才能处理好。一个好的项目，不只是教学要有最大的决心和信心，更重要的是两头——管理和学理：管理奠基，学理领航，管理要细致到学生的喜怒和教师的哀乐，学理要贯彻到班组的备课和课堂的操练。

笔者：请问您与北京语言大学的合作方式是怎样的？哈佛北京书院的建立对哈佛大学的中文项目、北京语言大学的汉语教学产生了哪些影响呢？

冯胜利教授：我们合作得非常好。宿舍、旅馆经理都对我们照顾有加，他们还给我们送西瓜、送水。学生若有人生病，他们都去叫车。这是十分难得的。合作的前提是相互尊重、互助、互利。其中的细节很多，这里不能一一说明。简言之，要有大技巧、大心态。项目主任一定要大气，不能斤斤计较；大原则要坚守，小问题要让步。本着互利的原则，双方都能接受。

哈佛北京书院项目对哈佛大学本部教学的影响非常大。有了这样一个项目以后，我们每年可以训练出很多的优秀老师，这些老师大多被录取为哈佛大学本部的教师。因为本部的教师有任期的年限，一般五六年就得离开，所以必须要有新鲜的血液补充进来。这样一来，我们的项目也为本部的教师提供了在美国职场发展的机会。那几年哈佛大学的教师到别的学校找工作时很容易被录取。哈佛北京书院项目对北京语言大学也有贡献，就是用学术带动教学 ——运用传统的赵元任的直接训练法（包括书面语的训练和口语的教学训练）、大小班课的模式、谈话课模式等等。

笔者：您认为海外中文项目对美国本土的汉语教学与汉语人才培养产生了怎样的影响？今后的发展方向是什么呢？

冯胜利教授：我真的不知道我们的项目对美国本土的汉语教学有什么影响，但有一点我知道的就是我在堪萨斯大学和哈佛大学编写的《教师手册》，哈佛大学周围很多中文项目都复制并使用了。《什么时候说什么话》的教材，孔子学院也曾使用推广过;《汉语书面用语初编》也有很多项目参考使用，尤其是高年级教学。2017 年我去奥斯陆大学讨论语体语法的时候，欧洲学者用《汉语书面用语初编》的例子和理论，参加学术讨论，提出教学问题，让我很惊讶。当时我想，哈佛大学是常春藤大学，它的中文项目应该具有标杆和领航的作用。譬如，赵元任在哈佛大学编写的《国语入门》（*Mandarin Primer*），以及后来出版的《口语语法》（*A Grammar of Spoken Chinese*），至今仍处于教学和学术前沿的位置。他后来到伯克利大学编了一本 *Sayable Chinese*，至今没有与之类似的第二本教材。更让我们警觉的是，至今没有一本《汉语书面语语法》（*A Grammar of Written Chinese*）。当时我们五年级的教材《文以载道》和《汉语书面用语初编》

就是向汉语书面语语法（*Written Chinese Grammar*）发展的一种努力。我们希望在语体语法理论的研究基础上，不久的将来写出一本《汉语书面语语法》来。我想哈佛大学中文项目对业界的最大贡献应该是书面语的教学，因为书面语教学现在已经从正式语体的角度，在探讨语体语法的理论基础上，思考正式语体的教材和教法了。哈佛大学本部的五年级学生，有的已经可以在中国很好的杂志（如《读书》）上发表文章了。我主持哈佛北京书院的那几年，高等教育出版社给我们暑期班的学生每年都出版一本论文集——《美国大学生看中国》，其中的文章都是学生自己写的。我离开哈佛大学后就停办了，很可惜。这里值得一提的是，哈佛北京书院对北美学生的影响还是挺大的。我们知道，耶鲁大学的学生暑假一般都到别的暑期项目去学汉语（现在是不是还是这样，我不知道），那时候，耶鲁大学的学生选择哈佛北京书院的人很多，他们的录取分数也很高。哈佛北京书院项目那时每年有七八十个学生，一半是哈佛大学自己的学生，另一半是其他学校的，其中大多数是从耶鲁大学报名来的。就是说，哈佛大学的中文项目是很有口碑的。

毋庸置疑，所有的成果都是集体的创造。我们和很多友好院校（如普林斯顿大学、斯坦福大学、哥伦比亚大学、圣母大学、戴维斯大学等）的中文部主任和老师团结一致，向建立新型汉语教学模式和标杆方向，做出了很多十分有意义的努力。譬如，即将由北京语言大学出版的《汉语教师专业技能指导手册》（冯胜利、刘乐宁、朱永平、阎玲，2018）就是我们的一个集体性成果[①]。我们希望用这本书记录下我们这一代汉语教学的模式和标准（如果不是树立标杆的话），其中包括很多重要的观念和对行业基本问题的认识，如汉语教师的定位、汉语教师的素质、二语课堂教学基本技能等等。

笔者：感谢您贡献了这么多有价值的史料和卓见，还有什么其他要补充的吗？

冯胜利教授：有一点要补充的是，汉语教学一定要争取达到老一辈学者的境界，譬如赵元任先生和李方桂先生。他们两位在美国都从事汉语教学工作，一直到退休。赵先生在哈佛大学和伯克利大学，李先生在华盛顿大学（西雅图）。李方桂先生一直坚持教一年级，几十年如一日。从他们身上我们可以看到，语言教学和语言研究，是一张纸的两面。语言学研究上的很多突破，都直接得益于他们语言教学的实践。从我个人的体会上来说，也是如此，如韵律句法、语体语法

① 笔者注：本书现已出版。

的创立，前者是教低年级的产物，后者是教高年级的结果。我们从学生二语习得的语言困难和习得偏误上，就可以看到语言的不同，从语言的差异上可以观察出不同的问题以及背后隐藏的不同的规律。这些都是不教语言就得不到的经验和资料，是十分可贵的。换言之，二语教学给我们提供的是宝贵的机遇和经验。因此，如果仅仅把语言教学当成简单教书的事儿来做的话，就没有利用它直接提供的机遇，没有发挥出它背后潜在的“促学”机能。反言之，如果我们只做学问（无论语言学、文学还是史学）而不教二语，也很难触摸到人类在不同环境下孕育不同语言的本质问题。所以我说，语言教学与语言研究是一张纸的两面！

谢谢您的采访！

第九章　从成功学习者群体的角度看汉语学习的过程和规律[①]

第一节　“汉语如何改变了我的一生和事业”研讨会概要

由美国普林斯顿大学北京班主办的“汉语如何改变了我的一生和事业（How and Why Language Learning Is Useful in China Careers）——美国各界成功人士谈汉语学习在职业发展中的作用”研讨会，于2016年10月22～23日在普林斯顿大学古耀特楼（Guyot Hall）举行。这是汉语教学界一次别开生面的大会，它不是从教师的角度讨论教什么与如何教，而是从成功学习者群体的角度探讨汉语学习的规律与益处。发言者是美国学界、政界、商界等各领域的成功人士，同时也曾是普林斯顿大学、普林斯顿大学北京班、早期明德暑期中文学校（1993年之前明德暑期中文学校由普林斯顿大学负责组织教学）的学生。作为事业有成的精英，这些汉语学习者到底走过了怎样的学习道路以及他们的个人经历能为我们今天的汉语教学提供哪些值得借鉴的经验，是此次大会关注的焦点。

大会共邀请了18位嘉宾，17位在会前提交了网上书面材料（详见https://pib.princeton.edu/sponsored-conference），1位因工作性质的关系未能提交书面报告，只在会上做了发言。其中1位提交了书面报告的嘉宾未能与会，由他人代为发言。其余17位发言者分为5个专业组，每人依次做了10分钟的大会发言。每组由1位教授主持，组织讨论并做点评，共有约150位师生参加了会议。

第一组是4位在美国各大学从事中国历史、文学、艺术等人文学科教学与研

① 本章由发表在《国际汉语教学研究》杂志2017年第1期的《普林斯顿大学“汉语如何改变了我的一生和事业”研讨会召开》（93～94页）和2017年第2期的《汉语国际教育研究的另一视角——从成功学习者群体的角度看中文学习的过程和规律》（90～96页）两篇文章组合、编辑而成。文章的作者是华盛顿大学（圣路易斯）梁霞、秦子寒和谭彦冰。

究并在各自领域有所成就的教授，他们分别是俄亥俄州立大学中国艺术史专家安雅兰（Julia Andrews）教授，纽约州立大学（奥尔巴尼分校）的中国文学教授何瞻（James Hargett），曾长期任教于普林斯顿大学后任教加州大学（河滨分校）的中国文学教授林培瑞（Perry Link），以及普林斯顿大学东亚系中国文学教授、美国唐朝研究会会长田安（Anna Shields）。主持人是普林斯顿大学周质平教授。这组发言强调了汉语学习对学术研究以及对认识中美语言文化差异的重要作用，同时还强调了准确的发音和优秀的教师对提高学习者汉语水平所起的至关重要的作用。

第二组是美国在华的三位商界人士，包括跨国制造企业 China at Crane Co. 中国部的总裁高杰（Geoffrey Ziebart），麦当劳公司前在华高管、曾任美国在华商会主席、现任高尔夫球美巡赛中国区副总裁的葛国瑞（Gregory Gilligan），以及《财富》杂志中国主编高德思（Thomas Gorman）。前两位发言者均以流利、准确、自然的汉语演讲，他们对目前中国社会的方方面面如数家珍，娓娓道来，凸显了长期生活在汉语语言环境中对其汉语水平特别是口语表达产生的重大作用。高杰认为良好的汉语沟通能力使他在工作中能够有效化解中美双方的矛盾，敏锐把握市场变化的细节，实现企业与员工以及中美两国贸易交往的双赢。葛国瑞认为在中国的长期生活不但为其带来了事业上的成长，而且带来了个人家庭生活方面的丰收。他不但有了美丽、聪慧的中国太太，而且还拥有了两个在双语、双文化环境中长大的混血儿女，中国的生活经历和教育背景为儿女的未来提供了更大的发展空间。高德思未能与会。

第三组发言的是美国各大新闻机构的驻华记者、主编，包括美国《纽约客》杂志的知名撰稿人何伟（Peter Hessler），2001 ～ 2010 年间他的“中国三部曲”（《江城》、《甲骨文》和《寻梦中国》）曾获得过美国多项纪实文学大奖；张彦（Ian Johnson）是《纽约时报》《纽约书评》《纽约客》《国家地理》的撰稿人，2001 年曾获得美国新闻界的最高荣誉——普利策奖；Mary Kay Magistad，美国全国公共广播电台（National Public Radio）的记者，20 世纪 90 年代初她设立了该广播电台在中国的第一个分支机构；《新闻周刊》记者刘美远（Melinda Liu），曾经历了当代中国的诸多重大历史事件，并采访过邓小平。这组的主持人是斯坦福大学的孙朝奋教授。因工作性质的关系，这组发言者的文章、书籍、时事报道对美国公众产生了广泛而重要的影响。发言者认为直接用汉语采访新闻事件的当事人往往比借助翻译或者英文更能产生推心置腹的效果，从而在一定程度上避免了雾里看花或者转用其他新闻机构的素材进行写作造成的弊端，进而使其新闻稿更能真实、深刻地反映中国社会的现实。

第四组是在法律与政治专业领域从事教学与研究的教授，包括纽约大学中国法律问题专家柏恩敬（Ira Belkin）、乔治·华盛顿大学法学院郭丹青（Donald Clarke）教授及普林斯顿大学政治系从事中国政治研究的祖若水（Rory Truex）教授。这组的主持人是圣母大学的朱永平教授。发言者认为中美法律体系、政治体制不同，所用术语差别很大，因此很难用英文做简单对应的翻译。由于法律工作的特殊性，从业人员必须对汉语有非常准确深入的理解才能满足工作需要、减少差错。

第五组是在美国各政府部门任职的官员，包括前联合国驻华官员毕儒博（Bill Bikales），他用无可挑剔的、准确而流利的汉语进行了极为生动、感人的演讲；葛思亭（James Gadsden）曾就职于在台湾的美国贸易中心（US Trade Center）并曾任美国驻爱尔兰大使；欧文（Owen Fletcher），曾在中国工作多年目前在美国驻越南使馆任职；朱思敏（Julian Smisek，唯一没有提供网上书面材料的发言者）任职于美国驻华使馆。这组的主持人是哥伦比亚大学的刘乐宁教授。发言者认为，美国人需要打破"英语是世界占主导地位的语言，因此各国人民都应该掌握并运用英语与美国人交谈"的成见。语言交流的平等是国家互信和平等相待的基础。学好汉语还有益于掌握韩语、越南语等其他亚洲语言，为自己的职业生涯开辟更为广阔的道路。

综上所述，发言者认为，对于学习者来说，掌握汉语不但有益于与中国人的直接沟通、建立密切关系、减少不必要的误会，而且有益于各项研究准确而深入的开展，有益于在职场竞争中从事开创性的工作，最重要的是有益于表现对中国人民的诚意，这是建立国家民族之间互信、平等关系的基础。

第二节　汉语国际教育研究的另一视角——成功汉语学习者的角度

从学习者的角度探讨汉语学习规律的文章并不少见，但是到目前为止，将在各行各业做出杰出贡献的汉语学习者作为一个整体进行研究的成果却不多见。这一方面是因为教师和研究者很难有机会看到成功学习者本人汉语学习经验的书面总结，听到他们发表的口头演讲，以及与他们进行面对面的倾心长谈；另一方面也极少有学者将成功学习者的个人经验进行汇总、分析，并与已有的研究成果做对比研究，从中发现有益于汉语教学发展的经验和规律。普林斯顿大学北京班举办的研讨会为研究成功汉语学习者群体提供了一个绝好的机会。笔者根据其书面报告、会上演讲以及会下个别交谈的材料，从以下六个方面对其学习经验进行了归纳，并与已有的研究成果做了初步的对比分析，希望借此引起学界对此项研究的重视，纠正以往认识上的某些偏差，以期对汉语教学的发展有所促进。

第一，关于学习汉语的最初动机。在 18 位发言者当中有 16 位是具备了一定的汉语基础才到大中华地区开始学习或者工作的；另有两位基本没有汉语基础，因为得到了在中国当记者或教英文的机会，才开始汉语学习的。16 人当中有 7 位提到学习汉语是出于对中国社会、政治、文化的兴趣，分别是：喜欢中国画，希望看懂题画诗和画论；对中国政治感兴趣；被中国古代诗歌的魅力打动；对第二次世界大战中美关系史感兴趣；被汉字的魅力所吸引；对老庄哲学乃至整个中国哲学感兴趣；等等。有 5 位提到学习汉语的选择与语言学习的经验和过程相关，分别是：曾经学习过法语，希望尝试完全不同的语言；20 世纪 80 年代美国学习汉语的人相对较少，掌握作为联合国 6 种工作语言之一的汉语将来可能有用武之地；因不成功的法语学习经验，想看看学习汉语是否适合自己；出于道德的直觉，认为学习一门语言直接影响一个人对一个社会的理解和融入，不想做一个自大的英语使用者。另有一位提到因为 20 世纪 50 年代末期美国国会通过了《国防教育法案》（National Defense Education Act），60 年代起 200 多所美国中小学得以开设汉语课程，因此他能够从高中开始学习汉语。还有一位发言者因为是华裔背景，在家里学会了初步的汉语听说。综上所述，从 20 世纪 60 年代到 2005 年前后，上述成功的汉语学习者大部分都是从兴趣和个人语言学习的经验，也就是从内在动机（intrinsic motivation）出发，开始汉语学习的，而不是因为有明确的求职目的或者为了满足学分要求，也就是外在动机（extrinsic motivation）而开始汉语学习的。换言之，工具型动机不是上述大部分成功人士学习汉语最初的主因。主因是他们对中国文化较深层次内容的关注，是对人文精神的强烈追求，而非对文化表层内容的兴趣，比如剪纸、脸谱、品茶等等，也并非出于对求职的考虑。这与成年人学习外语的特点密切相关。

据温晓虹教授的调查，近年的汉语学习者当中具有工具型学习动机的不在少数。“工具型动机对于学习者，尤其是初中级的学习者来说非常重要。如果学习者相信一定的汉语水平会给自己带来实用的好处，他们会继续学习以达到那个水平。”（温晓虹，2013：80）这也许体现了一种时代的差异。参会的学习者中，最早是从20世纪60年代开始汉语学习的，其时中美尚未实现关系正常化，中国的经济也没有得到迅猛的发展，学习汉语难以获得实际的收益。虽然这些早期的学习者最初未抱有任何功利目的，但最终，他们的汉语能力促进了其职业上的发展和成功，进而改变了他们的一生。这种非功利性的动机似乎更能经受时间的考验。

当然，直接的因果关系并不能解释学习动机和学习结果之间的复杂关系。目前学界倾向于认为学习动机不是一成不变的，而是一个动态的过程。（Dörnyei，MacIntyre，& Heniy，2015；Ushioda & Dörnyei，2012）正如温晓虹的调查所显示的，工具型动机对于初中级水平的学习者来说十分重要，但只具有工具型动机对于从初中级向高级发展的学习者来说还不够，因为“在达到了一定的水平或者满足了学分要求之后，这些人可能停止中文学习”（温晓虹，2013：80）。

由上述学生成功的汉语学习经验出发，孙朝奋教授在总结发言中指出，在汉语国际传播过程中似乎不应太强调“增强中国的软实力”这一目的，容易让人有文化渗透的联想，这与多数美国学生学习汉语的动机很不一致。强调通过汉语国际教育把汉语变成世界各国人民了解中国的有效工具或桥梁，才是世人比较认可和接受的。

第二，学习经验、自我效能（self-efficacy，对自己学习能力、成果的认知）和教师的作用，这三者是相辅相成、互相促进的关系。成功的学习经验会使学习者受到鼓舞，其信心和学习兴趣会随之增强。由于对自己学习能力的认知发生了变化，学习者的学习积极性和成效就会得到相应的提高。（Ruan，Duan，& Du，2015）这一研究结论与会上发言的学习者的经验是相当一致的。开始学习时他们多数人并不知道自己会走多远，随着汉语语言水平的提高及学习中正面经验的增加，他们逐步确定了专业目标，学习中的收获更坚定了他们继续学习的信念和动力。可见，“自信心、正面学习态度与体验和主观的策略努力在汉语为外语学习的教学环境中形成一个较强的动机结构”（温晓虹，2013：80）。

在上述三者的关系中，教师对学生的学习经验和自我效能会产生相当重要的影响。16 位在学校开始汉语学习的发言者大多把日后的成就在一定程度上归功于汉语老师最初的启发、鼓励、耐心帮助、对改正发音错误的坚持，以及为学生提供各种学习和工作机会的努力，如安雅兰、何瞻、葛国瑞、毕儒博、欧文等。如果没有老师最初的热诚和鼓励，也许有些今日的成功者早就放弃了汉语学习。何瞻就提到上汉语暑期班及攻读硕士、博士学位都是受到不同汉语教授的鼓励、推荐和指引的结果，其汉语老师的教学法多年来一直影响着他的汉语教学模式。

第三，对留学项目和留学地点的选择凸显了时代的变化。20 世纪 90 年代以前，美国佛蒙特州的明德暑期中文学校几乎是美国学生参加暑期强化学习的唯一选择，斯坦福中心是那个时代几乎所有高年级的汉语学习者参加海外长期汉语学习的首选项目，曾造就了一批成功的学者以及商界和政界人士。90 年代以后到中国大陆留学成为多数美国汉语学生的首选，如祖若水、高杰、葛国瑞、张彦、Mary Kay Magistad、欧文、朱思敏等。有学生到美国大学创办的暑期强化项目（如普林斯顿大学北京班、哈佛北京书院等）学习，也有学习者直接参加了中国大陆的大学（北京大学、复旦大学等）汉语项目的学习。

李煜、温晓虹和谢天蔚教授 2014 年发表的调查报告显示，根据 163 所大学对调查问卷的回复，70% 以上的美国大学已经开设或者准备开设独立的海外汉语项目，或者送学生参加与其他机构合办的海外项目。（Li，Wen，& Xie，2014）

多层次、多样化也是美国大学海外项目近年发展的新趋势。以往海外项目的课程多以语言课程为核心，近些年越来越多的项目开始注意把语言培训与社会实践、短期工作实习结合起来。比如哈佛北京书院每年暑期都有一周的社会实践活动，把学生分成兴趣小组，由老师带队深入中国社会进行调查，细致了解某一方面的情况，做现场采访、收集资料，最后完成独立的调查报告。美国 CET 项目（China Education Tours）的上海学部为学生提供整个暑期在跨国企业实习的项目。杜克大学暑期在华项目除了开设常规汉语课程外，还为学生提供参加暑期实习的机会。

美国本土的暑期强化项目和海外留学经验对不同水平的汉语学习者的进步都起到了十分重要的作用，这印证了 Li（2014）的研究成果：中级和高级水平的学生在暑期项目之后都取得了进步，除了语速之外，中、高级两组学生的进步模式类似。学生在参加海外项目之前的水平差别对他们从海外项目受益的程度影响不大。

第四，不同族裔的美国人在学习中的体会有所不同。葛思亭认为，相对而言非裔学生学习汉语的人数较少，这为他的职业发展带来了更多的机会。有的学者认为，中国人更习惯把美国的华裔视为中国人，对其期待很高，如果他们汉语表达不流利，就不易被宽容。参会者刘美远就有过上述经历。作为美国华裔，她在家里学会了简单的汉语听说，在哈佛大学学习了初级汉语。到中国台湾以后，她第一次意识到，华裔的汉语水平如果没有达到母语者程度就会被人轻视。学界对其他语言的传承语学习者的研究也有类似的发现。比如第八章中提及的第二代墨西哥移民莉迪亚（Lidia）学习西班牙语的案例（Riegelhaupt & Carrasco，2000）。这项研究显示，不同国家的人对传承语学习者都有较高期待，这不只是中国独有的现象。所以，传承语学习者回到祖国学习不能保证一定有正面的学习经验。

反之，中国人总体上对其他族裔的美国汉语学习者多持宽容和鼓励的态度。一方面，这是中国人表达友好的方式，有助于与汉语学习者建立更亲近的关系；另一方面，中国人因对其汉语水平没有那么高的期待，所以不太习惯指出他们汉语学习中的错误，也没有更严格的要求。Siegal（1996）在研究西方人学习日语的经验时指出，日本人认为西方女性学习高级程度的日语是超出“外国人”能力的事。Iino（2006）也发现，接待家庭视留学生为“外国人”，所以另有标准，不会对他们进行纠错，因为当地日本人认为日语的某些表达外国人是学不会的。Brown（2013）对在韩国的二语习得者的研究也有类似的发现。但是，不同的“外国人”对这样的身份反应不同：有人不希望被看作“外国人”而降低语言标准；有人觉得这是一种优势，能够帮助他们与当地人建立更为密切的关系。葛国瑞认为，自己的汉语能达到今天的水平，原因之一是周质平教授坚持认为“外国人”经过长期艰苦的努力是能够学好汉语的。所以美国在华项目、中国老师都不应该降低对美国学生的要求。

笔者认为，汉语教师、教学机构应该充分考虑到不同族裔学生的学习特点和有可能面临的不同困难，因材施教。至少应该在学生们参加海外项目之前，为学生提供有针对性的心理辅导，帮助他们应对在目的语国学习时有可能面临的困难和挑战。

第五，18位发言者结合自身的学习和教学经验分别概括了他们对语言教学的基本原则、方法和内容的认识。关于如何处理汉语听、说、读、写四者的关系，葛国瑞认为，对成年人而言，四项语言技能是并重关系，彼此促进。虽然近年来越来越多的人习惯用电脑、手机打字代替手写，但这并不意味着外语学习者在最初阶段不用学习手写。如果只强调听说，不要求阅读和书写，学生们的汉语几乎不可能达到高级水平，那么高年级的选课人数就不会增加。汉语没有达到高级程度的学生，一般就不具备较强的自学能力。一旦离开课堂，这些学习者很难把学习坚持下去。汉语的发音、汉字等等固然难学，但是汉语的魅力也正在于此。老师需要严格要求学生，建立较高的教学标准，让水平低的同学向高的看齐，从而提高整体水平，而不是降低要求。教师过于迁就低水平的学生从总体上不会产生好的教学效果，也不一定能达到留住低水平学生的目的。至于近二十年来比较热门的商业汉语、医学汉语、媒体汉语等课程，参会的汉语学习者几乎都没有选修过，显然这并未妨碍其日后的成功。据此，周质平教授指出，应该强调汉语商用、汉语医用，而不应该偏离基础的语音、语法结构和词汇的教学内容，去突出汉语服务于某一专业用途的特点。因为学生在具备了一般的汉语基础以后，即可通过掌握不同专业领域的词汇解决日后从业中对汉语的特殊需求问题。所以开设特殊用途的汉语课程并非最好的选择，特别是在低中年级。葛国瑞认为，时代改变了，课程设置也会随之变化。一切有益于提高学习兴趣、保持学生人数的课程，都值得开设和尝试。

至于教材的编写到底要不要受词汇等级的限制，如何看待教材的科学性与趣味性、思想性的关系，葛国瑞认为，对词汇进行适当的限制是必要的，特别是对低年级教材和课堂教学而言，但是对中高年级的教学和教材编写来说，则不必太拘泥于词汇大纲的要求。因为不值得为了词频的科学性而在一定程度上牺牲教学内容的趣味性和思想深度，有些超纲的词汇可能是讨论某一专题所必需的。另外，即使可以控制教师和学生在课堂上交流与表达所使用的词汇，我们也很难完全控制学生们在社会上听到和看到的语言内容的难度。简言之，在教材编写中，如无法达到科学性与趣味性、思想内容的丰富性与深刻性的有机统一的话，就不应为了科学性太多地牺牲趣味性和思想深度，而需要几者兼顾，否则就可能在与其他语种的竞争中失去学生。

参会的汉语学习者几乎没有人谈及对其汉语学习意义特别重大的某一具体的教学理论和教学方法。他们都强调了课堂上有意识地学习、努力改正发音、不畏困难、持之以恒以及努力与中国人多多交流的重要性（安雅兰、何瞻、柏恩敬）。田安认为，越来越多的多媒体资源创造了比以往更丰富的语言实例和会话机会，但是这无法代替个人学习的努力。笔者由此推论，现在不少教师信奉的某一教学理论和具体的教学方法，比如任务型教学法、交际法等等，对很多学习者的学习成果并未起到举足轻重的作用。这一结论与西东大学陈东东教授的调查结果相当一致。

陈教授曾对美国高中和大学的数百名汉语水平各异的学生进行了调查。结果显示，学生既喜欢过时的传统教学法，也喜欢新鲜的教学手段。大学生和中学生虽然年龄不同，但两者在对汉语教学法的态度上却有着非常相似的观点。根据调查结果，她建议教师在教学中多关注学生的学习过程，多从学生的角度出发思考他们的学习问题。不管运用哪种教学方法，目的是要最有效地发挥学生的学习积极性，提高其学习动力，使他们能全身心地参与学习，享受学习，以获取最佳学习效果。（陈东东，2009）

因此笔者认为教师不必过于信奉或迷恋某一具体的教学理论或方法，将其视为不可或缺或者放诸四海而皆准的理念。学生对教学法的感受也许远不如教师那么敏感，那么执着。

上述成功者的学习过程大部分都是从显性的、有意识的学习（explicit and conscious learning）开始的，课堂的显性教学（explicit teaching）对这些学习者的发音和语法的准确度都起到了十分重要的作用。刘乐宁教授认为，与会者的经验证明，对一般成年的汉语学习者而言，显性学习非常重要，其效果是隐性学习不可替代的。

何瞻认为，应该尽量模仿中国人的一切，包括举止、行为方式等等。毕儒博认为，学好汉语的两个关键是掌握准确的声调和具备用汉语思考的能力。要学好汉语就要做一个好的语言产出者，而不只是被动的语言接受者。周质平教授认为，汉语学得好的标志就是字正腔圆，准确远比流利重要，基本的词汇和结构是掌握一门语言最重要的基础，教学不应喧宾夺主，经过大规模的练习达到熟能生巧是语言学习最基本的规律。

第六，18 位发言者畅谈了汉语学习在他们的职业生涯中的重要意义。安雅兰认为，在一定程度上正是因为掌握了汉语，她才得以向美国观众更全面、深入地介绍了中国艺术的发展历程以及中国当代艺术的独特价值。祖若水、张彦认为，与中国人用汉语推心置腹的交流是了解中国社会、深入进行研究、采访新闻人物、纠正认识上的偏差、得到第一手资料所必需的，否则只能复制别人的故事，做个雾里看花的局外人。柏恩敬、郭丹青认为，学好汉语是避免工作中的差错和误解所必需的，法律文件的翻译务必准确，很难依靠一般的翻译人员完成，一旦出错后果严重。郭丹青指出，由于自己是法律专家同时兼具较高的汉语水平，所以总是能把中国法律方面的最新动态和研究成果直接吸收到教学中，因而深得学生的信任和钦佩。高杰认为，汉语是帮助消费者和供货方建立密切关系的工具，也是准确理解合同内容和企业精神所必需的。掌握汉语给职业生涯带来了诸多乐趣，有益于化解实际工作中的矛盾，实现公司工作效率和利益的最大化。

学习汉语不但可以帮助学习者以不同的视角认识世界，改变思考方式，突破英语母语者思维的局限，纠正历史造成的中西方文化交流中的不平等；而且还有益于他们打破英语是世界通用语言、各国人民都应该用英语与美国人交谈的成见。学习汉语就是用行动表达与中国人民平等交流的意愿，显示尊重中国文化的态度，这是建立国家互信的基础。汉语学习不但给学习者带来了乐趣和成功的喜悦，带来了更多接近梦想的机会；而且使他们体会到了自己的不足和局限。这个过程令他们更加谦卑，而谦卑的态度是进步和成功的基础。田安指出，目前美国正面临人文学科越来越不受重视的现实，她以杜甫在今天中国网络媒体上的道德影响力为例，说明了经典文学教育在目前仍具意义。何伟在发言中指出，语言除了是交际工具，还与性别和种族一样，是一种自我身份认同的工具。与性别和种族标签相比，语言更灵活多变，也更个人化。每个人都有不同的积累语言和处理语言的方法。通过学习多种语言，学习者可以更好地理解为什么不能简单地给别人下定义。Mary Kay Magistad 认为，学习汉语需要一生的时间，自己总能发现需要探索的目标。

柏恩敬认为，学习汉语是了解和认识世界的一个过程，也是成为世界公民的第一步。虽然学习汉语并非易事，但有机会成为中美法律交往的桥梁，自己全部的付出都是值得的。学习汉语以后，葛思亭通过自己的工作提高了美国企业在华的竞争力，争取到了更多的中国合作伙伴，在外交场合中对汉语的运用使他与在布达佩斯的墨西哥大使以及在爱尔兰的中国大使建立了良好的交流互动关系。欧文指出，汉语能力可以帮助他检测市场信息，使其能够在极短的时间内提取中国新闻的重点，并为后来越南语的学习带来诸多便利，因为越南语的结构、词汇都与汉语有共通之处。朱思敏认为，汉语能力让他有机会见到中国政府高层官员并直接进行交谈，帮助中美两国建立更密切的关系；而汉语本身，比如形式生动、内容风趣的歇后语，也给他的学习带来很多乐趣。

上述成功的汉语学习者的态度不一定代表目前多数美国外语学习者的态度。据 Block（2007）和 Kinginger（2008）的研究，很多美国学生在海外留学期间更倾向于避免进行差异沟通（negotiation of difference），并表现出一种自己国家的优越感（national superiority）。而上述成功学习者的经验显示他们更有意识地选择了包容、理解并与中国文化融合的态度。他们放下了多数美国学生留学海外时的优越感，选择平等地甚至是谦卑地看待自己外国人的身份，这也是他们成功的经验之一。

周质平教授在总结发言中指出，成功的汉语学习者的共同特点就是对中国语言和文化有种爱到痴的情感，没有算计，不计得失，竭尽全力，哪怕是在物质条件非常艰苦的情况下也一直在坚持，这是发言者们学习和事业成功的关键。这种非功利的动机往往更能经得住时间的考验。优秀的汉语教师对中国语言和文化充满热爱之情，知识修养深厚，对学生尽责、热情并具有幽默风趣的个性。他们对学生的影响至关重要。掌握汉语好比为个人在七窍之外开了第八窍：让大家有了感知和认识世界不同侧面的新器官，从而为所有学习者开启了面向世界的崭新窗口。普及是汉语教学、汉语国际推广追求的一个目标，但是提高或许是更重要的目标。因此我们不能仅追求汉语注册学生人数的增加，而更应力求培养出更多成功的、能够熟练运用汉语从事专业工作的学习者。

笔者认为，时代在变化，已经取得成功的这 18 位汉语学习者的经验不一定完全适用于目前刚开始或者正在学习汉语的所有美国学生，但两者之间一定有很多共通的、可供现在的学习者借鉴的经验。希望本章能够抛砖引玉，引起学界对成功的汉语学习者群体的经验的关注，并运用成功者的经验修正我们对汉语教学的认识，从中提炼出对今后国际汉语教育发展具有启发意义的规律，从而推动汉语教学整体质量的提高。

参考文献

蔡振翔，1996. 从华文教育到华语教学 [J]. 华侨华人历史研究（2）.

曹贤文，2014.“继承语”理论视角下的海外华文教学再考察 [J]. 华文教学与研究（4）.

陈东东，2008. 中文教学法问卷调查报告 [A].《第九届国际汉语教学研讨会论文选》编辑委员会，第九届国际汉语教学研讨会论文选 [C]. 北京：高等教育出版社 .

陈东东，2009. 美国学生中文教学法问卷调查报告 [J]. 国际汉语教育（3）.

陈东东，2013. 汉语在美国的传播历史——纪念美国中文教学界三位巨匠 [J]. 汉语国际传播研究（2）.

陈申，2000. Kramsch 的后结构主义语言文化观 [J]. 语言教学与研究（1）.

程美珍，赵金铭，1986. 基础汉语语音教学的若干问题 [A]. 第一届国际汉语教学讨论会组织委员会，第一届国际汉语教学讨论会论文选 [C]. 北京：北京语言学院出版社 .

程棠，1996. 对外汉语语音教学中的几个问题 [J]. 语言教学与研究（3）.

储诚志，2007. 第二语言词汇教学的理论探索 [A]. 姬建国，蒋楠 . 西方人文社科前沿述评：应用语言学 [C]. 北京：中国人民大学出版社 .

从丛，李联明，2008. 美国高校外语教学服务国家安全战略的启示 [J]. 教育学研究（10）.

崔颂人，1994. 美国汉语教学的先驱——戈鲲化 [J]. 世界汉语教学（3）.

戴炜栋，陈莉萍，2005. 二语语法教学理论综述 [J]. 外语教学与研究（2）.

邓守信，2003. 对外汉语语法点难易度的评定 [A]. 国家汉办教务处，对外汉语教学语法探索——首届国际对外汉语教学语法研讨会论文集 [C]. 北京：中国社会科学出版社 .

邓守信，2004. 对比分析与语法教学 [A]. 中国人民大学对外语言文化学院，汉语研究与应用（第二辑）[C]. 北京 : 中国社会科学出版社 .

范开泰，2008. 关于华文教学学科建设的若干理论思考 [J]. 华文教学与研究（3）.

费正清，1959. 扑朔迷离：美国的亚洲研究 [A]. 朱政惠，2009. 美国学者论美国中国学 [C]. 上海：上海辞书出版社 .

费正清，2013. 中国回忆录 [M]. 北京：中信出版社 .

傅路德，1931. 美国的中国学 [A]. 朱政惠，2009. 美国学者论美国中国学 [C]. 上海：上海辞书出版社 .

高一虹，1995. “文化定型”与“跨文化交际悖论”[J]. 外语教学与研究（2）.

顾钧，2009. 卫三畏与美国早期汉学 [M]. 北京：外语教学与研究出版社 .

顾钧，2013. 美国人出版的第一部汉语教材[N]. 中华读书报，2013-01-23（19）.

顾钧，2014. 从书信看卫三畏在澳门的活动[N]. 中华读书报，2014-12-03（17）.

关键，2000. 声调教学改革初探 [J]. 语言教学与研究（4）.

桂明超，2000. 美国英语语调对美国学生学习汉语普通话声调的干扰 [J]. 世界汉语教学（1）.

郭熙，2007. 华文教学概论 [M]. 北京：商务印书馆 .

郭志良，1988. 对外汉语教学中词义辨析的几个问题 [J]. 世界汉语教学（1）.

韩冰，2008. 如何突破语言及文化障碍：论在中文语境下实现提高语言技能与实习的有效结合 [A]. 李坤珊 . 留学生在华汉语教育初探——汉语作为第二语言习得研究 [C]. 北京：北京大学出版社 .

韩铁，2004. 福特基金会与美国的中国学（1950—1979 年）[M]. 北京 : 中国社会科学出版社 .

何纬芸，苗瑞琴，2007. 继承语之习得及其社会化 [A]. 姬建国，蒋楠 . 西方人文社科前沿述评：应用语言学 [C]. 北京 : 中国人民大学出版社 .

胡明扬，1997. 对外汉语教学中语汇教学的若干问题 [J]. 语言文字应用（1）.

姬建国，蒋楠，2007. 西方人文社科前沿述评：应用语言学 [C]. 北京：中国人民大学出版社 .

嘉德纳，1944. 美国中国学的未来 [A]. 朱政惠，2009. 美国学者论美国中国学 [C]. 上海：上海辞书出版社 .

贾益民，1998. 华文教学学科建设刍议——再论华文教育学是一门科学 [J]. 暨南学报（4）.

贾益民，2007. 海外华文教学的若干问题 [J]. 语言文字应用（3）.

金传宝，1998. 教师如何提高发问技巧 [J]. 外国教育研究（2）.

柯传仁，魏久安，2008. 缓和过渡过程：境内外中文学习衔接问题之初探 [A]. 李坤珊，留学生在华汉语教育初探——汉语作为第二语言习得研究 [C]. 北京：北京大学出版社 .

赖德烈，1921. 过去七年的中国史研究 [A]. 朱政惠，2009. 美国学者论美国中国学 [C]. 上海：上海辞书出版社 .

赖德烈，1930. 过去九年的中国史研究 [A]. 朱政惠，2009. 美国学者论美国中国学 [C]. 上海：上海辞书出版社 .

黎天睦，1987. 现代外语教学法——理论与实践 [M]. 北京：北京语言学院出版社 .

李方，1998. 含有母语基因的非母语教学——海外华文教育管见 [J]. 语言文字应用（3）.

李坤珊，2008. 评估支架式教学于在华学习项目中一对一谈话课型之效益 [A]. 李坤珊，留学生在华汉语教育初探——汉语作为第二语言习得研究 [C]. 北京：北京大学出版社 .

李培元，任远，1986. 汉字教学简述 [A]. 第一届国际汉语教学讨论会组织委员会，第一届国际汉语教学讨论会论文选 [C]. 北京：北京语言学院出版社 .

李泉，1991. 对外汉语教学释词的几个问题 [J]. 汉语学习（3）.

李泉，2003. 基于语体的对外汉语教学语法体系构建 [J]. 汉语学习（3）.

李泉，2007. 对外汉语语法教学研究综观 [J]. 语言文字应用（4）.

李泉，2017. 汉字研究与汉字教学研究综观 [A]. 李泉，对外汉语教学思考集 [C]. 北京：北京语言大学出版社 .

李智强，2011. 对外汉语语音教学的语音学基础及教学策略 [J]. 国际汉语教育（4）.

李智强，2017. 普通话语音习得的一种模式 [J]. 汉语国际教育学报（1）.

梁为楫，郑则民，1993. 中国近代不平等条约选编与介绍 [M]. 北京：中国广播电视出版社 .

梁霞，2017. 美国大学中文教材的发展历程对教材编写的启示 [J]. 汉语国际教育学报（2）.

梁霞，秦子寒，谭彦冰，2017. 汉语国际教育研究的另一视角——从成功学习者群体的角度看中文学习的过程和规律 [J]. 国际汉语教学研究（2）.

梁新欣，2004. 从师生互动谈如何上好单班课 [J]. *Journal of the Chinese Language Teachers Association* 39（1）.

林焘，1997. 语音研究和对外汉语教学 [A].《第五届国际汉语教学讨论会论文选》编辑委员会，第五届国际汉语教学讨论会论文选 [C]. 北京：北京大学出版社 .

刘缙，1997. 对外汉语近义词教学漫谈 [J]. 语言文字应用（1）.

刘润清，1993. 第二语言习得中课堂教学的作用 [J]. 语言教学与研究（1）.

刘珣，2000. 对外汉语教育学引论 [M]. 北京：北京语言文化大学出版社 .

刘燕玲，2015. 加州大学圣地亚哥分校华裔学生的双重认同研究——美国华裔青年身份认同的个案分析 [J]. 世界民族（1）.

刘月华，潘文娱，故韡，2001. 实用现代汉语语法（增订本）[M]. 北京：商务印书馆 .

卢福波，2005. 对外汉语教学基本句型的确立依据与排序研究 [J]. 语言文字应用（4）.

鲁小彬，2009. 文化视野中的海外"汉语热"[N]. 中国社会科学报，2009-12-3（1）.

罗斯玛丽•列文森（采访），焦立为（翻译），2010. 赵元任传 [M]. 石家庄：河北教育出版社 .

吕必松，1992. 华语教学讲习 [M]. 北京：北京语言学院出版社 .

吕必松，1995. 汉字教学与汉语教学 [A]. 吕必松 . 汉字与汉字教学研究论文选 [C]. 北京：北京大学出版社 .

吕必松，2007. 汉语和汉语作为第二语言教学 [M]. 北京：北京大学出版社 .

吕文华，1995. 关于对外汉语教学中的补语系统 [J]. 语言教学与研究（4）.

麦礼谦，1999. 传承中华传统：在美国大陆和夏威夷的中文学校 [J]. 华侨华人历史研究（4）.

牧之筠，2008. 语言誓约的执行：是否为可行的使命？[A]. 李坤珊，留学生在华汉语教育初探——汉语作为第二语言习得研究 [C]. 北京：北京大学出版社 .

钱存训，1961. 美国早期的亚洲研究 [J]. 大陆杂志（5）.

丘进，2010. 对外汉语教学与海外华文教育之异同 [J]. 教育研究（6）.

任友梅，2003. 美国国内的汉语教材 [J]. 国外汉语教学动态（6）.

沈晓楠，1989. 关于美国人学习汉语声调 [J]. 世界汉语教学（3）.

盛炎，1987. 赵元任先生对汉语教学的贡献 [J]. 语言教学与研究（3）.

盛炎，1989. 评狄弗朗西斯的教材 [J]. 世界汉语教学（2）.

施正宇，1999. 论汉字能力 [J]. 世界汉语教学（2）.

石定果，万业馨,1998.关于对外汉字教学的调查报告[J]. 语言教学与研究（1）.

W. F. 麦基，1990. 语言教学分析 [M]. 北京：北京语言学院出版社 .

万业馨，2009. 略论汉字教学的总体设计 [J]. 语言教学与研究（5）.

万艺玲，1997. 对外汉语词义教学中的两个问题 [J]. 语言教学与研究（3）.

王碧霞，李宁，种国胜，等，1994. 从留学生识记汉字的心理过程探讨基础阶段汉字教学 [J]. 语言教学与研究（3）.

王永祥，2016. 外语教学课堂话语研究：理论与方法——当代外语教学课堂话语研究综述（一）[J]. 常州大学学报（4）.

王永阳，2013. 跨文化交际的第三空间与国际汉语教师跨文化交际能力培养的第三空间模式 [J]. 云南师范大学学报（1）.

王韫佳，1995. 也谈美国人学习汉语声调 [J]. 语言教学与研究（3）.

魏岩军，王建勤，魏惠琳，2013. 美国华裔母语保持与转用调查研究 [J]. 华文教学与研究（1）.

魏岩军，王建勤，魏惠琳，等，2012. 影响美国华裔母语保持的个体及社会心理因素 [J]. 语言教学与研究（1）.

温晓虹，2008. 语言习得与语法教学 [J]. 汉语学习（1）.

温晓虹，2012. 汉语作为第二语言的习得与教学 [M]. 北京：北京大学出版社 .

温晓虹，2013. 汉语为外语的学习情感态度、动机研究 [J]. 世界汉语教学（1）.

吴星云，2010a. 美国大学针对华裔与非华裔学生的中文教材的特色和问题 [J]. 国际汉学学报（1）.

吴星云，2010b. 美国大学华裔与非华裔学生中文习得差异及教学法探索 [J]. 华文教学与研究（3）.

吴原元，2008. 隔绝对峙时期的美国中国学 [M]. 上海：上海辞书出版社 .

许肇琳，1993. 从“落叶归根”到“落地生根”看海外华侨华人社会的演变和发展 [J]. 八桂侨史（2）.

姚道中，张光天，2010. 美国汉语教学历史回顾与现状 [A]. 张海惠，北美中国学：研究概述与文献资源 [C]. 北京：中华书局 .

印京华，2003. 美国大学生记忆汉字时使用的方法——问卷调查报告 [J]. *Journal of the Chinese Language Teachers Association* 38（3）.

幼峰，1952. 美国著名大学的“东方研究”工作 [J]. 大陆杂志（3）.

余霭芹，1986. 声调教法的商榷 [A]. 第一届国际汉语教学讨论会组织委员会，第一届国际汉语教学讨论会论文选 [C]. 北京：北京语言学院出版社 .

俞志强，2001. 汉字教学的策略 [A]. 国际汉语教学学术研讨会论文集 [C]. 语言研究增刊 .

虞莉，2007. 美国大学中文教师师资培养模式分析 [J]. 世界汉语教学（1）.

张宝林，2005. 语音教学的现状与对策 [J]. 云南师范大学学报（6）.

张和生，2005. 对外汉语词汇教学研究述评 [J]. 语言文字应用（9）.

张宏生，2000. 戈鲲化集 [M]. 南京：江苏古籍出版社 .

张胜林，2001. 华文教学的学科性质、定位与学科特性初探 [J]. 华侨大学学报（3）.

张旺熹，1991. “把字结构”的语义及其语用分析 [J]. 语言教学与研究（3）.

张旺熹，2000. 第六届国际汉语教学讨论会论文述评 [J]. 世界汉语教学（1）.

张正生，2015. 对外汉语教学中的一些盲区 [R]. 在杜克大学暑期在华项目师资培训班的报告（2015-6-29）.

张志公，1984. 现代汉语（上册）[M]. 北京：人民教育出版社 .

章吟，2008. 学习者差异：留学背景下的中文交际 [A]. 李坤珊，留学生在华汉语教育初探——汉语作为第二语言习得研究 [C]. 北京：北京大学出版社 .

赵金铭，1988. 从一些声调语言的声调说到汉语声调 [A]. 第二届国际汉语教学讨论会组织委员会，第二届国际汉语教学讨论会论文选 [C]. 北京：北京语言学院出版社 .

赵金铭，1994. 教外国人汉语语法的一些原则问题 [J]. 语言教学与研究（2）.

赵金铭，1996. 对外汉语语法教学的三个阶段及其教学主旨 [J]. 世界汉语教学（3）.

赵淑华，1992. 句型研究与对外汉语教学——兼析“才”字句 [J]. 语言文字应用（3）.

赵元任，1980. 语言问题 [M]. 北京：商务印书馆 .

周法高，1964. 谈美国数大学有关中国的课程 [J]. 新天地（11）.

周明朗，2014. 语言认同与华语传承语教育 [J]. 华文教学与研究（1）.

周小兵，1999. 对外汉字教学中多项分流、交际领先的原则 [A]. 吕必松，汉字与汉字教学研究论文选 [C]. 北京：北京大学出版社 .

周质平，2008. 对外汉语教学史上的赵元任 [A]. 许嘉璐，2010. 第九届国际汉语教学研讨会论文选 [C]. 北京：高等教育出版社 .

周质平，王颖，王学东，1999. 文学与社会 (*Literature and Society*)[M]. Princeton and Oxford: Princeton University Press.

朱德熙，1982. 语法讲义 [M]. 北京：商务印书馆 .

朱政惠，2009. 美国学者论美国中国学 [M]. 上海：上海辞书出版社 .

Allen, L. Q. The Impact of Study abroad on the Professional Lives of World Language Teachers[J]. *Foreign Language Annals* (43), 2010.

Bar-Lev, B. Does the Home Make a Difference? A Comparison of Home-Exposure and Non-Home Exposure Students of Mandarin. *Journal of the Chinese Language Teachers Association* 30(3), 1995.

Bennett, J. M. & Bennett, M. J. Developing intercultural sensitivity: An integrative approach to global and domestic diversity[A]. *Handbook of Intercultural Training* (3) [C].Eds. Landis, D., Bennett, J. & Bennett, M., Thousand Oak: Sage. 2004.

Block, D. *Second Language Identities*[M]. London: Bloomsbury Publishing, 2007.

Brecht, R. D. & Ingold, C. W. *Tapping a National Resource: Heritage Languages in the United States*[M]. Washington, D.C.: ERIC Clearing House on Languages and Linguistics, 1998.

Brendan, H. Foreign Languages Fade in Class—Except Chinese[J]. *New York Times*, 2010.

Brown, L. Identity and honorifics use in Korean study abroad[A]. *Social and Cultural Aspects of Language Learning in Study Abroad*[C]. Ed. C. Kinginger.

Amsterdam: John Benjamins, 2013.

Cameron, Meribeth E. Far Eastern Studies in the United States (美国的远东研究)[J]. *The Far Eastern Quarterly* (远东季刊) 7(2),1948.

Casas-Tost, Helena & Rovira-Esteva, Sara. Mapping Chinese Language Pedagogy from 1966 to 2013: A Bibliometric Study of *Journal of the Chinese Language Teachers Association*[J]. *Journal of the Chinese Language Teachers Association* 50(2), 2015.

Chao, Der-Lin. Chinese for Chinese-Americans: A Case Study[J]., *Journal of the Chinese Language Teachers Association* 32(2), 1997.

Chi, T. R. Observation on the Past, Present, and Future of Teaching Mandarin Chinese as a Foreign Language[J]. *Journal of the Chinese Language Teachers Association* 24(2), 1989.

Chou, Chih-Ping. Letters from Readers[J]. *Journal of the Chinese Language Teachers Association* 41(1), 2006.

Christensen, M., & Wu, X. An Individualized Approach for Teaching False Beginners[J]. *Journal of the Chinese Language Teachers Association* 28(2), 1993.

Crystal, D. *The Cambridge Encyclopedia of Language*[M]. Cambridge: Cambridge University Press, 1987.

David, G. *Traditional Languages Programs Have Declined Steadily Over Decades*[M]. Chronicle of Higher Education, 2011.

DeKeyser. Beyond focus on form: Cognitive perspectives on learning and practicing second language grammar[A]. *Focus on Form in Classroom and Second Language Acquisition*[C]. Eds. C. Doughty & J. Williams. Cambridge: Cambridge University Press, 1998.

Dennett, T. *Americans in Eastern Asia*[M]. New York: The Macmillan Company, 1922.

Derwing, T. & Munro, M. Second Language Accent and Pronunciation Teaching: A Research-Based Approach[J]. *TESOL Quarterly*, 2005.

Derwing, T. M., Munro, M. J. & Wiebe, G. E. Evidence in Favor of a Broad Framework for Pronunciation Instruction[J]. *Language Learning* (48),1998.

Dien, A. Survey of Chinese Language Teaching 1983-84[J]. *Journal of the Chinese*

Language Teachers Association 20(1), 1985.

Donald Freeman. The Hidden Side of the Work: Teacher Knowledge and Learning to Teach. A Perspective from North American Educational Research on Teacher Education in English Language Teaching[J]. *Language Teaching* (35), 2002.

Donna M. Brinton, Olga Kagan & Susan Bauckus. *Heritage Language Education—A New Field Emerging*[M]. New York and London: Routledge, Taylor & Francis Group, 2008.

Dörnyei, Z., MacIntyre, P. & Henry, A. *Motivational Dynamics in Language Learning*[M]. Bristol: Multilingual Matters, 2015.

Du, Hang. The Development of Chinese Fluency during Study Abroad in China[J]. *The Modern Language Journal* 97(1), 2013.

Dulay, H. & Burt, M. Natural Sequences in Child Second Language Acquisition [J]. *Language Learning*(24), 1974.

Dulay, H., Burt, M. & Krashen, S. D. *Language* 2[M]. Rowley, Mass.: Newbury House, 1982.

Ebary, W. M. Theodored. East Asian Studies: A Comprehensive Program. *Annals of the American Academy of Political and Social Science*, 1964.

Eddy, Peter A.,Wrenn, James J. & Behrens, Sophia A. The State of Chinese Language Teaching in American Higher Education Academic Year 1978-1979: Selected Highlights[J]. *Journal of the Chinese Language Teachers Association* XV:1, 1980.

Elizabeth. W. Foreign Language Enrollments in United States Institutions of Higher Education[J]. Fall 2002. *ADFL Bulletin* 35, 2004.

Ellis, R. *The Study of Second Language Acquisition*[M]. Oxford, England: Oxford University Press, 1994.

Ellis, R. Principles of Instructed Language Learning[J]. *System*(33), 2005.

Ellis, R. Current Issues in Teaching of Grammar: An SLA Perspective[J]. *TESOL Quarterly* (17), 2006.

Fenn, H. C. & Tewksbury, M. G. *Speak Mandarin*[M]. New Haven: Far Eastern Publications, Yale University Press,1948.

Fishman, J. A. *Handbook of Language and Ethnic Identity*[M]. Oxford: Oxford

University Press, 1999.

Fishman, J. A. 300-plus years of heritage language education in the United States[A]. *Heritage Languages in America: Preserving a National Resource*[C]. Eds. Peyton, J. K., Ranard, D. A. & McGinnis, S. Washington, DC/McHenry, IL: Center for Applied Linguistics/Delta Systems, 2001.

Freeman, Donald. Teacher Training, Development, and Decision Making: A Model of Teaching and related Strategies for Language Teacher Education[J]. *TESOL Quarterly* 23 (1), 1989.

Gair, James.W. A Biographical Memoir. National Academy of Sciences, Washington, D. C. , 2006. http://www.nasonline.org/publications/biographical-memoirs/memoir-pdfs/hockett-charles.pdf

Goodrich, L. C. Chinese Studies in the United States[J]. *The Chinese Social and Political Science Review* 15(1), 1931.

Griggs, T. Chinese Language Program for Foreign Service Officers[J]. *The Modern Language Journal* 32(2), 1948.

Hatch, E.M., (Ed.). 1978. *Second Language Acquisition: A Book of Readings*[M]. Rowley, Mass.: Newbury House.

He, A. W. The Language of Ambiguity: Practices in Chinese Heritage Language Classes[J]. *Discourse Studies* 3(1), 2001.

He, A. W. Novices and their speech roles in Chinese heritage classes[A]. *Language Socialization in Bilingual and Multilingual Societies*[C]. Eds. R. Bayley & S. Schecter. Clevedon, UK Multilingual Matters, 2003.

He, A. W. Toward an Identity-Based Model for the Development of Chinese as a Heritage Language[J]. *Heritage Language Journal* 4(1), 2006.

He, A.W. The Heart of Heritage: Sociocultural Dimensions of Heritage Language Learning[J]. *Annual Review of Applied Linguistics* (30), 2010.

He, A. W. Chinese as a heritage language[A]. *Oxford Handbook of Chinese Linguistics*[C]. Eds. William Wang & Chaofen Sun. Oxford: Oxford University Press, 2015.

He, A.W. & Y. Xiao. *Chinese as a Heritage Language: Fostering Rooted World*

Citizenry[M]. Honolulu University of Hawaii Press, 2008.

Hunter, W. C. *Bits of Old China*[M]. London: K. Paul, Trench, & Co. Ltd, 1885.

Iino, M. Norms of interaction in a Japanese homestay setting on in two-way flow of linguistic and cultural resources[A]. *Language Learners in Study Abroad Contexts*[C]. Eds. M. A. DuFon & E. Churchill. Clevedon. UK: Multilingual Matters, 2006.

James,W. Gair. A biographical memoir[R]. National Academy of Sciences, Washington, D. C. 2006.

Jin, Li. When in China, do as the Chinese Do? Learning Compliment Responding in a Study abroad Program[J]. Ed. Peng, Lizhen, *Chinese as a Second Language Research* 1(2), 2012.

Jin, Li. Practice and research on Chinese language learning in study abroad context[A]. *Chinese Language Education in the United States*[C]. Eds. J. Ruan et al. Springer International Publishing Switzerland, 2016.

John, M. H. Lindbeck. *Understanding China: An Assessment of American Scholarly Resources*[M]. New York, Washington, London: Praeger Publisher. 1971.

Kagan, O. Heritage Language: At the crossroads of research and teaching[R]. PowerPoint slides accompanying paper presented at Interagency Language Roundtable, Department of Education, Washington, D. C., 2011.

Ke, Chuanren. Effects of Language Background on the Learning of Chinese Characters Among Foreign Languages Students[J]. *Foreign Language Annals* 31(1), 1998.

Ke, C., Wen, X. & Kotenbeutel, C. Report on the 2000 CLTA Articulation Project [J]. *Journal of the Chinese Language Teachers Association* 36(3), 2001.

Kenneth, S. L. American Scholarship and Chinese History[J]. *Journal of the American Oriental Society* 138, 1918.

Kenneth, S. L. Chinese Historical Studies during the Past Seven Years[J]. *The American Historical Review* 26(4), 1921.

Kenneth, S. L. Chinese Historical Studies during the Past Nine Years[J]. *The American Historical Review*, 35(4), 1930.

Kern, Richard G. Students' and Teachers' Beliefs about Language Learning[J]. *Foreign Language Annals* 28(1), 1995.

Kimi, K. B. Heritage Language Instruction for Post-Secondary Students from Immigrant Backgrounds[J]. *Heritage Language Journal* 1(1), 2003.

Kinginger, C. Language Learning in Study Abroad: Case Studies of Americans in France[J]. *Modern Language* 92, 2008.

Kramsch, C. J. *Context and Culture in Language Teaching*[M]. Oxford: Oxford University Press,1993.

Krashen, S. *Second Language Acquisition and Second Language Learning*[M]. Oxford: Oxford University Press, 1981.

Larsen-Freeman, D. Teaching and testing grammar[A]. *The Handbook of Language Teaching*[C]. Eds. Long M. H. & Catherine, J. D. MA: Blackwell Publishing Ltd., 2009.

Larsen-Freeman, D. & Long, M. H. *An Introduction to Second Language Acquisition Research*[M]. London: Longman, 1991.

Latourette, K. *History of Early Relations between the United States and China, 1784-1844*[M]. New Haven: Yale University Press, 1917.

Laufer, B. Possible Change in Attitude towards Vocabulary Acquisition[J]. *International Review of Applied Linguistics in Language Teaching* 24(1), 1986.

Li, Shuai. The Effects of Different Levels of Linguistic Proficiency on the Development of L2 Chinese Request Production during Study Abroad [J]. *System* 45(1), 2014.

Li, T. Y. *Selected Works of George A. Kennedy*[C]. Far Eastern Publications Yale University, New Haven, Connecticut, 1964.

Li, Yu & Zhang, Zhengsheng. CFL education at the college level[A]. *Chinese Language Education in the United States*[C]. Eds. Ruan et al. Springer International Publishing Switzerland, 2016.

Li, Yu., Wen, Xiaohong & Xie, Tianwei. CLTA 2012 Survey of College-Level Chinese Language Programs in North American[J]. *Journal of the Chinese Language Teachers Association* 49(1), 2014.

Light, T. Chinese language training for new sinologists[A]. *American Studies of Contemporary China*[C]. Ed. Shambaugh, D. Wood Wilson Center Press, Washington D.C., New York: M. E. Sharpe, Inc, 1993.

Lo Bianco, J., Liddicoat, A. & Crozel, C. *Striving for the Third Place: Intercultural Competence through Language Education*[M]. Melbourne: Language Australia, 1999.

Looney, D. & Lusin N. Enrollments in languages other than English in United States institutions of higher education, summer 2016 and fall 2016: preliminary report[R]. https://www.mla.org/content/download/83540/2197676/2016-Enrollments-Short-Report.pdf[2018-07-12], 2018.

Luo, Han. Results of key questions in the national survey on Chinese as a heritage language education in the U.S.[Z]. Unpublished manuscript. 2015a.

Luo, Han. Chinese Language Learning Anxiety: A Study of Heritage Learners[J]. *Heritage Language Journal* 12(1), 2015b.

Lynch, A. The Relationship between Second and Heritage Language Acquisition: Notes on Research and Theory Building[J]. *Heritage Language Journal*, 2003.

Mair, V. H. Memoriam: John Defrancis, August 31, 1911—January 2, 2009[J]. *Journal of Chinese Linguistics*. 37(1), 2009.

McGinnis, S. Teaching Chinese to Chinese: The development of an assessment and instructional model[A]. *Patterns and Policies: The Changing Demographics of Foreign Language Instruction*[C]. Ed. J. E. Liskin-Gasparro. Boston: Heinle & Heinle, 1996.

McGinnis, S. Student goals and approaches[A]. *Mapping the Course of the Chinese Language Field, Chinese Language Teachers Association Monograph Series,* III[C]. Ed. Madeline Chu, 1999.

McGinnis, S. From mirror to compass: The Chinese heritage language education sector in the United States[A]. *Heritage Language Education: A New Field Emerging*[C]. Eds. Donna M. Brinton, Olga Kagan & Susan Bauckus. London: Routledge, 2008a.

McGinnis, S. Foreward[A]. *Chinese as a Heritage Language: Fostering Rooted World Citizenry*[C]. Eds. Agnes Weiyun He & Yun Xiao. Honolulu: University of Hawaii Press, 2008b.

Ming, Tao & Tao, Hongyin. Developing a Chinese heritage language corpus:

Issues and a preliminary report[A]. *Chinese as a Heritage Language: Fostering Rooted World Citizenry*[C]. Eds. Agnes Weiyun He & Yun Xiao. Honolulu: University of Hawaii Press, 2008.

Mote, F. W. *China and the Vocation of History in the Twentieth Century*[M]. Princeton: Princeton University Press, 2010.

Nation, I. S. P. *Teaching and Learning Vocabulary*[M]. New York: Newbury House Publisher, 1990.

Nation, I.S.P. *Learning Vocabulary in Another Language*[M]. Cambridge University Press, 2001.

Norbert Schmitt. Vocabulary learning strategies[A]. *Vocabulary: Description, Acquisition and Pedagogy*[C]. Cambridge University Press,1997.

Norman, J. Learning Chinese in the 1990s[J]. *Profession*, 1997.

Norris, J. & Ortega, L. Effectiveness of L2 Instruction: A Research Synthesis and Quantitative Mate-Analysis[J]. *Language Learning* (50), 2000.

Peacock, Matthew. Pre-Service ESL Teachers' Beliefs about Second Language Learning: A Longitudinal Study[J]. *System* 29, 2001.

Peyton, J. K., Ranard, D. A. & McGinnis, S. Heritage language in America: Preserving a national resource. Washington D.C./McHenry, IL: Center for Applied Linguistics/Delta Systems, 2001.

Pienemann, P. Psychological Constraints on the Teachability of Languages[J]. *Studies in Second Language Acquisition* (6), 1984.

Rachel R. R., Kathryn M. H. & Julia Deák. Heritage Language Learners in First-Year Foreign Language Course: A Report of General Data Across Learner Subtypes[J]. *Foreign Language Annals* 42(2), 2009.

Richard, T. T. Modern Foreign Language Teaching in the Uncommonly Taught Languages[J]. *The Britanniuca Review of Foreign Language Education* (3), 1970.

Richards, J. The role of textbooks in a language program. http://www.professorjackrichards.com/wp-content/uploads/role-of-textbooks.pdf [2017-3-5]

Riegelhaupt, F. & Carrasco, R. Mexico Host Family Reactions to a Bilingual Chicana Teacher in Mexico: A Case Study of Language and Culture Clash[J]. *Bilingual*

Research Journal (24), 2000.

Ruan, Youjin., Duan, Xiaoju & Du, Xiang Yun. Using Tasks to Enhance Beginners' Orientations for Learning Chinese as a Foreign Language[J]. *International Journal of Research Studies in Language Learning* 4(4) , 2015.

Ryan, C. 2013. Language use in the United States: 2011. American Community Survey. US Census Bureau.

Scarcella, R. C. & Krashen, S. D. *Research in Second Language Acquisition*[C]. Selected papers of the L.A. SLA research forum. Rowley, Mass.: Newbury House, 1980.

Schmidt, R. W. The Role of Consciousness in Second Language Learning[J]. *Applied Linguistics*, 11(2), 1990.

Schrier, Leslie. Understanding the culture of American schools, and managing the successful Chinese language classroom[A]. *Teaching Chinese as a Foreign Language*[C]. Eds. Michael E. Everson &Yun Xiao. Boston: Cheng & Tsui Company, 2011.

Shen, H. H. A Comparison of Written Chinese Achievement among Heritage Learners in Homogeneous and Heterogeneous Group[J]. *Foreign Language Annals* 36(2), 2003.

Siegal, M. The Role of Subjectivity in Second Language Sociolinguistic Competency: Western Women Learning Japanese[J]. *Applied Linguistics* (17), 1996.

Silvio, F. D., Donovan, A. & Malone, M. E. The Effect of Study Abroad Homestay Placements: Participant Perspective and Oral Proficiency Gains (Center for Applied Linguistics, Georgetown University) [J]. *Foreign Language Annals* 47(1). American Council on the Teaching of Foreign Languages, 2014.

Standards for Foreign Language Learning in the 21st Century. (National Standards in Foreign Language Education Project. Lawrence. K.S.: Allen Press, Inc. 1999.

Skehan, P. *A Cognitive Approach to Language Learning*[M]. Oxford: Oxford University Press, 1998.

Sung S. Sinological Studies in the United States[J]. *Chinese Culture: A Quarterly Review* 8(2), 1967.

Swain, M. Communicative competence: Some rules of comprehensible input and comprehensible output in its development[A]. *Input in Second Language Acquisition*[C]. Eds. Gass, S. & Madden, C.. Rowley, MA: Newbury House, 1985.

Thompson, Laurence G. American Sinology 1830-1920: A Bibliographical Survey[J]. *Tsing Hua Journal of Chinese Studies* 2(2), 1961.

Tiee, H. H. Recent Psycholinguistic Developments and the Teaching of Mandarin Chinese[J]. *Journal of the Chinese Language Teachers Association* IX(3), 1974.

Tse, L. Ethnic identity development and the role of the heritage language[D]. Doctoral Dissertation, University of Southern California, 1997.

Tsu, J. B. The Teaching of Chinese in Colleges and Schools of the United States[J]. *The Modern Language Journal* 54(8), 1970.

Ushioda, E., & Dörnyei, Z. Motivation[A]. *The Routledge Handbook of Second Language Acquisition*[C]. Eds. S. Gass & A. Mackey. New York: Routledge, 2012.

Valerie, P. A. *Study Abroad and Second Language Use: Constructing the Self*[M]. Cambridge University Press. 2005.

Walker, Galal & Li, Minru. Report on the Survey of East Asian Language Programs[R]. National East Asian Languages Resource Center, The Ohio State University, 2001-2002.

Wang., George, C. Y. Research on Teaching Chinese in Forty-Five Universities: Analysis of Survey Results[J]. *Journal of the Chinese Language Teachers Association* XXIV(3), 1989.

Wang, Shuhan C. Teacher training—meeting the needs of the field[A]. *Mapping the Course of the Chinese Language Field, Chinese Language Teachers Association, Monograph Series*[C]. Ed. Chu, Madeline. Kalamazoo: Chinese Language Teachers Association, Inc., 1999a.

Wang, Shuhan, C. Crossing the bridge: A Chinese case from mother tongue maintenance to foreign language education[A]. *Mapping the Course of the Chinese Language Field, Chinese Language Teachers Association, Monograph Series*[C]. Ed. Chu, Madeline. Kalamazoo: Chinese Language Teachers Association, Inc., 1999b.

Wang, X. Y. *A View from within: A Case Study of Chinese Heritage Community*

Language Schools in the United States[M]. Washington, D.C.: The National Foreign Language Center, 1996.

Weger-Guntharp, H. Voice from the Margin: Developing a Profile of Chinese Heritage Language Learners in the FL Classroom[J]. *Heritage Language Journal* 4(1), 2006.

Wen, Xiaohong. Chinese Language Learning Motivation: A Comparative Study of Heritage and Non-heritage Learners[J]. *Heritage Language Journal* 8(3), 2011.

Wen, Xiaohong. Chinese language learning motivation: A comparative study of different ethnic groups [A]. *Mapping the Course of the Chinese Language Field, Chinese Language Teachers Association, Monograph Series*[C]. Ed. Chu, Madeline. Kalamazoo: Chinese Language Teachers Association, Inc., 1999.

Willbern,Glen. Report on a Survey of Teachers of Chinese in the University[J]. *Journal of the Chinese Language Teachers Association* 3(3), 1968.

Williams, S. W. *The Middle Kingdom*[M]. New York: Wiley & Putnam, 1848.

Wong, Ka F. & Yang Xiao. Diversity and Difference: Identity Issues of Chinese Heritage Learners from Dialect Backgrounds[J]. *Heritage Language Journal* 7(2), 2010.

Wrenn, James J. Chinese Language Teaching in the United States: The State of the Art[J]. *Center for Applied Linguistics*,1968.

Xiang, Xuehua. 2016. The teaching of Chinese to heritage language learners at the post-secondary level[A]. *Chinese Language Education in the United States*[C]. Eds. Jiening Ruan, Jie Zhang & Cynthia B. Leung. Springer, 2016.

Xiao, Yun. Heritage Learners in the Chinese Language Classroom: Home Background[J]. *Heritage Language Journal* 4(1), 2006.